DAS
PAPAGEIENBUCH

Liebesgeschichten und Fabeln
aus dem alten Indien

Die Andere
Bibliothek

Begründet von
Hans Magnus Enzensberger

DAS
PAPAGEIEN
BUCH

Liebesgeschichten
und Fabeln
aus dem alten
Indien

Herausgegeben und übersetzt von Wolfgang Morgenroth

Mit einem Vorwort von Krisha Kops

WENN GESCHICHTEN AUF REISEN GEHEN

Von Krisha Kops

Geschichten wandern. Nicht nur von Welt zu Autorin, von ihren Gedanken in die Hand und dann aufs Papier. Nicht allein von Autorin zu Lektorin, weiter zu Korrektorin, Buchhändlerin und schließlich Leserin. Sondern über Jahre, manchmal Jahrtausende hinweg migrieren Geschichten, den Menschen nicht unähnlich, von Kultur zu Kultur. Sie wissen Grenzen zu überwinden, Ideologien zu missachten oder sich anzupassen. Sie sind ein Beweis unserer Verflechtungen, zeigen, dass der Mythos von getrennten Kulturräumen auch nichts anderes ist als eine bloße Erzählung.

Das Papageienbuch ist solch ein Wanderer. Wie im Nachwort en détail nachgezeichnet, migriert es nicht nur innerhalb Indiens von einer Sprache zur nächsten, vom Mündlichen ins Schriftliche und wieder zurück. Vielmehr reist es gen Westen durch den persischen Kulturraum, wo man verschiedene Übersetzungen und Überarbeitungen finden kann, über die Türkei und schließlich bis nach Europa, auch Deutschland. Diese Wanderlust ist nicht allein ihm vorbehalten.

Es scheint eine Eigenheit der indischen Literaturen zu sein, wie die großen Epen *Rāmāyaṇa* und *Mahābhārata* bezeugen. Sie wandern von Mann zu Frau, von Ober- zu Unter- zu Außenkaste, von Sanskrit in indische Sprachen wie Telugu und Tamil bis an die Tempelanlagen von Angkor Wat in Kambodscha, in das indonesische Schattenspiel Wayang Kulit, weiter nach Tibet, Burma, Laos, Malaysia, Myanmar, Sri Lanka und auf die Philippinen, mit den Muslimen nach Java und den Buddhisten nach Thailand. Umgekehrt wandern Geschichten auch nach Indien, etwa das *Kathākautukam*, ein auf Sanskrit geschriebenes Versepos über die Liebe, eigentlich eine biblische und koranische Geschichte, adaptiert aus dem Persischen.

Dabei mischen sich die Kulturen. Nicht nur die Texte verändern sich – fügen Neues hinzu und lassen Altes weg –, auch die Orte, die sie erreichen, die Menschen, die sie berühren. Die Formbarkeit wird den Texten von Anfang an mitgegeben, zumal sie einer Tradition von Erzählern und Barden entstammen, die die Geschichten einst mündlich überlieferten und dabei dem Publikum anpassten.

Geschichten wie diese transzendieren gar die eigenen Buchdeckel, wandern selbst innerhalb eines Kulturraums von einer Sammlung in die nächste und verändern sich durch die jeweils eigene Umgebung. Das *Papageienbuch*-Märchen von dem Mann, der die Tiersprache versteht, begegnet uns im *Rāmāyaṇa* und *Harivaṃśa*, einem Anhang des *Mahābhārata*, wieder. Der *Kathāsaritsāgara* – eine an die 350 Legenden umfassende Sammlung – enthält Geschichten, die später im *Papageienbuch* auftauchen. Dabei vereint der *Kathāsaritsāgara* Erzählungen aus den sanskritischen Geschichtensammlungen *Simhāsanadvātriṃśikā*, *Pañcatantra* und *Vetālapañcaviṃśati* (von dem westmongolische und kalmückische Versionen vorhanden sind). Das *Papageienbuch* bedient sich gleichermaßen am *Pañcatantra*, einer Sammlung von Fabeln und Tiergeschichten, die wahrscheinlich zunächst aus Indien reisten und von der es schließlich über 200 Versionen geben soll, zumeist nichtindische. Die Geschichten verweben nicht nur die mannigfaltigen Räume innerhalb Indiens, sie tun dies auch jenseits des Subkontinents, wie das *Papageienbuch* belegt. Die Geschichte des frommen Mannes und seiner keuschen Frau etwa legt neben *Tausendundeiner Nacht* Verbindungen zur *Kaiserchronik* nahe, der Reimchronik aus der frühmittelhochdeutschen Literatur des 12. Jahrhunderts.

Auch die Form des Erzählens geht auf Wanderung, zum Beispiel das zyklische Erzählen, wie es dem *Papageienbuch* und anderen indischen Texten eigen ist. Der Rahmenzyklus als literarische Form repräsentiert eine Kultur, der mit ihrer zyklischen Kosmologie und der damit verbundenen Wiedergeburtslehre die Kreisbewegung des Seins tief innewohnt. Geschichte um Geschichte gibt der Papagei zum Besten, um Prabhawati davon abzubringen, Ehebruch zu begehen. Solch ein Erzählen begegnet uns sodann in *Tausendundeiner Nacht*, das auch inhaltlich unter dem Einfluss des *Papageienbuchs* steht. Von dort aus lässt sich die Spur zum *Dekameron*, zum *Heptameron* und *Pentameron* und weiter zu den *Canterbury Tales* sowie den deutschen Rahmenzyklen des 19. Jahrhunderts verfolgen.

Typisch ist das Vorhandensein einer Schachtelgeschichte beziehungsweise einer Rahmenhandlung, einer Geschichte in der Geschichte. Jemand erzählt von einem Papagei, der wiederum fabuliert von einer Frau, die von einer Schlange berichtet, die der Lerche eine Geschichte erzählt. Es sind Geschichten, die sich nicht nur über Zeiten und Räume hinweg, sondern in sich selbst so weit verflechten, dass man die Rahmenerzählung mitunter ganz aus den Augen verliert.

Und auch die Motive wandern mit und verändern sich. Eines der Themen des *Papageienbuchs* ist der Tod, der in den Geschichten, besonders in der Rahmenerzählung, präsent ist. Der Papagei fürchtet um sein Leben, nachdem er Zeuge geworden ist, wie der befreundete Rabe Federn lassen musste, und verbreitet nun Geschichte um Geschichte. Es ist ein Fabulieren gegen den Tod. Nicht anders als im Fall von Scheherazade, die in *Tausendundeiner Nacht* um ihr Leben erzählt. Auch im *Dekameron* handelt es sich noch immer um den Tod, doch ist es hier kein Erzählen mehr gegen den Sensenmann, sondern die Geschichten sind Zeitvertreib, während draußen die Pest grassiert.

Manche Geschichten wandern in ferne Länder, nur um später wieder den Heimweg anzutreten. Das Land, aus dem sie einst kamen, ist dann genauso ein anderes, wie auch sie sich durch Zeit und Ferne verändert haben. Einen entscheidenden Einfluss haben die Rezipientinnen. Gegen Anfang des

19. Jahrhunderts ist man in Deutschland sehr empfänglich für indische Literatur und Philosophie, sowohl für die Liebesgedichte *Gītagovinda* und *Meghadūta* als auch die Theateradaption aus dem *Mahābhārata*, *(Abhijñāna-)Śākuntalam*. Napoleon stürzt die Deutschen zu jener Zeit in eine Identitätskrise. Um sich selbst zu finden, vergewissert man sich seiner Wurzeln im antiken Griechenland – sowie in Indien. Die Sprachverwandtschaft zwischen Sanskrit und Deutsch scheint eine besondere Verbindung zu stiften. Anfang des 20. Jahrhunderts – zwischen Industrialisierung, Technologisierung und der Katastrophe des Ersten Weltkrieges – keimt diese Sehnsucht nach dem so »spirituellen« und »ursprünglichen« Land am Ganges erneut auf.

Und wie ist es heute? In Zeiten, in denen es in manch einer Stadt mehr Yogastudios als Kindergärten gibt – sehnt man sich einmal mehr nach Indien? Werden wir durch die alten Texte – und die indischen Geschichten durch uns – wieder auf Reisen gehen? Mit diesem Band könnten dem Lauf der Dinge weitere Kreise hinzugefügt werden …

WIE
DER PAPAGEI
IN DIE
DIENSTE DES
MADANASENA
GELANGT

Lob und Preis dem
erhabenen Ganescha

»Edle, ich hab euch empfangen,
hab mich verneigt, die Rechte euch zugewandt.
Als Freund des erdebeherrschenden Königs
will ich nun bitten um einen Sohn.

Hört mich also, ihr Herren hier, die ihr dem Brihaspati an
Hoheit gleicht! Mein Reichtum ist so überaus groß, dass ich
den Umfang meines Vermögens nicht anzugeben vermag. Ich
habe aber keinen Sohn. Woran kann das wohl liegen?«

Da sprachen sie alle: »Haradatta, leihe uns dein Ohr und
höre zu! Du bist doch so klug. Warum weißt du dir gerade in
dieser Sache keinen Rat? Alle anderen Werte kann man durch
unermüdlichen Fleiß erringen, Ruhm und Nachkommen-
schaft aber erlangt man nur durch eine Anzahl guter Taten.
Es heißt doch auch:

Fünf der Männer liebte Kunti,
fünf liebte die Frau ihrer Söhne.
Drum die Welt sie nennt die Gute:
Ruhm entsteht aus guten Taten.

Ein Herzenswunsch geht nur dann in Erfüllung, wenn der
höchste Gott dich ohnegleichen liebt. Ohne die Gunst des
höchsten Gottes erfüllt sich kein Verlangen. Man sagt doch:

Wohnt wohl in deinem Herzen hier
die Hoffnung auf beständ'ges Glück,
dann lass die Dinge dieser Welt
und preise Schiwa nur allein.

Wohin man tritt, vergrabne Schätze,
versteckte Höhlen überall:
Wie kann man sich an Milch erlaben,
wenn Wirupaschka zornig ist?«

So sprachen sie zu ihm, und Haradatta begann, dem höchsten Gott mit besonders verdienstvollen Taten zu dienen, um ihn für seine Wünsche gnädig zu stimmen. Er gab mannigfache Spenden, vollbrachte fromme Werke, sandte ungezählte Gebete an Rudra, brachte Opfer dar und anderes mehr. Als Lohn für all das wurde ihm ein Sohn geboren.

Am Tage der Geburt dieses Sohnes ließ Haradatta die Bekanntmachung austrommeln, dass er alle Bettler reich machen werde; und keiner der Bedürftigen wurde dabei übergangen. Denn es heißt doch:

> Unvergänglich bleibt die Gabe,
> gespendet bei Geburt des Sohnes,
> bei Wjatipata und Sankranti,
> bei Grahana, Opfer und Hochzeitsfest.

Schenkungen und alle anderen guten Taten, die man bei der Geburt eines Sohnes vollbringt, gelten als verdienstvoll. Die Lebenszeit des Kindes verlängert sich, die Planeten erreichen günstige Positionen, alles Leid wird abgewendet. Und man sagt:

> Wie stark der Glaube ist an einen Gott,
> an Priester, Zauberspruch und Wallfahrtsort,
> Heilmittel, Lehrer und an Astrolog,
> genauso groß ist dann auch der Erfolg.

Für gute Taten, die man aus tugendhaftem Wesen und mitleidigem Herzen vollbringt, ist der Lohn besonders hoch. Dem Wohltun folgt die Erfüllung unserer Wünsche.

Danach rief Haradatta die Astrologen herbei und vollzog die bei einer Geburt übliche Zeremonie. Als Namen bestimmte er Madanasena. Im Laufe der Jahre erfüllte er dann die Zeremonien der ersten Reisspeisung, des Haarschneidens, des Anlegens der heiligen Schnur und andere Bräuche und ließ seinen Sohn in allen Künsten ausbilden.

Damals erfreute auch die Tochter eines gewissen Kumudakoscha aus dem Lande Wanga, Prabhawati mit Namen, die Augen aller Männer und erfüllte sie mit Glanz. Dieses gazellenäugige Mädchen machte Madanasena zu seiner Frau.

Ihre Glieder waren schön und anmutig, und sie beherrschte alle Künste. Sie verstand es, die Männer mit den zahlreichen Pfeilen des Liebesgottes zu verwunden, die so plötzlich aus dem Mienenspiel, aus einer bedeutsamen Geste, aus wohlgesetzter Rede und Gesang hervorschießen. Eine Blütenknospe war sie, giftig durch ihre Leidenschaft und aufblühend mit Wohlgeruch bei der Umarmung. Allen Männern warf sie ihre glanzvollen Blicke zu. Sie besaß die Kraft, den Kummer vieler Männer zu vermehren, indem sie sie in heiße Glut versetzte.

Madanasena, der alle Künste solcher Liebe kannte, verliebte sich heftig in sie, und zwischen beiden erwuchs eine leidenschaftliche Zuneigung. Vergnügt dienten sie dem dritten Lebensziel. Wenn sie einander auch nur einen halben Augenblick nicht sahen, dann litten sie unerträgliche Qualen über die Trennung, die ihnen mehrere Jahrzehnte zu dauern schien.

So missachtete Madanasena die beiden anderen Lebensziele. Er jagte dem höchsten Glück nach und verbrachte die meiste Zeit mit der Hingabe an den Genuss des Lebenszieles »Liebe«. Heißt es doch:

> Kostbar ist ein Feuer in der Kälte,
> kostbar ist die Würde eines Herrn,
> kostbar ist die tugendhafte Gattin,
> kostbar ist die warme Milch der Kuh.

> Wer beredt ist wie Saraswati,
> eine schöne, treue Frau besitzt
> und von Lakschmis reichen Gaben zehrt,
> hat im Leben ganz bestimmt Erfolg.

> Wer eine reizende Schöne zur Frau hat
> und Geld zum Verprassen und Spenden,

> wer süße Rede sinnreich im Mund führt
> und Schankaras Loblied im Herzen,
> wer Gesundheit und gute Herkunft besitzt
> und Verkehr hat mit edelen Menschen,
> für den ist der Himmel nur einsam und trostlos,
> weil Unbill kein Essen er bietet.

So kümmerte sich Madanasena nicht mehr um die Geschäfte und lebte nur noch seiner Lust.

Da begann sein Vater, ihn zu belehren. Er sagte: »Madanasena, du vernachlässigst dein Geschäft und denkst bei Tag und bei Nacht nur an die Geliebte. Das schickt sich nicht für dich. Heißt es doch:

> Niemals soll zu viel man prassen,
> niemals soll zu viel man lieben.
> Kinderlosigkeit und Fresssucht
> lassen Reichtum schnell versiegen.

> Sita fiel ihrer Schönheit zum Opfer,
> Rawana fiel, weil sein Hochmut zu groß war,
> Bali litt, weil er zu viel verschenkte:
> Überall soll man das Übermaß meiden.

Deshalb darfst du dich nicht so überschwänglich der Liebe hingeben. Ein Mann muss in diesen Dingen das rechte Maß zu finden wissen. Heißt es doch:

> Zurückhaltung übe bei diesen drei Dingen:
> beim Lieben, beim Essen, beim Geldausgeben;
> doch nie dagegen bei jenen drei Dingen:
> beim Denken, beim Spenden und bei der Askese.«

So wurde Madanasena von seinem Vater viele Male belehrt, doch er beachtete dessen Worte nicht, weil sein Sinnen allein auf die Wollust gerichtet war. Sagt man doch:

Es sieht nicht, wer vor Trunkenheit blind,
es sieht nicht, wer vor Liebe blind,
es sieht nicht, wer ohne Augen ist,
es sieht nicht der Bettler die Sünde.

Die Geldgier kennt kein Glück, keine Freunde,
die Liebesgier keine Furcht, keine Scham,
die Wissensgier keine Ruhe, kein Schlafen,
die Fastensucht nicht Geschmack oder Speis.

Deshalb achtete auch Madanasena nicht auf die Lehren seines Vaters.

Da beklagte sich Haradatta bei einem Freund namens Triwikrama über seinen Sohn. Als Triwikrama ihn angehört hatte, sagte er zu Haradatta: »Höre zu, lieber Freund! Wie sollte es möglich sein, einen Menschen, dessen Herz von leidenschaftlicher Liebe erfüllt ist, mit einem Schlag auf die rechte Bahn zu bringen? Was tun die Menschen nicht alles, wenn die erste tiefe Leidenschaft über sie kommt? Ein Mensch, in dem die Sehnsucht wohnt, geht völlig darin auf, Liebesbande zu einem tugendhaften Herzen zu knüpfen und wieder zu lösen. Die Einsicht in einen solchen Zustand lässt für die Zukunft ein gutes Ende erwarten.«

Haradatta sprach: »Du kannst beruhigt sein, Triwikrama. Ich will ihn auch allmählich überzeugen und auf den rechten Weg bringen.«

Nach diesen Worten kehrte er zu seinem Haus zurück.

Als Haradatta aber bemerkte, in welchem Maße sich sein Sohn dem Sinnengenuss hingab, fasste er den Entschluss, dem Leben zu entsagen, weil er es so nicht mehr ertragen konnte.

Triwikrama hörte davon und kam eilends zu Haradatta. Da hatte dieser schon seine ganze Habe geordnet, um aus dem Leben zu scheiden, und wartete auf den Tod.

Deswegen zürnte ihm Triwikrama sehr: »Haradatta, es gibt wohl kaum einen, der so schwachsinnig sein könnte wie du. Warum willst du deinen Leib verlassen? Wie viel Mühe macht es doch, einen solchen Leib zu erlangen! Durch diesen Leib wird es möglich, die vier Kategorien zu erfassen. Für diesen Leib ersinnen Jogis, Siddhas und Sadhakas aus mancherlei Säften Lebenselixiere und anderes mehr. Und man sagt:

> Wieder gibt es Frauen, Freunde,
> wieder gibt es Felder, Söhne,
> wieder gibt es Glück und Unglück,
> niemals wieder gibt's den Leib.

Und außerdem:

> Für den Notfall hüte dein Vermögen,
> doch auf Kosten des Vermögens deine Frau,
> deinen eignen Leib hingegen hüte
> selbst auf Kosten des Vermögens und der Frau.

Deshalb bist du dabei, etwas sehr Schönes aufzugeben. Bedenke, lieber Freund, dass du dich dann nicht mehr um deinen Sohn kümmern kannst. Heißt es doch:

> Schlimmer als ein Feind der Sohn ist:
> Bei Geburt raubt er die Gattin,
> in der Jugend dann den Reichtum
> und beim Sterben gar das Leben.«

Da sagte Haradatta: »Ich will aus dem Unglück, das dem Laster meines Sohnes entspringt, herauskommen. Wenn es eine Möglichkeit dafür gibt, dann nenne sie mir!«

Triwikrama sprach zu ihm: »Auf dem Berge Malaja lebt ein Papagei mit Namen Gunasagara, und auf dem gleichen Gipfel des Himalajagebirges wohnt eine Predigerkrähe namens Malajawati. Diese beiden sind durch den Fluch eines Muni in Vögel verwandelt worden. Lass sie herbeischaffen, damit sie deinen Sohn unterrichten.«

Haradatta antwortete: »Warum wurden sie in Vögel verwandelt? Weshalb verfluchte sie der Muni? Woher weißt du das? Du erzähltest ihre Geschichte so, als wäre sie noch überall bekannt.«

Daraufhin berichtete Triwikrama die alte Geschichte von dem Papagei und der Predigerkrähe: »Höre zu, lieber Freund, du bester unter den königlichen Waischjas! Nur ein Jodschana nördlich des Berges Malaja liegt der See Manasa. Dort hielt sich, umgeben von vielen Munis, ein Asket namens Taponidhi auf. Dieser schickte eines Tages seinen Schüler Widjadhana aus, um Blumen für die Ehrung der Gottheiten herbeizuholen. Als Widjadhana den Auftrag vom Herrn der Munis erhalten hatte, machte er sich sofort auf den Weg. Und es heißt:

> Einen Krüppel, Vogler, Magier,
> Nichtsnutz, Faulpelz und Verleumder,
> einen Kranken – diese sieben
> soll als Diener man entlassen.

Ebenso:

> Einen Menschen träge, roh,
> nutzlos, grausam, lasterhaft,
> tückisch, friedlos, undankbar,
> soll der Erdenherrscher ächten.

Als Widjadhana nun unterwegs war, sah er am Wege einen Blumengarten, den er sogleich betrat, um dort Blumen zu pflücken. Sein Blick fiel auf einen Mangobaum, der sein Herz vollständig gefangen nahm. Er war übersät mit dichten Blätterbüscheln. Die Last der vielen Früchte ließ ihn auf allen Seiten tief herabhängen, und um ihn herum ertönte das fröhliche Summen der vom Blütensaft trunkenen Bienen.

Unter diesem Baum erblickte der Schüler ein Gandharwenpaar. Es waren der Gandharwenkönig Wischwawasu, der Sänger des Götterfürsten, und seine Frau Malawati. Die beiden waren ganz versunken in ihr Lautenspiel und den gemeinsamen Gesang. Sie sangen so zauberhaft, dass selbst der mondsichelgeschmückte Herr der heiligen Parwati sich daran ergötzte. Widjadhana hörte den Gesang, vergaß seinen eigenen Auftrag und blieb lauschend stehen, denn es heißt:

> Wessen Herz nicht leicht zerfließet
> bei Gesängen, schönen Worten
> und beim Scherzen junger Mädchen,
> der ist töricht oder tierisch.

Während die beiden nun sangen, ganz in ihr Spiel vertieft, verstrich die Zeit, und der Augenblick, da sie dem Götterfürsten huldigen sollten, ging vorüber.

Da nahte der Bändiger des Paka. Als Wischwawasu und Malawati bemerkten, dass Schatakratu herangekommen war, dachten sie voller Furcht: Der Herr wird uns zürnen. Und sie verwandelten sich in einen Papagei und eine Predigerkrähe.

Der Beschützer aller Wesen aber sah das und rief unwillig aus: ‚Ihr sollt fortan in dieser Gestalt in der Menschenwelt leben!'

Als die beiden den Fluch ihres Gebieters vernahmen, den dieser in so gewaltigem Zorn gesprochen hatte, dass er ihnen unerträglich und schmerzhaft schien wie die Berührung mit einer Säge, senkten sie ihre Häupter. Der Himmelsfürst sah ihre betrübten Gesichter, und sein Herz wurde von tiefem, zartem Mitleid erfasst. Man sagt doch:

> Wer ein Herz hat, das von Mitleid
> für die Wesen leicht zerschmilzet,
> findet Wissen und Erlösung;
> wozu Asche, Haarschopf, Kutte?

Den Lebenswandel guter Menschen, die sich durch solches Mitleid auszeichnen, soll man nachahmen.

Deshalb versprach Schatakratu den beiden Unglücklichen, ihre Strafe zu mildern: ‚Während ihr unter den Sterblichen weilt, werdet ihr dem Sohn des Haradatta, Madanasena mit Namen, nützlich sein. Er wird euch danach zufrieden entlassen, und ihr werdet wieder in unsere Stadt gelangen.' Nach diesen Worten verschwand er mit Donner und Blitz. Widjadhana hatte alles mit angesehen und dabei die für das Blumenholen vorgesehene Zeit überschritten. Eilig sammelte er jetzt Blüten und kehrte zum Muni zurück.

Der Asket sprach mit finsterer Miene: ‚Widjadhana, wir hatten dich ausgesandt, dass du Blumen für die Ehrung der Götter herbeiholst. Warum hast du die Zeit überschritten? Unser Dienst an den Göttern ist dadurch in Unordnung geraten!' Und es heißt:

> Fünf erklärte Wjasa als tot,
> obgleich sie doch alle leben:
> den Armen, den Kranken, den Toren,
> den Fernen und den Dienenden.

Widjadhana erzählte nun dem Asketen sein Erlebnis mit den Gandharwen. Nachdem der König der Munis ihn angehört hatte, bestimmte er: ‚Widjadhana! Wasawa hat Wischwawawasu und Malawati verflucht, so dass sie nun in der Welt der Sterblichen umherfliegen. Deshalb sollst auch du zu den Sterblichen gelangen!'

Da bat Widjadhana um Gnade, und der König der Munis, dessen Herz von Mitleid ergriffen wurde, antwortete: ‚Während du in der Welt der Sterblichen weilst, sollst du dich deiner früheren Geburt erinnern. Du sollst mit Haradatta Freundschaft schließen und ihm einen Dienst erweisen. Danach sollst du wieder in unsere Einsiedelei zurückkehren.'

Ich bin also jener Widjadhana und als Triwikrama auf der Erde wiedergeboren. Deshalb kenne ich auch die Geschichte vom Papagei und der Predigerkrähe. Jetzt will ich dafür sorgen, dass Papagei und Predigerkrähe herkommen.«

Darauf nahm er ein gründliches Bad und sagte den Suparna-Spruch auf, um den Papagei und die Predigerkrähe herbeizurufen.

Im Augenblick der Beschwörung waren die beiden Vögel in seiner Gewalt. Er steckte sie in einen Käfig und setzte sie im Bildersaal von Madanasenas Haus nieder. Darauf trennten sich Haradatta und Triwikrama beruhigt. Jeder ging seinen Geschäften nach.

So verstrichen mehrere Tage. Da redete die Predigerkrähe den Papagei an: »Herr meines Lebens! Du sprichst aus irgendeinem Grund kein Wort zu Madanasena, obgleich man uns zu diesem Zweck herbeigeholt hat. Wozu sind wir dann überhaupt hier?«

Als der Papagei das hörte, rief er aus: »Meine Liebe, auch ich habe Tag und Nacht darüber nachgedacht, aber es ergibt sich keine passende Gelegenheit. Dabei heißt es doch:

> Gemäß dem Anlass sei die Rede,
> gemäß dem andern sei die Lieb,
> gemäß der eignen Kraft nur sei das Zürnen:
> Wer das verstehet, der ist wahrhaft klug.«

An einem anderen Tag nun sagte Madanasena zu dem Papagei: »Komm, lieber Ramatschandra, erzähle eine Geschichte!«

Da erwiderte der Papagei: »Höre aufmerksam zu, Madanasena! Es gibt gegenwärtig kaum einen, der so hochmütig ist wie du. Wenn du aber nach den drei Lebenszielen, Rechtschaffenheit, Reichtum und Liebe, strebst, dann kannst du dein bedeutungsloses Dasein zu einem bedeutenden machen, dann wirst auch du endgültige Erlösung finden. Das erste Ziel hast du nicht verfolgt. Alles hast du genossen, ohne die beiden ersten Lebensziele zu beachten. Diese Lebensziele dürfen junge Männer nur in der überlieferten Reihenfolge anstreben. Man darf nicht versuchen, eines zu überspringen.

Denn es heißt:

Wer Reichtum und Moral verschmäht
und nur allein der Liebe lebt,
der wird in dieser Welt verhöhnt
und in der andern Welt gestraft.

Und noch etwas! Da deine Eltern bemerken mussten, dass du dich einzig der Huldigung des Liebesgottes widmest, ist Kummer in ihre Herzen eingezogen. Die schwere Schuld, die du mit ihrem Gram auf dich geladen hast, wird von Tag zu Tag größer und macht deine Wünsche zunichte. Keiner ist tiefer gesunken als der, der Vater und Mutter verachtet.

So heißt es doch:

Man schließe die Augen, wenn man erblickt
einen Menschen, der seine Eltern nicht pflegt,
der betteln geht für ein heiliges Opfer
und Sesam opfert für einen Fremden.

Höre deshalb zu, Herr! Ich will dir zum Beweis eine Geschichte aus dem Mahabharata berichten.«

Nach diesen Worten begann der Papagei, dem Madanasena eine Geschichte aus alter Zeit zu erzählen:

»Höre, Madanasena! In dem Lande Malawa gibt es eine Brahmanensiedlung, die Nagapura heißt. Dort wohnte ein Brahmane namens Vidschajascharman. Sein Sohn Dewascharman hatte alle Wissenschaften studiert, aber der Seelenfriede war nicht in sein Herz eingezogen.

Deshalb sagte er zu seinen Eltern: ‚Ich will fortgehen, um noch andere Wissenschaften zu studieren.‘

Sie versuchten, ihn davon abzubringen, doch er verachtete ihre Worte und zog fort in ein anderes, fremdes Land. Während er nun so in der Fremde umherzog, lernte er viele Wallfahrtsstätten, Göttertempel und heilige Orte kennen. An besonders heiligen Tagen, etwa bei den Mondwechselfesten, versank er ganz in festliche Anbetung. Er liebte es, sich wie ein Asket zu kleiden und höchste Enthaltsamkeit zu üben. Da er nichts von dem Blendwerk der Sinnenwelt hielt, lebte er wunschlos und zufrieden. So kam er zum Tschitrakuta-Gebirge.

Dort erblickte er einen heiligen Büßerhain, in dem ein großer Meru-Tempel des Schiwa an einem Teich stand, der mit klarem Wasser gefüllt war. Er trat heran, nahm ein Bad, hielt die Morgenandacht und brachte dem Vater der Götter eine Spende dar. Dann ging er in den Tempel, um zu Schiwa zu beten, ihn durch Lobgesänge zu erfreuen und sich vor ihm zu verneigen. Als er nun so in tiefe Andacht versunken war, ließ er sich am Fuße eines Baumes nieder.

In der Lotosstellung, die Augen auf die Nasenspitze gerichtet, lenkte er seine Gedanken auf den hochheiligen Adinarajana, den dunkelleibigen, vierarmigen Gemahl der Schri, der mit Muschel, Diskus, Keule und Lotos ausgerüstet ist und noch andere herrliche Eigenschaften besitzt, vor dem selbst Garuda, der doch stets bei ihm ist, sein Händepaar faltet.

Durch die starke Konzentration der Gedanken befand er sich für einen Augenblick in einem Zustand völliger Verzückung, während er sich doch sonst seiner irdischen Existenz klar bewusst war.

> Der Jogi erfreut sich des Glückes,
> der aufgibt das Sein seines Körpers
> und frei von jeglicher Stütze
> schwebend den Weg der Wonne betritt.

> Der Jogi erreiche den Zustand,
> der eintritt am Anfang des Schlafens
> und auch am Ende des Wachens,
> denn darin besteht keine Zweiheit.

So saß Dewascharman mit andächtig geschlossenen Augen da und vermied jede äußere Bewegung.

Er, der früher stets darauf bedacht war, sich den Bauch zu füllen, merkte nicht, dass die Mittagszeit schon vorüber war.

So weit war er davon entfernt, etwas von seiner Umwelt wahrzunehmen.

Danach ging er fort, um Almosen zu sammeln. Dabei beschmutzte ihn ein Reiherweibchen, das auf seinem Himmelspfad dahinzog. Als er emporblickte und das Reiherweibchen bemerkte, verfluchte er es in seinem Zorn. Kaum aber war der Fluch ausgesprochen, da fiel es tot auf die Erde herab.

Als Dewascharman das sah, zog tiefe Reue in sein Herz: ,Der arme Vogel hat unverdient eine harte Strafe bekommen. Weil ich vom Zorn übermannt war, habe ich mich vergessen. Nun ist die vollzogene Bußübung wertlos geworden.

> Der Zorn gleicht dem König Waiwaswata,
> die Gier gleicht dem Flusse Waitarani,
> das Wissen der wünschegewährenden Kuh,
> Zufriedenheit aber dem Nandana-Hain.

> Es gibt keine Qual, die der Liebe gleicht,
> es gibt keinen Feind, der der Torheit gleicht,
> es gibt keine Flamme dem Zorne gleich,
> es gibt keine Freude dem Wissen gleich.'

Nach diesen Worten verrichtete Dewascharman wiederum Waschungen, Gebete und andere Bußübungen, um seine Schuld zu sühnen. Dann setzte er sich, auf einen einzigen Gedanken konzentriert, voller Andacht nieder und murmelte bestimmte Zauberformeln, wobei er dem Zustand der Zweiheit entglitt.

> Ein Gebet bleibt stets erfolglos,
> dargebracht mit Fingerspitzen,
> beim Überspringen eines Fingers
> oder mit zerstreuten Sinnen.

Als er sein Ziel erreicht hatte, brach er auf, um in die Stadt zu gehen. Dort betrat er das Haus eines Brahmanen namens

Narajana und bat um ein Almosen. Die Frau des Narajana, die den Bettler auf die Tür hatte zukommen sehen, nahm gerade einen Topf in die Hand, um ihm ein Almosen zu geben, als ihr Mann nach Hause kam. Da stellte sie den Almosentopf beiseite und sagte zu Dewascharman: ‚Warte einen Augenblick!'

Sie reichte ihrem Mann eine Schüssel, brachte Wasser zum Waschen, besorgte alles, was zum Baden, zur Verehrung der Götter und zum Essen nötig war, und gab dann dem Bettler Dewascharman ein Almosen.

Da sagte Dewascharman zu ihr: ‚Lange Zeit schon stehe ich an der Tür. Du hast so lange gebraucht, um mir ein Almosen zu geben: Damit hast du eine schwere Sünde begangen.'

Sie aber antwortete dem Bettler: ‚Die Dringlichkeit einer Pflicht ergibt sich aus ihrer Vorrangigkeit. Man soll von seinen Pflichten zuerst die erfüllen, die am wichtigsten ist. Danach kann man sich den anderen zuwenden. Denn es heißt:

> Wo man die Unehrenhaften verehrt,
> wo man die Tugendhaften verachtet,
> dort brechen dreierlei Dinge herein:
> Hungersnot nämlich, Sterben und Schrecken.

> Wenn Frauen dem Manne gehorsam sind,
> bereiten sie sich den Weg in den Himmel;
> denn das eben ist ihre höchste Pflicht,
> denn das eben ist ihre höchste Buße.

> Der Schmuck der Nachtigall ist ihr Gesang,
> der Frauen Zierde ist die Treue,
> Weisheit verschönet selbst den Hässlichen,
> doch dem Asketen ziemet Langmut.

Bedeutende Jogis wie du müssen besonders geduldig sein, dann erst wird ihnen der ganze Gewinn ihrer Bußübung zuteil. Andernfalls ist alle Mühe vergebens.'

Da riss jener die Augen auf und zog die Brauen vor Zorn zusammen, so dass er schrecklich anzusehen war.

Die Gattentreue sprach: ‚Was soll dein Zorn noch alles anrichten? Bin ich vielleicht jenes Reiherweibchen, das durch deinen Zorn vom Himmel fiel?‘

Staunend hörte Dewascharman diese Worte: Wie kann sie von einem Ereignis wissen, das sich anderswo zugetragen hat? Ich muss ihr besondere Achtung entgegenbringen.

So dachte er, fiel der Länge nach vor ihr nieder und sagte: ‚Ich möchte bei dir in die Lehre gehen. Woher hast du ein so übernatürliches Wissen?‘

Sie antwortete: ‚Wenn ein Lebewesen die ihm vorgeschriebenen Pflichten richtig erfüllt, dann kommt das Wissen von selbst und zieht bei ihm ein. Weil ich meinem Mann hingebungsvoll diene, habe ich großes Wissen erlangt. Geh nach Benares! Dort wohnt ein Jäger namens Dharmawjadha. Der wird dir Unterricht erteilen.‘

Dewascharman befolgte den Rat der tugendhaften Frau und machte sich auf den Weg nach Benares. Langsam näherte er sich der Stadt Wischwanathas, dem Ort der Erlösung. Er ging in die Stadt hinein, badete an einem heiligen Badeplatz und ehrte den hochheiligen Herrn aller Dinge; er verneigte sich vor ihm, wobei er ihm die rechte Seite zukehrte, und warf sich der Länge nach vor ihm nieder. Nachdem er sich so geläutert hatte, suchte er Dharmawjadha auf.

Sobald der ihn erblickte, sagte er: ‚Hat dich die treue Ehefrau hierhergeschickt?‘

Darauf antwortete Dewascharman: ‚Ja, sie hat mich zu dir geschickt. Deshalb bin ich hier.‘

Sie gingen nun beide zur Wohnung des Jägers, und Dharmawjadha bot Dewascharman einen Platz zum Sitzen an. Er wohnte bei seinen alten Eltern. Jetzt trat er vor sie, gab ihnen das Geld, das er verdient hatte, fiel der Länge nach vor ihnen nieder und sagte mit aneinandergelegten Händen: ‚Ein Gast ist angekommen.‘

Als die Eltern das hörten, sagten sie: ‚Es ist ein großes Glück für uns, dass ein Gast angekommen ist. Wir wollen ihn mit allen Ehren aufnehmen, denn es heißt:

> Ehrwürdig ist dem Brahmanen das Feuer,
> ehrwürdig dieser den anderen Kasten,
> ehrwürdig ist der Gemahl für die Frauen,
> ehrwürdig aber ist allen ein Gast.

> Der Gast wie auch der Kritiker
> sind meine besten Freunde.
> Der eine ist ein Schritt zum Himmel,
> der andre schlägt das Unrecht.'

Darauf bewirtete Dharmawjadha seinen Gast freundlich, und Dewascharman sprach: ‚Du bist allwissend, lehre mich das Dharma!'

Aber der Jäger sprach: ‚Du bist gestrauchelt und deshalb nicht wert, unterrichtet zu werden. Wir ehren dich nur als unseren Gast. Es heißt ja:

> Ob ein Brahmane oder Schudra,
> ob ein Tschandala das Haus betritt,
> als Gast ist er auf dieser Erde
> zu ehren als ein edler Mensch.

Du handelst nicht nach dem Gebot deiner Eltern. Warum machst du dir die Mühe, an Wallfahrtsorten umherzuschweifen? Was du hier tust, ist völlig nutzlos! Kehre nach Hause zurück und gehorche deinen Eltern besser, dann wirst du ganz von selbst Wissen erlangen. Das ist die Lehre, die ich dir erteile.'

Auf den Rat des Jägers ging Dewascharman wieder nach Hause, und seine Eltern freuten sich sehr über seine Rückkehr. So wurde Dewascharman seiner Sünden enthoben.

Also, Madanasena, diene deinen Eltern, dann wirst auch du eine angesehene Persönlichkeit werden! Nur die Liebesdienste, die die Menschen ihren Eltern erweisen, bringen ihnen im Leben den ersehnten Lohn.

Pass auf! Ich will dir hierfür ein Beispiel erzählen.

Am Ufer des Bhagirathi liegt eine große Stadt, Pandarapura mit Namen. Dort diente Pundarika seinen Eltern aufopferungsvoll Tag und Nacht. Damit übte er eine so gewaltige Askese, dass er den Himmel Wischnus erschütterte und ihm der Herr in ungeschwächtem Glanze selbst erschien. Der Erfolg seiner Kasteiung hält noch heute an, denn der Ort ist als Dwaraka des Südens überall bekannt.

So wird man belohnt, wenn man seine Eltern verehrt. Darum beginne auch du, den Eltern zu dienen!«

Diese Geschichte erzählte der Papagei dem Madanasena. Als der alles angehört hatte, wandte er sich an den Papagei und sagte: »Lieber Papagei! Durch deine Gnade bin ich endlich zur Einsicht gekommen.«

Darauf ging Madanasena zu seinen Eltern, warf sich der Länge nach vor ihnen nieder und sprach mit aneinandergelegten Händen: »Weil ich euren Befehlen nicht gehorcht habe, bin ich schon so lange Zeit als Geschäftsmann völlig untauglich. Deshalb ist mir jene Belehrung willkommen wie ein himmlischer Wagen. Gebt mir bitte von heute an stets Aufträge wie einem Diener.«

Als Haradatta das hörte, war er zufrieden und glücklich über alle Maßen. Heißt es doch:

> Wer einen Sohn hat, der den Vater liebt,
> und eine Frau, die sein Gebot befolgt,
> wer Geld hat zum Verschenken und Vertun,
> der hat den Himmel schon auf Erden hier.

Erfreut sagte Haradatta zu seinem Sohn: »Bleibe nur hier und sorge für die Familie. Ich will aufbrechen und mich um den Gelderwerb kümmern, denn ohne Geld kann ein Mann nicht einmal Gras kaufen. Man sagt doch auch:

Dem Reichen ziemt Ehre, dem Reichen ziemt Preis,
er ist auch der Hort aller Tugend.
Den Armen jedoch, den sieht man nicht an
wie Kinschuka, die duftlose Blume.

Wer Geld hat, hat Freunde,
er hat auch Verwandte,
wer Geld hat, ist weise,
sein Wort hat Gewicht.

Ein reicher Mann ist edel von Geburt,
er ist klug, gelehrt und tugendhaft,
ist ein Redner und ein schöner Mann,
denn vom Gold nur hängt die Tugend ab.

Die Welt dreht sich nicht um Grammatik,
sie dreht sich nicht um Saitenklang,
sie dreht sich auch nicht um die Weden,
sie dreht sich nur ums täglich Brot.«

Als Madanasena seinen Vater so reden hörte, antwortete er: »Wenn du, verehrter Vater, auf Reisen gehen müsstest, obgleich du in mir einen Sohn hast, dann hättest du von deinem Sohn keinerlei Nutzen. Wozu wäre denn der Sohn geboren, wenn er seinen Eltern nicht dienen dürfte?« Und Madanasena sprach weiter:

»Was nützt die Geburt des Sohnes,
der nicht Wissen kennt und Tugend.
Was soll man mit einer Kuh tun,
die nicht Milch uns gibt und Kälber?

Nur der führt ein sinnvolles Leben, der seine Eltern achtet und ihnen Freude bereitet, kein anderer. Heißt es doch auch:

Wer beim Streben nach Vermögen
Tugend übt und Schiwa ehrt,
Vater, Mutter ständig lieb hat,
dessen Leben ist gesegnet.

Mit nur einem starken Jungen
schläft die Löwin ohne Sorgen.
Und es trägt der Esel Lasten
stets gemeinsam mit zehn Jungen.

Aus diesem Grunde bleibe hier, verehrter Vater. Ich selbst will ausziehen, um Handel zu treiben.«

Da er die Erlaubnis erhielt, entfernte er sich, ging nach Hause und sprach zu seiner innig geliebten Prabhawati: »Liebste Prabhawati! Ich bin entschlossen auszuziehen, um Geld zu verdienen. Sei bitte nicht traurig, wenn ich dich jetzt verlasse. Auch ich kann die Trennung von dir kaum einen Augenblick lang ertragen. Weil ich aber glaube, dass man die Worte seines Vaters nicht unbeachtet lassen darf, bin ich entschlossen zu reisen.«

Prabhawati konnte die Worte ihres Gemahls kaum ertragen. Sie verletzten wie eine Säge, verhöhnten die Gebote des Liebesgottes, trieben ihr die Stachel der Verzweiflung ein und entfachten durch das quälende Gift der inhaltsschweren Rede einen solch entsetzlichen Brand wie die Sonne, wenn sie am höchsten steht.

Als Prabhawati diese Worte gehört hatte, schien alles Leben sie zu verlassen. Ihre Glieder waren wie gelähmt und die Gelenkbänder erschlafft. Sie war völlig aufgelöst. Wirre Locken verdunkelten den Glanz ihrer Schönheit, und die tiefe Bestürzung, die von einer Welle irrer Lust begleitet war, würgte sie am Halse. In dieser Verfassung sprach Prabhawati zu ihrem Gebieter: »Höre, Herr meines Lebens! Es ist eine hohe Pflicht, das Gebot des Vaters nicht zu übertreten. Es gibt aber noch ein anderes Gebot, welches besagt:

> Reisen in der Regenzeit,
> Armut in des Mannes Jugend,
> Trennung in der Liebe Mai
> sind die schwersten Unglücksfälle.

Diese drei Dinge treffen einen Mann besonders hart. Und ebenso heißt es:

> Fertige Speisen, vollreife Früchte
> und eine junge, blühende Frau
> sollte man niemals unberührt lassen;
> denn, ach, so eilig vergeht die Zeit.

Bei solchen Gelegenheiten muss ein Mann sehr schnell handeln. Und es heißt weiterhin:

> Ohne Zögern greift der Kluge
> nach Bestechung, Liebesgaben,
> Spielgewinnen, schönen Worten
> und der jugendlichen Liebsten.«

So sprach Prabhawati, aber ihre Rede vermochte ihn nicht umzustimmen. Er tröstete sie mit Liebesworten, die selbst der Gemahlin Schiwas zu Herzen gegangen wären, und schickte sich an wegzugehen.

Da sagte sie: »Madanasena! Wenn wir beide uns so über alle Maßen lieben, wie kannst du mich dann in einem solchen Zustand verlassen und eine Reise unternehmen?«

Darauf antwortete er: »Es ist doch gleich, wohin ich gehe, du wohnst überall in meinem Herzen. Daran musst du immer denken! Heißt es doch.

> Wenn auch wohnet der Pfau im Gebirg,
> stehn die Wolken am Himmel;
> ist die Sonn ein Lakschantara weit,
> blüht der Taglotos hier;

und ist auch der Mond zwei Lakschantara weit,
bleibt er doch des Nachtlotos Freund:
Die Entfernung ist niemals zu weit,
wenn man wahrhaftig sich liebt.

Wer in unserm Herzen wohnt,
der ist nah selbst in der Ferne;
wer jedoch nicht darin wohnt,
der ist fern, selbst wenn er nah ist.«

Nach diesen Worten wollte Madanasena weggehen. Als er aber sah, dass sich ihre Augen mit dicken Tränen füllten, trat er zu ihr und schloss sie fest in seine Arme. Er genoss noch einmal den Wohlgeruch ihres Duftwassers und trocknete ihre Tränen mit eigener Hand.

Danach sagte er zum Papagei und zur Predigerkrähe: »Hört her, Gunasagara und Malawati! Ich vertraue euch jetzt Prabhawati an. Ihr sollt nach und nach mit gewählten Worten die Weltuntergangsstimmung vertreiben, die die Trennung in ihr hervorruft. Ich gebe sie in eure Hand. Lasst nicht zu, dass der Schmerz weiterwächst!«

Nach diesen Worten reiste Madanasena ab. Er ging in ein fremdes Land, um seinem Vorsatz gemäß dort Handel zu treiben.

Prabhawati litt unter der Trennung von ihrem Gemahl sehr. Ihre Glieder erschlafften. Tag und Nacht hielt dieser Zustand an, und sie mochte weder essen noch trinken.

Die Predigerkrähe bemerkte, wie sehr sie litt. Sie sagte deshalb zum Papagei: »Ramatschandra! Madanasena hat uns Prabhawati anvertraut und uns aufgetragen, die Qualen des Trennungsschmerzes von ihr fernzuhalten. Warum belehrst du sie nicht? Warum nimmst du ihr nicht den furchtbaren Schmerz? Warum fesselst du nicht ihre Aufmerksamkeit mit Geschichten, Abenteuern, Legenden und anderer Zerstreuung? In ihrem Leib lodern die Flammen, die die Trennung entfacht, so heftig wie bei einem Waldbrand. Ihre Glieder sind erschöpft und geschwächt durch die übergroßen Qualen und den ständigen Aufenthalt im Vorzimmer des Todes. Unverhüllt zeigen sie in ihrem verwundeten Blick die zahlreichen Verletzungen, die ihr die Stachel des Schmerzes und des Verdrusses zugefügt haben. Wenn du weiterschweigst, wirst du gewiss nur Tadel ernten!«

Der Papagei hörte die Worte der Geliebten. Er verstand sie sehr wohl, doch sie betrübten sein Herz. Deshalb antwortete er: »Herrin meines Lebens! Der Sinn der Frauen wechselt alle Augenblicke. Er ist schwer zu lenken, und es fehlt ihm an Entschlossenheit. Aus diesem Grunde beobachte ich vorläufig nur und überlege, was wohl das endgültige Ergebnis ihres Nachsinnens sein wird. Wenn ich das weiß, werde ich auch entsprechend handeln. Es heißt doch:

> Unbesonnenheit und Lügen,
> Falschheit, Dummheit, Wankelmut,
> Schmutzigkeit und Grausamkeiten
> sind den Frauen angeboren.«

Nach diesen Worten hüllte sich der Papagei in Schweigen.

Eines Tages nun hielt sich Prabhawati auf dem Dach ihres Hauses auf. Dort erblickte Winajakandarpa, der Sohn des Fürsten, die Verliebte, die wie eine göttliche Heilpflanze fähig war, Liebeskranke wieder gesund zu machen. Da schickte er Botinnen zu Prabhawati, die in vielen Künsten bewandert waren. Sie konnten schon mit einem kurzen Blick bei jedem, den sie anschauten, große Freude hervorrufen. Sie verhüteten Scheidungen, indem sie die Herzen beliebig lenkten und deren Regungen durch passende Worte zügelten. Sie wurden mit einer Hingabe verehrt, als wären sie das höchste Wesen, das uns in der Schruti überliefert ist. Mit einem kurzen Blick konnten sie den Stachel des Kummers herausziehen. Sie verstanden es sogar, im Herzen des Gemahls einen Fehltritt zu vertuschen, von dem er gehört hatte. Ihre Lippen funkelten von der Fülle der Beweise, die sie mit vielen Beispielen aus dem täglichen Leben und aus der Religion ausschmückten. Solche Botinnen kamen also zu ihr und begannen langsam ein allgemeines, herzliches Gespräch, das sie geschickt auf Prabhawatis innerste Gedanken zu lenken wussten. So wurden sie bald mit ihr vertraut.

Nach einiger Zeit begannen sie dann von ihrem Anliegen zu sprechen: »Liebe Prabhawati, warum findest du dich mit der Trennung von deinem Gemahl ab? Warum lädst du so völlig grundlos Kummer auf dein Herz? Der morgige Tag macht den heutigen nicht glücklicher! Vergangene Tage kommen doch nicht wieder! Warum in aller Welt lässt du heute die gesunde Farbe deines Leibes, seine Zartheit und Anmut so völlig nutzlos dahinschwinden? Wenn der, dessen Weggang du beklagst, dich wirklich liebt, warum nimmt er dich dann nicht mit? Er aber genießt überall, wo sich die Gelegenheit bietet, mit breithüftigen Frauen das himmlische Glück der Liebe. Und was hast du durch deine Anhänglichkeit an den Gemahl nicht alles auszustehen! Wo ist denn eine Frau, die ihrem Gemahl so ergeben ist? Zeige mir nur eine einzige! Wenn du dich vor der Sünde fürchtest, weil du sie im Jenseits büßen musst, dann fragen wir dich: Wer hat dieses Jenseits und diese Sünde denn je mit eigenen Augen gesehen? Es heißt doch:

> Solang du lebest, lebe glücklich,
> borg Geld und labe dich an Ghi.
> Woher willst du den Leib erhalten,
> wenn Asche er geworden ist?

Warum verzichtest du auf die Liebe und lässt dein Leben so nutzlos vergehen? Wenn du nach Herzenslust Liebesglück genießen willst, werden wir dir beistehen. Wir werden dich zu Winajakandarpa, dem Königssohn, bringen. Dann erst hat dein Leben einen Sinn!«

Durch solche Reden geriet ihre Treue ins Wanken. Heißt es doch:

Fällt ein Tropfen auf glühendes Eisen,
bleibet von diesem kaum noch ein Hauch;
liegt er auf einem Blatte des Lotos,
sieht er der schimmernden Perle gleich;
in einer Muschel am Meeresgrunde
wächst er zur echten Perle heran.
So geht's den Menschen, wenn sie begegnen
Gemeinen, Mittelmäß'gen und Edlen.

Selbständigkeit und Besuch bei den Eltern,
Teilnahme an Prozessionen und Festen,
Leichtfertigkeit im Verkehre mit Männern,
Aufenthalt in einem anderen Land,
häufiger Umgang mit zuchtlosen Weibern,
Eifersucht, Alter und Reisen des Gatten,
das alles bringet die Frauen zu Fall.

Nun legte Prabhawati den schönsten Schmuck an und war
bereit, zum Stelldichein zu gehen.

Da sagte die Predigerkrähe zum Papagei: »Madanasena hat
uns Prabhawati anvertraut. Nun schickt sie sich an, etwas Un-
rechtes zu tun. Warum hinderst du sie nicht daran?«

Der Papagei entgegnete: »Sei nur still! Ich werde ihr selbst
das Nötige sagen.«

Während nun der Vogel über eine List nachdachte, plap-
perte die Predigerkrähe: »O Prabhawati! Was du da tun willst,
wird dich zu Fall bringen!«

Als Prabhawati das hörte, sah sie die Botin an.

Die Botin sagte: »Töte das boshafte Vogelweibchen, das dem
Glück anderer Hindernisse in den Weg legt!«

Da ging Prabhawati hin und öffnete die Tür des Käfigs. Sie
war fest entschlossen, die Predigerkrähe zu packen und umzubringen. Diese aber flog auf und entwischte.

Alle riefen: »Sie ist fort! Gut, dass es so gekommen ist!«

Prabhawati erzählte dem Papagei nun von Winajakandarpa.
Er hörte sie an und sagte: »Das ist schön! Immer musste

ich sehen, wie die Liebessehnsucht den Leib meiner Herrin quälte, und ich wollte ihr gern etwas Tröstendes sagen. Wer aber vermag wirklich den Seelenzustand anderer Menschen zu erkennen? Nichts bringt im ewigen Kreislauf der Geburten mehr Glück als ein Besuch bei dem Geliebten. Du hast dir da etwas Schönes vorgenommen. Allerdings ist dabei noch zu bedenken, dass dein Vorhaben sehr gefährlich ist. Führe es nur aus, wenn du antworten kannst wie Gunaschalini, als sie in eine schwierige Situation geriet.«

»Wer war denn Gunaschalini?« fragte Prabhawati darauf. »Welche schwierige Situation musste sie überwinden? Erzähle mir das bitte!«

Weil nun Prabhawati und ihre Freundinnen danach fragten, begann der Papagei, die Geschichte der Gunaschalini zu erzählen.

So lautet die Rahmenerzählung des Papageienbuches.

ERSTE ERZÄHLUNG

Wie Gunaschalini dem
als Liebhaber herbeigeführten
Gemahl beweist, dass er ein
schlechter Mensch ist

»Es gibt eine Stadt namens Tschandrawati. Dort lebten der König Bhimasena und der Kaufmann Mohana, dessen Frau Gunaschalini außergewöhnlich schön war.

Eines Tages erblickte sie der Sohn des Wasudatta, und sogleich wurde sein ganzes Wesen vom Liebesgott in Aufruhr gebracht. Er vernachlässigte alle seine Geschäfte und suchte sie durch Botinnen zu gewinnen. Sie ging aber nicht darauf ein.

Da bat er eine Kupplerin namens Purna, die sich ausgezeichnet auf die Kuppelei verstand, um den Botendienst.

,Wenn du es fertigbringst, dass Gunaschalini mir angehört, dann werde ich dich zu deiner Zufriedenheit belohnen. Ich werde dir geben, was du willst.‘

Sie versprach, seinen Wunsch zu erfüllen, passte einen günstigen Zeitpunkt ab und ging in das Haus der Gunaschalini.

Sie führte nun mehrere Tage lang ausführliche Gespräche mit ihr. Sie sang von den lustigen Streichen des hochheiligen Krischna, von seinem Kampf mit den Ringkämpfern, seinem Ballspiel und anderen Abenteuern und erzählte ihr aus den vergangenen Tagen ihrer Kindheit. So wurden sie Freundinnen.

Nun wollte Gunaschalini der Purna eines Tages ein Geschenk machen. Diese aber nahm es nicht an und sagte: ,Mein Herz verlangt nicht danach, obgleich es wertvoll ist. Erfülle mir nur den einen Wunsch, den ich dir nenne!‘

Gunaschalini war damit einverstanden, und Purna sagte darauf: ,Wenn du meinen Wunsch erfüllen willst, dann gib mir dein Wort darauf.‘

Gunaschalini gab ihr Wort, und als Purna ihr Vorhaben so gut gelingen sah, sagte sie: ,Du sollst dem Sohn des Wasudatta deine Liebe schenken. Wenn du nicht als Lügnerin gelten willst, dann halte dein Versprechen!‘

Nun war Gunaschalini voller Sorgen, weil sie den Worten der Purna zugestimmt hatte, ohne deren Absichten zu kennen, und sprach zu sich: Ich habe nichts von den Absichten dieser bösen Frau gewusst. Ohne etwas zu ahnen, habe ich zugestimmt. Was soll ich nun tun? Wenn ich mein Wort halte, dann begehe ich absichtlich die Sünde des Ehebruchs; wenn ich nicht in das Stelldichein einwillige, dann bin ich weit davon entfernt, mein Wort zu halten. So geht dem, der eins erhalten will, das andere verloren, wie einem Dickbauch, dem entweder der Kuss oder die Vereinigung mit der Geliebten verloren geht. Wozu soll ich aber noch lange zwischen beiden Möglichkeiten wählen? Selbst wenn man seinen Leib verpfändet hat, darf man sein Wort nicht brechen – so lautet der Ausspruch eines alten Weisen. Also werde ich zum Stelldichein gehen, damit ich mein Wort nicht breche. Sagt man doch:

> Hält ein wertloser Mensch sein Wort,
> gilt er als wertvoll allemal.
> Bricht ein verdienstvoller Mensch sein Wort,
> wird gleich zunichte all sein Verdienst.

> Was man versprochen mit seinem Wort,
> sei es nun schlecht, oder sei es gut,
> das muss man ohne zu zögern tun,
> denn das allein gilt uns als recht.

Nach solchen Überlegungen sagte Gunaschalini zu Purna: ‚Hole jenen Mann her, an dem dir so viel liegt. Ich halte mich solange dort drüben in dem Göttertempel auf.'

Purna ging zur Abendzeit aus, um den Mann herbeizuholen. In dem Menschengewühl bemerkte sie ihn nicht und fasste, getäuscht von seiner Ähnlichkeit, den Gemahl der Gunaschalini an der Hand und führte ihn an den verabredeten Ort.

Da erkannte er seine Frau und sie ihren Gemahl. Nun sage mir, Prabhawati, welche Ausrede sie in dieser schwierigen Situation fand. Das sage mir, ohne zu zögern, dann gehe.«

Prabhawati begann zu überlegen, aber sie fand die Antwort nicht. Inzwischen ging die Nacht vorüber. Da fragte sie den Papagei, und dieser sagte: »Als sie in ihm ihren Gemahl erkannt hatte, packte sie ihn bei den Haaren, ohrfeigte ihn und rief: ‚Ohne rot zu werden, sagst du mir immer, dass du neben mir keine andere Geliebte hast. Damit steht dein jetziges Treiben, das ich keines Blickes für würdig halte, im Widerspruch. Bringe mich in das Haus meiner Eltern zurück oder nein: Ich werde es dem König melden und dich bestrafen lassen.'

Darauf fiel Mohana der Gunaschalini zu Füßen und sagte: ‚Ich habe eine große Sünde begangen. Verzeih mir bitte!' Mit diesen Worten stimmte er sie gnädig.

Also, Prabhawati, wenn du so etwas vollbringen kannst, dann führe das Vorhaben aus, bei dem größte Vorsicht geboten ist.«

ZWEITE
ERZÄHLUNG

Wie Jaschoda der Schaschiprabha
die Treue zu ihrem Gemahl ausredet
und so ihrem Sohn
zu einer Liebesnacht verhilft

Abermals fragte Prabhawati den Vogel, ob sie in die Wohnung des Winajakandarpa gehen solle.

Der Papagei sprach: »Wenn du solche Listen anwenden kannst wie Jaschoda, dann gehe!«

Als Prabhawati das gehört hatte, bat sie den Papagei: »Erzähle mir doch die Geschichte der Jaschoda!«

Der Papagei, der nun wieder die Oberhand gewonnen hatte, erfüllte ihre Bitte und begann:

»Es gibt eine Stadt namens Madanapura. Dort herrschte der König Nanda über das Land. Sein Sohn hieß Radschaschekara und dessen Frau Schaschiprabha.

Einmal bekam der Kaufmann Nandana sie zu Gesicht, und sogleich verlor er allen Halt. Sein Leib wurde durch den Anprall der Pfeile des Liebesgottes so verwundet, dass er alle Stufen der Liebe gleichzeitig durchlebte und ganz von seiner Herzensangelegenheit gefangen war.

Immer sann er auf ein Mittel, Schaschiprabha zu erlangen, und er wandelte umher, die Gedanken nur auf dieses eine Ziel gerichtet. Weil er aber nun jeden Tag darüber nachgrübelte, wie und auf welche Weise er die junge Frau des mächtigen Fürsten gewinnen könnte, magerte sein Leib ab wie der Mond, dessen Sichel in der dunklen Monatshälfte abnimmt wie das Geld. So lebte er dahin wie jemand, von dem nur noch der Name übrig geblieben ist.

Als nun seine Mutter Jaschoda sah, in welcher Verfassung er sich befand, fragte sie ihn: ‚Lieber Sohn, warum geht es dir so schlecht? Sage mir bitte offen, was in deinem Innern vorgeht.‘

Daraufhin enthüllte er der Mutter alle Gedanken, die er in seinem Innern hegte: ‚Wenn Schaschiprabha mir angehören wird, dann werde ich weiterleben, sonst nicht!‘

Nun sage mir, Prabhawati, auf welche Weise Jaschoda seinen Wunsch erfüllte, auf welche Weise sie Schaschiprabha verkuppelte. Wenn du mir das gesagt hast, dann kannst du, wie angekündigt, gehen.«

Als Prabhawati die Frage des Papageis hörte, fing sie an, mit aller Kraft über die Antwort nachzudenken, aber sie fand sie nicht. Deshalb fragte sie am andern Morgen den Vogel, und dieser sprach: »Hör zu, Prabhawati! Jaschoda verkleidete sich als Büßerin: Sie zog ein braunrotes Gewand an, malte sich das Tripundra-Zeichen auf die Stirn und hängte sich eine Kette aus Rudrakscha-Beeren um den Hals. Dann holte sie einen Verwandten herbei und setzte ihm ein heiliges, aus acht verschiedenen Hölzern gefertigtes Gefäß und einen Blumenkorb auf die Schultern. Nach diesen feierlichen Vorbereitungen besorgte sie sich noch eine Hündin und ging mit all diesen Dingen zum Hause der Schaschiprabha. Dort angelangt, sprach sie zu den Türhütern: ,Wir haben eine Wallfahrt nach Somanatha in Suraschtra gemacht und wollen nun auf unserem Heimweg die berühmtesten Wallfahrtsorte besichtigen. Heute aber sind wir zur Weiterreise zu müde. Darum wollen wir den einen Tag hier rasten. Morgen früh werden wir den Weg fortsetzen?' Nach diesen Worten ließ sie sich nieder.

Dann bestrich sie sich vor den Augen der Türhüter mit Kuhmist, betete zu den Göttern, reinigte sich in deren Namen, spendete Räucherwerk, Lampen und Speisen, warf sich schließlich der Länge nach nieder und verehrte die Hündin, die sie mitgebracht hatte, mit Hilfe von Opfergaben und Lobliedern.

Alle, die ihr Treiben beobachteten, staunten. Sie aber verbrachte mehrere Tage dort und verehrte die Hündin, wobei sie zum Schluss jedes Mal der Länge nach niederfiel, um ihr zu opfern und sie zu preisen.

Von diesen Vorgängen hörte Schaschiprabha. Deshalb kam sie eines Tages, um sich das seltsame Gebaren anzusehen. Dabei fragte sie Jaschoda, warum sie das täte: ,Was ist das für eine Hündin? Bitte, erzähle mir ihre Geschichte!'

Als Jaschoda bemerkte, mit welcher Anteilnahme sie fragte, füllten sich ihre Augen mit Tränen und sie sprach: ,O Schaschiprabha, warum fragst du danach? Wenn ich dir das erkläre, wird schwerer Kummer über dich kommen.'

Daraufhin drang Schaschiprabha noch hartnäckiger auf eine

Antwort. Als Jaschoda sah, wie hartnäckig sie blieb, erbat sie sich einen ungestörten Ort, an dem sie alles erklären wollte.

,Denn es heißt:

> Alter, Vermögen und häusliche Not,
> Liebeserlebnis, Geheimnis und Plan,
> eigene Schande und eigener Furz;
> darüber schweigt der Verständige still.'

Nach diesen Worten begann sie unter vier Augen zu erzählen:

,Hör zu, Schaschiprabha! Früher lebten wir drei, ich, du und diese Hündin, als leibliche Schwestern im Hause eines Kaufmanns. Ich lebte nach Herzenslust und war auf Liebesabenteuer ganz versessen. Wenn ich irgendwo einen liebeskranken Mann sah, gewährte ich ihm den Genuss der Liebe. Du aber schenktest dich nur dem, der dir gefiel, und keinem anderen. Das war eine schlechte Eigenschaft. Weil ich nun immer die Regel befolgte, dass man den Bedürftigen helfen muss, habe ich so großes Wissen erlangt, dass ich mich an meine früheren Existenzen erinnern kann. Du aber hast dich nur deinen Launen hingegeben und durch dieses schlechte Verhalten zwar einen ganz besonderen Genuss gehabt, aber kein Wissen von früherer Wonne und Glück erlangt.

Und diese hier, unsere jüngere Schwester, hat keinem Bekümmerten die Wonne der Liebe gewährt, weil sie von ihrer übergroßen Gattentreue ganz und gar verschlungen wurde. Sie hat damit so große Schuld auf sich geladen, dass sie zu einer Hündin geworden ist.

Also, Schaschiprabha, wenn du das unendliche, schwer zu befahrende Meer der Geburten glücklich durchsegeln willst, dann schenke auch du einem bekümmerten Mann heimlich deine Liebe. Dann wirst du ganz von selbst wissend werden.'

Schaschiprabha antwortete: ,Ich möchte das so schwer zu befahrende Meer der Geburten glücklich durchsegeln. Dabei sollst du mir helfen. Du bist meine Schutzgottheit! Wenn dir irgendwo ein Mann unter die Augen kommt, dessen Würde und Festigkeit durch den heftigen Aufprall der Pfeile des Liebesgottes erschüttert ist, dann bringe ihn her!'

Nach diesen Worten warf sie sich der Länge nach vor ihr nieder. Da brachte Jaschoda am anderen Tag ihren eigenen Sohn herbei, der dem Tod schon sehr nahe war, und ließ Schaschiprabha wissen, dass ein Gast angekommen sei.

Diese empfing den Besucher mit großer Höflichkeit und tiefer Verehrung, weil er ihr höchst willkommen war.

Also, Prabhawati, wenn du im Erfinden von Listen so gewandt bist, wie ich es dir eben geschildert habe, dann gehe daran, dein schönes Vorhaben auszuführen.«

DRITTE ERZÄHLUNG

Wie der König Narottama
den richtigen und den
falschen Kaufmann Wimala
unterscheidet

Abermals blickte Prabhawati den Vogel fragend an, und dieser sprach: »Herrin, wenn du es verstehst, einen Rechtsstreit so zu entscheiden wie König Narottama, dann kannst du deiner Neigung nachgehen.«

Prabhawati wollte die Geschichte des Königs Narottama hören und sagte: »Fürst der Vögel, erzähle mir doch davon!« Auf ihre Bitte erzählte der Papagei die ganze abenteuerliche Geschichte:

»Es gibt eine Stadt namens Wischalapura. Dort herrschte der König Narottama. Im Lande dieses Königs, der gleichsam eine Verkörperung des Skanda war, lebte ein Kaufmann namens Wimala. Er hatte zwei Frauen. Die eine, Rukmini, war eine gefeierte Schönheit, die andere hieß Sundari.

Diese beiden Frauen, die die Männerherzen stets in Aufruhr versetzten, erblickte ein Betrüger mit Namen Kutila, und durch den Aufprall der zahlreichen Pfeile des Liebesgottes wurde ihm das große Glück der Zufriedenheit geraubt.

Weil er die beiden Frauen auf besonders schlaue Weise erringen wollte, bemühte er sich, seine Herzensgottheit zu gewinnen, indem er sie durch seine umfangreichen Kenntnisse und durch seine große Gewandtheit bei der Ausführung der sechzehn verschiedenen Arten der Anbetung in Erstaunen versetzte. Kutila erreichte auch, dass ihm die Gottheit leibhaftig erschien, und als sie ihn fragte, was er sich wünsche, da bat er, dass er die gleiche Größe, die gleiche Farbe, das gleiche Alter und die gleiche Schönheit der Glieder bekommen möchte wie Wimala und dass seine Gestalt keinerlei Unterschiede aufweisen möchte.

Die Gottheit sprach: ‚So soll es sein!‘ Und am anderen Tag ging er, unmittelbar nachdem er eine solche Gestalt erhalten hatte, zum Hause des Wimala, der, wie er wusste, über Land gegangen war. Er sprach zum Türhüter: ‚Von jetzt an zahle ich dir doppelten Lohn und gebe dir außerdem gute Decken zum Schutz gegen die Kälte.‘ So sprach er und fuhr fort: ‚Lass niemanden in das Haus, der so aussieht wie ich!‘

Danach ging er ins Haus, rief die Frauen herbei, die mit

großer Schönheit und vielen anderen Vorzügen ausgestattet waren, und verteilte unter die beiden Gattinnen weiße Gewänder und zahlreiche Schmucksachen. Den Dienstboten schmeichelte er mit freundlichen Worten und beschenkte sie mit Gewändern und Leckereien. So gewann er alle für sich, genoss die ersehnte Lust, verrichtete verdienstvolle Werke, gab Spenden und schwelgte in dem großen Glück, das er sich beschafft hatte.

Seine beiden Frauen aber unterhielten sich einmal folgendermaßen: ‚Unser Herr war früher schon ärgerlich, wenn auch nur ein Otterköpfchen unnütz ausgegeben wurde; jetzt ist er selbst nur noch damit beschäftigt, zu spenden und zu verschwenden. Er verbraucht sein Geld, ohne die Einnahmen und Ausgaben gegeneinander abzuwägen. Welche Absicht dürfen wir in seinem gewandelten Sinn wohl vermuten? Ist ihm vielleicht etwas Unerwünschtes zugestoßen, dass er seine frühere Art aufgegeben und seine Gesinnung so sehr geändert hat, um eine drohende Zukunft abzuwenden?‘

Nun drang diese Geschichte bis zu den Ohren des Wimala. Er ließ alle seine Geschäfte liegen und kam voller Angst zur Tür seines eigenen Hauses. Als er aber hineingehen wollte, packte ihn der Türhüter an der Kehle und schüttelte ihn so, dass er, der richtige Wimala, wieder hinausstürzte.

Er hielt sich am Türriegel fest und sprach zu den Wächtern: ‚Ich bin doch der Hausherr, warum lasst ihr mich nicht hinein?‘

Da antwortete ein Türhüter: ‚Der Herr ist im Hause, mach dich fort!‘ und trieb ihn unter ähnlichen Reden weg.

Der echte Wimala meldete das sogleich dem König: ‚Königliche Majestät, irgendein Betrüger ist in mein Haus eingedrungen, lebt nun dort und bringt mein ganzes Vermögen mit maßloser Verschwendung durch. Ich bitte Euch, eine Entscheidung in meiner Angelegenheit zu fällen, denn man sagt doch:

> Die Stärke des Dummen ist Schweigsamkeit,
> die Stärke des Diebes die Lüge,
> die Stärke des Schwachen der König allein,
> die Stärke des Kindes das Weinen.

Aus diesem Grunde seid Ihr, Herr, jetzt meine letzte Zuflucht.'

Da schickte der Erdenherrscher Männer aus, den falschen Wimala herbeizuführen.

Als dieser erfuhr, dass ein Befehl des Königs an ihn ergangen war, nahm er Perlen, Edelsteine und Gewänder, wie sie bis dahin noch keiner gesehen hatte, um sie dem König bei der Audienz zu überreichen. Sagt man doch:

> Man soll nicht treten mit leerer Hand
> vor den König, die Gottheit, den Lehrer,
> vor den Zeichendeuter und vor den Freund,
> eine Gabe weist hin auf Belohnung.

So trat er vor den König. Dieser fragte ihn: ‚Wie kommst du dazu, das Vermögen dieses Mannes zu vergeuden?'

Als der falsche Wimala das hörte, sprach er mit lauter Stimme: ‚Das ist mein Vermögen, der da ist ein Räuber!' Dasselbe sagte auch der echte Wimala.

Unter diesen Umständen kamen selbst dem König heftige Zweifel. Er wusste nicht, wem er das Vermögen zusprechen sollte. Beide waren sich völlig gleich, und niemand war in der Lage, die Unechtheit des einen zu beweisen.

Nun, Prabhawati, überlege auch du, was für ein Mittel er fand, um die beiden Männer zu unterscheiden.«

Obgleich Prabhawati die ganze Nacht hindurch bemüht war, mit Scharfsinn und Klugheit über die Worte des Papageis nachzudenken, entdeckte sie doch im Spiegel ihres Verstandes keine Lösung der Frage. Deshalb bat sie am Morgen den Vogel um Auskunft, und dieser antwortete:

»Der Erdenherrscher ließ die beiden Frauen des Wimala

kommen und fragte sie: ‚Welchen Schmuck hat euch euer Gemahl am Hochzeitstage geschenkt?‘ Als er ihre Antwort vernommen hatte, ließ er die beiden Wimala einzeln eintreten und stellte ihnen dieselbe Frage. Die Antwort der Ehefrauen stimmte mit den Worten des echten Wimala überein.

Als der König dies festgestellt hatte, erwies er dem echten Wimala alle Ehre und schickte ihn in sein Haus. Dem falschen Wimala aber zürnte er und brachte ihn in die gleiche Lage, in der der echte Wimala eben noch gewesen war.

Also, Prabhawati, wenn du bei solcherlei Entscheidungen die Herrschaft über deinen Verstand bewahrst, dann magst du deine Sehnsucht stillen.«

VIERTE ERZÄHLUNG

Wie der Minister Bahusuta
herausfindet, dass Gowinda
der rechtmäßige Gemahl ist

Abermals redete Prabhawati den Fürsten der Vögel an, weil sie zu ihrem Liebhaber gehen wollte.

Der Papagei sagte: »Wenn du eine schwierige Situation wie der Minister Bahusuta meistern kannst, dann gehe!«

Prabhawati sagte: »Erzähle mir doch, wie der Minister Bahusuta die schwierige Situation meisterte!« Und auf ihr Bitten begann der Papagei zu erzählen:

»In einer Stadt namens Somapura lebte der Brahmane Somascharman. Er hatte eine Tochter, die niemand heiraten wollte, da sie am ganzen Körper mit unglückverheißenden Malen gezeichnet war.

Ihr Vater wanderte mit ihr durch verschiedene Landstriche, um einen Gemahl für sie zu finden, aber niemand heiratete sie. Schließlich kam er in einen Ort namens Dschanakasthana. Hier lebte ein Bücherwurm, namens Gowinda, der in einem Kloster eifrig die Wissenschaften studierte. Diesem bot Somascharman seine Tochter an, und Gowinda machte sie auch wirklich zu seiner Frau, obgleich ihm viele davon abrieten.

Ihr Vater ging, nachdem er sie verheiratet hatte, in seine Heimat zurück, und Gowinda begann nun, mit seiner Frau zu leben.

Als aber ein paar Tage vergangen waren, sagte die Frau zu Gowinda: ,Seit du mich geheiratet hast, hat es noch nichts Ordentliches zu essen oder zu trinken gegeben. Wenn ich die gewohnte Nahrung entbehren muss, werde ich vor Hunger sterben. Lass uns darum in meines Vaters Haus gehen! Wenn wir dort angekommen sind und unseren Vater sehen, wird er dir Ehre erweisen, dir Gewänder schenken und anderes mehr, denn er ist dein Schwiegervater. Dort haben wir sicher auch die Möglichkeit, eine eigene Wohnung zu erwerben. Sagt man doch:

> Wie kann einer wohnen in einem Land,
> wo er stets lebt ohne Ehre,
> ohne Erwerb, Verwandte und Geld
> und ohne sein Wissen zu mehren?

Den alten Wohnplatz verlassen
Elefanten, Helden und Löwen.
An einem Platze stets bleiben
feige Männer, Krähen und Ziegen.'

So sprach die Frau. Gowinda aber nahm ihren Vorschlag nicht an, sondern meinte: ‚Die Sprüche sagen zwar die Wahrheit, doch widersprechen sie den Regeln des Anstandes. Denn kein Mann soll sich in einer Gegend aufhalten, in der er keine ordentliche Arbeit hat. Und Männer, die bei ihrem Schwiegervater Zuflucht suchen, trifft in Wort und Schrift besondere Verachtung. So sagt man doch:

Berühmt sind die Besten durch eigenes Geld,
die Mittelmäß'gen durch das ihres Vaters,
die Niedrigen aber vom Geld ihres Onkels,
Gemeine durch das des Vaters der Frau.'

Trotz solcher Worte des Gowinda beharrte sie auf ihrem Wunsch und versuchte, ihn sogar mit Gewalt zu ihrem Vater zu bringen. Da rüstete Gowinda einen Wagen aus. Sie stiegen beide auf und reisten ab.

Auf ihrer Fahrt begegnete ihnen ein gewisser Keschawa, der den gleichen Weg hatte. Während der langen Reise begann Gowinda, sich mit diesem über ernste Dinge zu unterhalten, und ließ ihn sogar auf den Wagen steigen. Als nun Gowinda unterwegs einmal vom Wagen sprang, um Wasser zu lassen, trieb Keschawa, als er das bemerkt hatte, die beiden Stiere mit dem Stachelstock zu schnellem Lauf an. Die Frau war nun allein mit dem fremden Mann auf dem Wagen und wurde nachdenklich. Durch das ungestörte Beisammensein erwuchs zwischen beiden eine leidenschaftliche Liebe, die ihre Herzen peinigte, und als Gowinda, der ihnen nachlief, sich dem Wagen wieder näherte und als rechtmäßiger Gemahl aufsteigen wollte, packte ihn Keschawa und stieß ihn zur Seite.

‚Wenn du uns nachläufst, dann werde ich dir gute Sitten

beibringen! Mir gehören die Frau und der Wagen! Ich kenne dich nicht, du hergelaufener Strolch! Warum willst du auf den Wagen steigen?' So prahlte Keschawa, den man nur aus Mitleid auf den Wagen hatte steigen lassen, maßlos wie ein Tschandala.

Gowinda gab sich nicht zufrieden und meldete den Vorfall dem König. Am Königshof kam es zu einem Prozess zwischen den beiden. Der eine sagte: ‚Sie gehört mir!' Der andere sagte dasselbe. Die Prozessteilnehmer fragten die Frau: ‚Wessen Frau bist du?', und sie bezeichnete den neu gewonnenen Freund, den Betrüger, als ihren Gemahl.

Gowinda blickte sie an und sagte: ‚Diese boshafte Aussage macht sie nur, weil sie in ihn verliebt ist.'

Darauf sagte der Erdenherrscher zu seinem Minister: ‚Schlichte du diesen Streit!'

Nun, Prabhawati, sage mir, wenn du es weißt, auf welchem Wege der Streit der beiden beigelegt wurde.«

Nun überlegte Prabhawati, aber sie konnte die Zweifel nicht aus ihrem Herzen verscheuchen. Deshalb fragte sie den Papagei und nötigte ihn so, ihr die Antwort zu geben.

»Da sagte der Minister zu der Frau: ‚Ihr seid also beide zusammen von Hause aufgebrochen. Was habt ihr denn zur Nacht gegessen?' Die gleiche Frage stellte er auch dem Gowinda und dem Keschawa. Die Aussage des Gowinda stimmte mit der seiner Frau überein.

Da strafte der Minister den Keschawa mit Verachtung und gab Gowinda die Frau zurück.

Also, Prabhawati, wenn du auch so viel Verstandeskraft aufbringst, dann kannst du dein Vorhaben ausführen.«

FÜNFTE
ERZÄHLUNG

Warum der Fisch gelacht hat.
Wie Balasaraswati einen Mann
aus dem Kerker befreit und ihm
die Beantwortung einer schwierigen
Frage zuschiebt, nachdem sie
den König mehrfach ermahnt hat,
auf die Antwort zu verzichten

Abermals fragte Prabhawati bei Einbruch der Dunkelheit den Vogel, weil sie zu Winajakandarpa gehen wollte.

Er antwortete: »Wenn du die Schuld, die du damit auf dich lädst, genauso klug wie Balasaraswati einem anderen zuschieben kannst, dann zögere nicht länger.«

Prabhawati wollte gern von der Klugheit der Balasaraswati hören und forderte den Papagei auf zu erzählen. Dieser erhob die Stimme, um Prabhawati die Geschichte vorzutragen.

»Hör zu, Tochter des Kumuda! In Udschdschajini, der Stadt, die durch ihre mannigfaltigen Schönheiten jeden anderen Ort in den drei Welten übertrifft, lebte der König Wikramarka, der die Macht seiner Feinde im Angriff vernichtet hatte. Er herrschte vorbildlich über die meerumgürtete Erde.

Die in allen Künsten erfahrene Gemahlin dieses Erdenherrschers, Kamakalika mit Namen, war der herrlichste Spross am Baum des Lebens für jeden, der danach dürstete, alle Künste zu erlernen. Bei den heftigen Umarmungen der leidenschaftlichen Liebe glich sie einer wogenden Welle des Wohlgeruches, die sich im Liebeskampf erhob und um sich griff wie Feuer. Ihre Liebesabenteuer waren fast so zahlreich wie die Schweißtropfen, die bei starker Wollust so reichlich fließen. Sie strebte stets nach neuen Belustigungen und war weithin das Ziel der Wünsche verliebter Männer.

Diese Frau rühmte vor dem Erdenherrscher überschwänglich ihre unerschütterliche Treue: ‚Du bist Herr über mein Leben! Unsere Leiber sind zwar getrennt, da wir aber in unseren Gefühlen eins sind, ist diese Zweiheit ohne jede Bedeutung.‘ So sprach sie häufig zum König.

Sie ließ es sich gefallen, dass der König ihrem schönen Leib das Siegel seiner Füße aufdrückte. Sie legte, einer alten Gewohnheit folgend, vor dem Essen zu Füßen des Gemahls Basilienkraut nieder, das der Familie die Gunst edler Gesinnung verleihen sollte.

Eines Tages nun aßen der König und seine Hauptgemahlin an einem Tisch. Da sagte er zu der Geliebten, die in seinem Herzen die erste Stelle einnahm: ‚Die Fische sind heute ganz besonders köstlich, warum legst du dir keine zum Essen auf?'

Sie antwortete: ,Wie kannst du so etwas Unbilliges fordern, mein Gebieter. Du vergisst wohl ganz meinen Lebenswandel, der mir durch das Gelübde überaus strenger Tugendhaftigkeit höchstes Ansehen verleiht? Außer dem hohen Herrn, meinem Gemahl, kann ich kein Wesen, das einen männlichen Namen trägt, mit einem Blicke streifen, geschweige denn essen. Hari bewahre mich davor!' Bei diesen Worten hielt sie sich mit beiden Händen die Ohren zu.

Als der Fisch in der Schüssel solche Reden aus ihrem Munde hörte, begann er zu lachen. Bei diesem Anblick geriet der Hüter der Erde in höchste Bestürzung und sprang von seinem Platze auf. Er unterzog sich der religiösen Reinigung, wobei er sich den Mund mit Wasser ausspülte, und begann Betel zu kauen.

Am anderen Morgen begab sich der allmächtige Wikramarka nach verrichteter Andacht in den Audienzsaal. Dort nahmen vor dem Herrscher viele Gelehrte Platz, die mit ihren wohlgesetzten klugen Worten schon bei der Verkündung eines Angriffs über die Herzen der Feinde einen Sieg zu erringen vermochten. Die Finsternis des Weges musste vor ihren Worten weichen. Das Ausmaß ihrer Größe zeigte sich in einer Vielzahl lobenswerter Eigenschaften, an deren Spitze die Allwissenheit stand. Der König fragte sie, warum der Fisch gelacht habe. Aber nicht einer von den klugen Männern konnte das Lachen des Schlummerlosen erklären. Deshalb hüllten sie sich in tiefes Schweigen, worauf der König voller Zorn zu den versammelten Gelehrten sprach: ,Ihr seid so viele große Gelehrte, Weise, Würdenträger, Hauspriester und Staatsminister. Was nützt ihr mir aber eigentlich, wenn ihr in dieser Frage euer Wissen nicht anwenden könnt? Deshalb sollt ihr sofort mein Land verlassen!' Man sagt ja:

Reinheit bei Krähen und Wahrheit bei Spielern,
Nachsicht bei Schlangen und Liebesermattung bei
    Frauen,
Mut bei Eunuchen und Denken bei Säufern,
Freundschaft des Königs: Wer hat je solches
    geschaut?

Darauf sprachen sie allesamt zum König: ‚Majestät, gewährt uns doch eine Frist von fünf Tagen, damit wir dieses Problem untersuchen können. Nach diesen fünf Tagen werden wir Euch sagen, warum der Fisch gelacht hat.‘

Der Landesherr nahm ihren Vorschlag an, die Sitzung wurde geschlossen, und alle gingen nach Hause. Zu Hause angelangt, setzte sich einer der Minister nieder. Da kam seine Tochter Balasaraswati herbei und sprach zu ihrem Vater: ‚Lieber Vater, ich sehe, dass du ganz niedergeschlagen bist. Was ist los? Sage doch, was du hast!‘

Darauf antwortete der Minister seiner Tochter: ‚Du bist ein Mädchen, was kümmern dich meine Sorgen, geh nur wieder spielen!‘

Als sie das gehört hatte, erhob auch sie wieder ihre Stimme: ‚Herr, warum redest du so? Man sagt doch:

Das kluge Wort soll man stets achten,
stammt es auch nur von einem Kind.
Das leere Stroh soll man nicht schätzen,
auch wenn es vom Brahmanen kommt.‘

Darauf nannte er den Grund seiner Sorgen. Als Balasaraswati ihn vernommen hatte, sprach sie: ‚Lieber Vater, warum machst du dir wegen dieser Sache so großen Kummer. Ich werde den Grund angeben!‘

Der Minister lief zum König und sprach: ‚Majestät, meine Tochter wird Euch sagen, warum der Fisch gelacht hat.‘

Als der Herrscher das hörte, befahl er sogleich: ‚Bringe sie zu mir!‘

Der König kam und ließ den Audienzsaal durch seine Anwesenheit erstrahlen. Er bot Balasaraswati einen Platz an. Sie antwortete auf seine Frage: ‚Majestät, Ihr seid allwissend und in allen Künsten erfahren. Wenn also das Lachen des Fisches gedeutet werden soll, dann gebührt das keinem anderen als Euch, der Ihr die größte Erfahrung habt. Heißt es doch:

> Pferdes Sprung, Frühlingsgewitter,
> Trockenheit und Überschwemmung,
> Frauensinn und Mannes Schicksal
> ahnen weder Gott noch Menschen.

So durchschauen nicht einmal die Götter mit ihrem Verstand den Lebenswandel der Frauen. Der ist völlig verblendet, der ihre Wesensart nicht für etwas Außergewöhnliches hält. So hat man ja schon gesagt:

> Der Sinn des Liedes, des Manu Gesetze,
> dein Wesen, du mit dem holden Gesicht,
> das Wesen der Frauen, die Maja des Wischnu
> setzen uns immer noch in Erstaunen.

Ihr selbst müsst diese Sache gut durchdenken, kein anderer ist es wert, gefragt zu werden. Wer könnte das auch wollen? Ihr würdet damit an einer Laune festhalten, bei der Ihr sehr schlecht beraten seid. Darum will ich einen Vers aufsagen, dessen Bedeutung Ihr überdenken solltet. Wenn Ihr aber trotz aller Überlegung den Sinn nicht herausfindet, dann werde ich ihn nennen. Also:

> Die Königin hier, die Hochgetreue,
> berührte nicht einmal diese Fische,
> weil einen männlichen Namen sie tragen;
> und deshalb lachte dieser, o König.

Durchdenkt zunächst mit wachem Sinn diesen Vers', sprach Balasaraswati und begab sich in ihre Wohnung.

Nun, Prabhawati, sage mir, was für einen Sinn dieser Vers hat, dann gehe!«

Prabhawati begann zu überlegen, aber sie kam nicht darauf. Deshalb fragte sie am Morgen den Papagei, und dieser fuhr in seiner Erzählung fort.

Erste Ermahnung
Wie die Kaufmannsfrau unglücklich wird, weil sie sich hartnäckig nach der Herkunft der Brote erkundigt

»Abermals ließ der Fürst Balasaraswati kommen und fragte sie, warum der Fisch gelacht habe.

Auf seine Frage antwortete das Mädchen: ‚Wenn Ihr die Ursache erfahrt, werdet Ihr genauso traurig sein wie die Frau des Kaufmanns, als sie sich nach der Herkunft der Brote erkundigte.‘

Der König fragte Balasaraswati nach der Geschichte von der Herkunft der Brote, und sie begann:

‚In der Stadt Dschajanti lebte ein Kaufmann namens Sumati. Seine Frau war Padmini. Weil das Schicksal den Schatz seiner verdienstvollen Werke vernichtet hatte, schwand sein Vermögen dahin, und er verdiente sich durch Sammeln von Gras, Holz und anderen Dingen einen armseligen Bettelgroschen für seinen Lebensunterhalt.

So stand es um ihn, als er eines Tages in den Wald ging, um eine Bürde Holz zu holen. An jenem Tage fand er sogar im Wald kein Holz, und er machte sich daher voller Sorgen auf den Heimweg. Nun bemerkte er, dass die trügerische Regenzeit vorüber war, da sämtliche Weltgegenden in den wechselvollen Wasserwogen schwammen, und trat in einen Ganeschatempel ein, der an seinem Wege lag. Dort erholte er sich beim Anblick des Ganescha, und als er sah, dass das Standbild des Gottes aus Holz geschnitzt war, freute er sich sehr.

Mit einer Bürde Holz von dieser Ganescha-Figur kann ich mir heute den Lebensunterhalt für die Familie verschaffen. Das erscheint mir ja wie ein Wink des Schicksals.

Bei diesem Gedanken ergriff er die Axt und holte aus, doch als er gerade zuschlagen wollte, rief ihm der Gott zu: ›Halt, du gewalttätiger Frevler! Was willst du tun?‹

Der Kaufmann antwortete: ›Ich will deine Holzfigur zerhacken, eine Bürde daraus machen und sie verkaufen. Mit dem Geld, das ich dafür bekomme, kann ich dann heute meiner Familie etwas zu essen kaufen.‹

Auf diese Worte erwiderte Ganapati: ›Weil ich sehe, dass du wirklich in großer Not bist, will ich dir eine Gunst erweisen. Komme jeden Tag ganz früh am Morgen hierher und hole dir fünf Brote ab, die mit Schmelzbutter und Kieselzucker hier vor mir liegen. Sie werden ausreichen, um deine Familie zu sättigen und auch noch anderen etwas abzugeben. Sobald du es aber weitererzählst, bekommst du nichts mehr.‹

Sumati erklärte sich mit dieser Bedingung des Paulastja einverstanden und ging nach Hause. Als ihn seine Frau ohne Holz kommen sah, beschimpfte sie ihn und rief: ›Warum hast du kein Holz mitgebracht? Wovon sollen wir denn heute leben?‹

Der Kaufmann antwortete: ›Über den heutigen Tag musst du durch Selbstbeherrschung oder einen Besuch bei guten Bekannten irgendwie hinwegkommen, von morgen an wirst du in der Lage sein, sogar anderen etwas abzugeben. Du wirst stolz sein vor den Leuten über die Fülle, die wir erhalten.‹

Als er am anderen Tag bemerkte, dass es hell wurde, ging er in den reich mit Stuck verzierten Tempel des Ganapati und sah wirklich fünf reichlich mit Kieselzucker und Schmelzbutter versehene Brote vor dem Gott liegen, der ein Meister in der Errichtung und Beseitigung von Hindernissen ist und die drei Welten in geräuschvollen Freudentaumel versetzt.

Er nahm die Brote an sich, kehrte nach Hause zurück und übergab sie seiner Frau, die so etwas Kostbares selten in die

Hände bekam. Weil er sich nun mit seiner Familie immer satt essen konnte, lebte er in Freuden und genoss die ganze Zeit in vollen Zügen das Glück dieser für ihn so bedeutsamen Wandlung.

Eines Tages wurde Padmini von ihrer Freundin Mandodari angesprochen: ›Früher verbrachtet ihr eure Tage in Mühsal und Not, jetzt bist du ganz ruhig, und ich sehe, dass ihr alle glücklich seid. Ihr arbeitet nicht mehr, sondern seid immer nur damit beschäftigt, euch zu schmücken und das große Glück höchster Wonne zu genießen. Früher kennzeichnete die Armut eure üble Lage. Jetzt ist es jedoch nicht mehr so. Wie kommt denn das?‹

Padmini antwortete: ›Es geht uns gut, weil mein Gemahl Opferbrote bringt. Woher er sie holt, kann ich nicht sagen.‹

Darauf erhob Mandodari ihre Stimme erneut: ›Du musst eben deinen Gemahl fragen, woher er die Brote holt!‹

Weil ihre Freundin danach gefragt hatte, drang nun Padmini in ihren Gemahl: ›Woher kommen denn diese Brote? Du hast es mir noch nicht erzählt. Sage es ehrlich!‹

Als der Kaufmann ihre Worte hörte, antwortete er mit einer Gegenfrage: ›Was beabsichtigst du mit dieser törichten Laune? Geht es dir denn besser, wenn du erfährst, wo die Brote herkommen? Wenn der höchste Gott gnädig ist, wird uns alles, worauf wir warten, gewährt und bringt uns Segen. Sagt man doch:

> Wenn Dschagannatha gnädig ist,
> wird Feind zu Freund, Gift zur Arznei,
> und Unrecht wird zur guten Tat.
> Das Umgekehrte tritt stets ein,
> lässt es der Gott an Gnade fehlen.

Deshalb sei doch nicht so hartnäckig darauf versessen, es zu erfahren, und gib dich zufrieden!‹

Diese Zurechtweisung beantwortete Padmini mit Schweigen. Kaum hatte sie sich am andern Morgen von ihrem Lager erhoben, da wurde sie abermals von Mandodari angesprochen: ›Nun, kannst du mir sagen, woher die Brote kommen oder nicht?‹

Darauf berichtete Padmini, was sich in der Nacht zugetragen hatte. Als Mandodari es vernommen hatte, sagte sie zu ihr: ›Wenn eine Frau erfahren möchte, was ihr Mann treibt, und von ihm keine Auskunft bekommt, dann ist sie weit davon entfernt, dem Gemahl etwas zu bedeuten. Es lohnt sich nicht, für einen solchen Mann zu leben. Dann lass dich lieber verbrennen!‹

Padmini antwortete darauf: ›Ich werde durch Fragen das Geheimnis meines Gemahls lüften und es dir mitteilen.‹

In der Nacht bestürmte sie ihren Gemahl, und dieser antwortete auf ihre Fragen: ›Elende, gib dich doch zufrieden! Warum willst du um jeden Preis den Wohlstand deines Gemahls zerstören?‹

Trotz dieser Worte blieb sie hartnäckig: ›Ich werde nur am Leben bleiben, wenn du mir sagst, woher die Brote kommen, sonst nicht!‹

So vom Dämon ihrer Hartnäckigkeit an der Kehle gepackt, erzählte er ihr schließlich die Geschichte, sie aber berichtete alles der Nachbarin.

Da gab diese ihrem Gemahl eine Axt auf die Schulter und schickte ihn zum Tempel Ganeschas, damit er dort wie Sumati begönne, die Holzfigur des Gottes zu zerhacken: ›Auf diese Weise wird dir der Sohn Schiwas ebenfalls täglich Opferbrote bescheren.‹

Der Mann gehorchte und gelangte unter Sumatis Führung in die Wohnung Winajakas. Als Lambodara bemerkte, dass sie so reden wollten wie damals Sumati, fesselte er sie, als wären sie aufgehängt, und ließ unsichtbare Hiebe auf ihre Leiber niederhageln. Nachdem er ihnen so die Lust am Weiterleben genommen hatte, sprach Wighnanaschana zu Sumati: ›Du Dummkopf, ich habe dir doch verboten, die Sache weiterzuerzählen. Warum hast du es dennoch getan?‹

Auf diese Worte Ganeschas antwortete der Kaufmann: ›Was

habe ich mich auch an dich gewandt! Alle meine Mühe ist vergeblich, weil ich in meinen früheren Existenzen so viel gesündigt habe.‹

Deshalb, großer König, wird es Euch ebenso ergehen, wenn Ihr weiter danach forscht, warum der Fisch gelacht hat‹, sprach Balasaraswati und ging nach Hause.

Zweite Ermahnung

Wie Keschawa seinen Zauberstab verliert, weil er dem unaufhörlichen Fragen einer Frau nachgibt

Abermals ließ Wikramarka, auf dessen Befehl viele Könige hörten, am frühen Morgen Balasaraswati holen und fragte sie, warum der Fisch gelacht habe.

Sie antwortete: ‚Majestät, es wird Euch ebenso ergehen, wie es dem Keschawa mit dem Zauberstab erging.‘

‚Erzähle mir die Geschichte des Keschawa!‘, befahl der König, und Balasaraswati sagte:

‚Es gibt eine Stadt, die heißt Schripura. Dort lebte der Brahmane Keschawa in großer Armut. Als er einmal seine Wohnung gerade verlassen wollte, sah er einen mächtigen Asketen in einer besonderen Stellung dasitzen und bald nach dieser, bald nach jener Seite blicken. Er trat auf ihn zu und blieb einen Augenblick stehen.

Da sprach der Asket: ›Wenn ein Mann meine Augen durch seinen Anblick erfreuen möchte, werde ich ihm alle seine Wünsche erfüllen, indem ich sie Wirklichkeit werden lasse.‹

Als der Großherzige das verkündet hatte, sagte Keschawa, der ganz in der Nähe stand, voller Begehrlichkeit zu ihm: ›Ich bin dieser Mann!‹

Der Großherzige konnte den Worten Keschawas entnehmen, dass er sehr arm war und nach Geld, diesem Lebenselixier, trachtete. Deshalb sagte er zu ihm: ›Nimm diesen Zauberstab, er wird deine Wünsche erfüllen. Tag für Tag wird er dir fünfhundert Goldstücke spenden. Wenn du jedoch sein

Geheimnis verrätst, dann kommt er zu mir zurück und bringt dir keinerlei Nutzen mehr.‹

Der Brahmane nahm den Zauberstab und entfernte sich. Er kehrte in seine Heimatstadt zurück, deren Ursprung wohlbekannt ist. Dort lebte eine berühmte Hetäre namens Wilasawati, sie war die oberste Priesterin des dritten Lebenszieles. Die Liebeshungrigen genossen bei ihr zahllose Wogen unermesslicher Lust. Sie verstand es ausgezeichnet, die Männer zu dem Ziele zu führen, welches das Meer der Liebe hohe Wellen schlagen lässt.

Zu ihr ging der Brahmane. Er lebte mit ihr und verschaffte sich für das Geld, das ihm der Zauberstab spendete, viele Genüsse. Tag für Tag fand er bei ihr die höchste Lust, die dem Glück der ganzen Herrlichkeit des großen Indra glich.

Eines Tages nun fragte die Mutter der Wilasawati ihre Tochter: ›Dieser Keschawa tut nichts, was irgendwie nach Arbeit aussieht. Immer sieht man ihn allein. Woher hat er nur das viele Geld? Du musst ihn unbedingt danach fragen.‹

In der Nacht fragte Wilasawati den Keschawa nach der Herkunft seines Geldes. Keschawa aber antwortete nicht. Da ließ sie alle ihre Reize spielen, gewährte ihm die höchsten Genüsse und warf ihn so in die Wogen der Leidenschaft, dass sein Herz unter ihren ständig wechselnden Angriffen erschlaffte, die ihm aus den immerwährenden gewaltigen Leidenschaftswogen des unendlichen Meeres der Liebe die höchste Lust bereiten sollten. Dieser ununterbrochen andauernde Genuss ermüdete ihn so sehr, dass er seine Umwelt nicht mehr wahrnahm.

Als sie das alles erreicht hatte, fragte sie ihn nach der Herkunft seines Geldes und ließ dabei in ihrer Gier nach dem Golde alle die Beschäftigungen ruhen, die ihr sonst so geläufig waren. Vom Liebesgott gefügig gemacht, nannte er den Zauberstab als Quelle seines Reichtums.

Darauf stahl ihm die Kupplerin den Zauberstab, doch er entglitt ihr und kehrte zu dem Asketen zurück.

Da es nun offensichtlich war, dass Keschawa kein Geld mehr

bekam, warf ihn die Kupplerin hinaus, sobald sie es bemerkt hatte. Keschawa aber zeigte sie beim König an: »Majestät, diese Kupplerin hat meinen Zauberstab gestohlen, der mir Tag für Tag fünfhundert Goldstücke gab.‹

Da ließ der König Wilasawati und ihre Kupplerin zu sich kommen und sagte: ›Ihr beide habt diesem Brahmanen den Zauberstab weggenommen. Gebt ihn zurück, denn er ist sein Eigentum!‹

Nun erhob die Kupplerin ihre Stimme: ›Majestät, dieser Brahmane ist irrsinnig. Weil das Geld, das er von seinem Vater bekommen hat, hin ist und er keinen Pfennig mehr in der Tasche hat, habe ich ihm verboten, in die Nähe unseres Hauses zu kommen, und lasse ihn nicht einmal bis vor die Tür. Aus diesem Grund ist er verrückt geworden. Der Liebesgott ist daran schuld. Jetzt redet er, was ihm in den Mund kommt, und wenn er so tut, als schäme er sich zu Tode, so ist er in Wirklichkeit ganz ohne Scham.‹

Als die Versammelten die Worte der Kupplerin vernahmen, glaubten sie alle, dass es die Wahrheit sei. Sie hatte allen aus dem Herzen gesprochen. Dem Keschawa aber zürnten sie, und der König ließ ihn von seinen Leuten aus dem Lande schaffen.

Deshalb, König, wird es Euch auch so ergehen, wenn Ihr weiterhin danach fragt, warum der Fisch gelacht hat. Überlegt Euch gut den Sinn meines Verses!‹, sprach Balasaraswati und entfernte sich.

Dritte Ermahnung
Wie die Kaufmannsfrau alles verliert, weil sie um
jeden Preis zu ihrem Liebhaber gehen will

Der Fürst ließ Balasaraswati zu sich holen und sprach, nachdem er die Frage nach dem Lachen des Fisches erneut gestellt hatte: ‚Balasaraswati, antworte mir doch endlich auf jene Frage!‘

Auf diesen Befehl gab des Ministers Tochter zur Antwort:

‚Majestät, wenn Ihr gehört habt, warum der Fisch gelacht hat, dann werdet Ihr so dastehen wie die Frau des Kaufmanns: Ihr schönes Haus war von den Flammen des Feuers vernichtet, und sie war dennoch nicht mit dem ersehnten Mann vereit.‘

‚Wie war denn das?‘, fragte der König, und Balasaraswati ließ die Worte auf ihrer Zunge tanzen, um ihm die Geschichte zu erzählen:

‚Es gibt eine Stadt Schankhapura. Dort herrschte einst ein König namens Triwikrama und erfüllte mit seiner Macht das ganze Erdenrund.

In dieser Stadt wohnte ein liebenswürdiger Kaufmann namens Ratnadatta, dessen Frau Saubhagjawati sich immer nach anderen Männern sehnte. Als die Haremswächter ihr Treiben bemerkten, ließen sie sie nicht mehr aus dem Haus.

Da sagte sie eines Tages zu ihrer besten Freundin: ›Lass meinen Liebhaber heute Abend in einem Göttertempel auf mich warten. Ich werde unser Haus in Brand stecken. Bei der eintretenden Verwirrung und dem Lärm kann ich unbemerkt zu ihm eilen und seine Umgebung verschönern. Wenn ich dann, noch zitternd vor Erregung und den Wogen höchster Lust, von diesem Manne zurückkehre, nach dem ich so großes Verlangen habe, dann sind die Leute damit beschäftigt, das Feuer zu löschen, so dass niemand mein Gehen und Kommen bemerken wird.‹

Am Abend des gleichen Tages, an dem sie ihrer Freundin diesen Auftrag gegeben hatte, gab sie ihr Haus dem Verzehrer des Opfers preis, sie selbst aber ging in den Göttertempel. Während sie zu ihrem Stelldichein unterwegs war, entfernte sich der Liebhaber von dort, weil er das Feuer in der Stadt sehen wollte. Als sie an den Ort kam, der nun leer und von ihrem Liebhaber verlassen war, kehrte sie auf der Stelle nach Hause zurück. Ihr Haus aber war inzwischen verbrannt. Das hatte sie nun davon! Da sah sie alles ein: Ich wollte zwei Sachen erreichen, aber keine von beiden habe ich erlangt. Das Feuer wurde nicht gelöscht, und meinen Liebhaber habe ich nicht angetroffen.

Deshalb, König, wird Euch Eure Neugier zu dem gleichen fraglichen Ruhm führen.' Mit diesen Worten strafte Balasaraswati sein hartnäckiges Fragen und ging nach Hause.

Vierte Ermahnung
Wie der Töpfer Ranabahubala unglücklich wird,
weil er unnötigerweise die Wahrheit sagt

Am anderen Tag sprach der König Balasaraswati abermals an, weil er den Sinn des Verses nicht fand: ‚Verschaffe mir Klarheit und erkläre alles wahrheitsgemäß!'

Auf seinen Befehl entgegnete Balasaraswati, die den Grund des Lachens wusste: ‚König, wenn ich Euch nun den Grund sage, dann werdet Ihr, ohne den geringsten Nutzen davon zu haben, Eure Ruhe verlieren und in die gleiche Lage geraten wie der Töpfer Ranabahubala, als er die Wahrheit sagte.'

Der König, der nicht wusste, wie wandelbar das Glück ist, und sich belehren lassen wollte, sagte zur Tochter des Ministers, nachdem er aus ihren mahnenden Worten das Passende hatte ersehen können: ‚Erzähle mir diese Geschichte!'

Darauf sagte Balasaraswati: ‚Es gibt einen Ort Kollapura. Dort wohnte ein Töpfer namens Ranabahubala, der zugleich Bürgermeister des Dorfes war. Eines Tages hatte er Schüsseln und Pfannen fertiggestellt, und als er sich eilig auf den Weg machte, um sie den Kunden zu überbringen, stolperte er mit einem Fuß und fiel hin. Weil er sehr schwer hinfiel und mit der Stirn auf die Tonscherben schlug, die auf dem Boden herumlagen, sah er aus, als ob ihn ein mächtiger Schwerthieb getroffen hätte.

Er lief nun überall herausfordernd umher und behauptete verlogen, er habe in ungleichen Kämpfen mit den Heeren feindlicher Fürsten, während Hunderte von spitzen Waffen flogen, die Panzer vieler starker Krieger am Halse mit gewaltigen Schwertschlägen in Stücke gehauen und diese in die Enge getrieben. Durch seine verlogenen Reden brachte er es dahin, dass die an Helden schon reiche Erde nun gleichsam erst recht zu einer Heldenmutter geworden war.

So verließ er nach vielen Tagen auch seinen bisherigen Wohnsitz und ging in einen anderen Ort. Mit einem Schwert in der Hand suchte er den weithin berühmten König auf, der dort residierte, und nannte ihm seinen Namen: Ranabahubala.

Als der König auf seiner Stirn die mächtige, von einem furchtbaren Schwerthieb herrührende Narbe erblickte, sagte er zu seiner Umgebung: ›Das ist ein tapferer Krieger, der große Macht hat. Man muss ihn schon allein wegen der Narbe preisen, die seine Stirne ziert. Mein Glücksstern hat diesen Mann, der an der Spitze der Götter schreitet, herbeigeführt.‹

Nach diesen Worten hieß er ihn willkommen, erfreute ihn durch umfangreiche Ehrerweisungen und ließ ihn an seinem Tische essen. So wurde er der angesehenste Mann am Hofe. Das ganze Gefolge fürchtete ihn, weil der König ihm gewogen war.

Eines Tages fragte ihn der König: ›Sage einmal, du göttlicher Held, der du durch die Fußsohlen von sechsunddreißig Königen gezeichnet bist, aus welchem Geschlecht des hochansehnlichen Kriegerstandes stammst du, Herr? Und in welcher Schlacht erhieltest du diese Narbe auf der Stirn, die den Gedanken an furchtbare Kämpfe wachruft? Lass mich das Abenteuer hören!‹

Als Ranabahubala die Fragen des Fürsten vernommen hatte, sagte er: ›Großkönig, Ihr seid der leibhaftige Wischnu. Deshalb wäre es eine große Sünde, Euch zu belügen. Ich bin von Geburt ein Töpfer. Niemals habe ich eine Schlacht mit eigenen Augen gesehen. Als ich einmal mit meinen Töpferwaren eilig lief, um sie rechtzeitig zu überbringen, da stolperte ich mit einem Fuß und fiel hin. Da meine Stirn von einer auf der Erde liegenden Tonscherbe verletzt war, zog ich danach überall umher und machte die Leute glauben, die Narbe rühre von einem Schwerthieb her. Ich habe noch nie bei einem Kampf zugesehen, selbst nicht im Spiel.‹

Als der Fürst diese Worte vernahm, stand er vor Überraschung wie versteinert da. Dann ließ er den Töpfer an der Kehle packen und hinauswerfen.

Darum, Herr vieler Untertanen, soll man nur am rechten Ort die Wahrheit sagen, am unrechten lieber eine Lüge. Allzu große Zielstrebigkeit führt bisweilen zu sehr zweifelhaften Erfolgen. Denkt nur weiter über den Sinn meines Verses nach!', sprach Balasaraswati und ging nach Hause.

Fünfte Ermahnung
Wie der Esel verprügelt wird, weil er das Schreien
nicht lassen kann

Abermals ließ König Wikramarka Balasaraswati zu sich kommen und forderte sie auf, die Frage nach dem Lachen des Fisches zu beantworten.

Balasaraswati hörte ihn an und begann dann folgendermaßen: ‚Majestät, warum fragt und forscht Ihr mit so hartnäckigem Eifer? Trotz meiner Warnungen gebt Ihr diese Hartnäckigkeit nicht auf. Es wird Euch noch genauso ergehen wie dem Esel, dem später großes Unglück widerfuhr.'

Der König, der diese Geschichte hören wollte, sprach zur Tochter des Ministers: ‚Wie war denn das?' Und um ihn zufriedenzustellen, begann das Mädchen mit seiner Erzählung:

‚So höre, Herr der Erde! Es gibt eine Stadt, die heißt Pratischthana. Dort hatte ein Kranzwinder ein Feld, auf dem viele Gurken wuchsen. Nacht für Nacht kam ein Schakal und fraß die schönen Früchte, und obgleich der Kranzwinder alle Nächte aufmerksam Wache hielt, bekam er ihn nicht zu fassen.

Eines Morgens nun ging der Schakal, nachdem er bei den Gurken gewesen war und sich gründlich satt gefressen hatte, an den Ganges, um Wasser zu saufen, denn er war sehr durstig. Als er seinen Durst gestillt hatte, blieb er einen Augenblick am Flussufer stehen und sah dort den völlig abgemagerten Esel eines Wäschers grasen. Weil er bemerkte, dass der Esel nur noch Haut und Knochen war, sagte er: ›Warum ist dein Leib so abgemagert, Onkel?‹

Der Esel antwortete: ›Was soll ich da sagen, Neffe? Mein Herr, der Wäscher, hat weder bei Tag noch bei Nacht Mitleid mit mir. Am Tage bürdet er mir viel zu viel Wäsche auf, und in der Nacht gibt er mir kein Futter. So kann ich jeden Tag nur dieses Durwa-Gras kauen. Deshalb habe ich stets einen hungrigen Magen und bestehe nur noch aus Haut und Knochen. Sonst muss ich nichts aushalten, man sagt aber:

> Nichts peinigt mehr als Hunger den Leib,
> nichts verzehrt ihn mehr als Sorgen,
> nichts schmückt ihn mehr als Gelehrsamkeit,
> nichts schützt ihn mehr als Geduld.

Darum hilf mir, Neffe, dass ich irgendwo etwas zu fressen bekomme.‹

Der Schakal erwiderte: ›Ich will dir zeigen, wo du etwas zu fressen findest. Du darfst aber, wenn du satt bist, nicht Iah schreien, sonst geht der Kranzwinder der Stimme nach, entdeckt uns und prügelt auch mich, und dein Körper wird dann von den hundert Schlägen noch mehr schmerzen als jetzt.‹

Da versprach der Esel hoch und heilig: ›Selbst wenn mein Bauch voll ist, werde ich nicht Iah schreien. Das verspreche ich dir.‹

Nach diesen Worten lief der Schakal, wobei er seinen Verstand und seinen Mut überschwänglich lobte, zu einem Acker in der Nähe des Gurkenfeldes, und der Esel folgte ihm. Als am Abend die Welt dunkel geworden war wie ein Tamala-Baum, gingen beide in das Feld hinein und fraßen Gurken. Dabei riss der Esel, wenn er eine Gurke gefressen hatte, stets die ganze Pflanze mit heraus, und als sein Bauch gefüllt war, ließ er darüber doch sein Iah hören.

Der Kranzwinder ging schon lange dort umher und passte auf. Nun kam er zu der Stelle gelaufen, an der er den Esel hatte schreien hören. Der Schakal entkam, den Esel aber erwischte er und schlug ihm mit dem Knüppel alle Muskeln und Knochen in tausend Stücke. Erst als er ihn für tot hielt, ließ er von ihm ab. Dem Esel aber blieb das Schreien in der Kehle stecken, als er mit dem harten Holz durchgeprügelt wurde. Später entfernte er sich langsam. Ächzend und stöhnend wankte er unter großen Schmerzen mit zerschlagenen Vorder- und Hinterfüßen dahin. Halb totgeprügelt von dem Knüppel, schlich er davon, um das Zittern seines Halses zu heilen.

Unterwegs traf er den Schakal, der zu ihm sagte: ›Warum hast du nicht auf mich gehört und angefangen zu schreien, als dein Bauch voll war. Für dein Geschrei hast du Vorwitziger nun diesen harten Lohn bekommen.

> Onkel, ich hab dir geboten,
> nur kein Schreien auszustoßen;
> denn was nützt dir nun dein Schreien,
> wenn die Knochen so entzwei sind?

Nun bereust du bestimmt dein Verhalten.‹

Der Esel antwortete: ›Ich habe dein Verbot nicht beachtet und bin dafür bestraft worden.‹

Deshalb, König der Könige, wird es Euch ebenso ergehen, wenn Ihr immer wieder jene Frage stellt. Seid geduldig und prüft mit Verstand den Sinn meines Verses!', sprach Balasaraswati und ging nach Hause.

Sechste Ermahnung
Wie der Esel zu Schaden kommt, weil er etwas tun will, was ihm nicht zusteht

Bei Tagesanbruch bat der König Balasaraswati abermals um eine Begründung für das Lachen des Fisches. Das Mädchen erwiderte: ‚Fürst, warum denkt Ihr immer an Dinge, die Euch gar nicht interessieren sollten. Verständige denken nicht an unerfüllbare Wünsche, und wenn jemand etwas tun will, was einem anderen zukommt, dann wird ihm gewiss großes Leid geschehen. Es wird Euch genauso gehen wie dem Esel, der hinterher bereuen musste, dass er etwas tun wollte, was einem anderen zukam.'

Der König fragte sie nach dieser Geschichte, und sie antwortete. ‚Hört zu, der Ihr so reich an lobenswerten Tugenden seid! In einer Stadt namens Kaljana hatte der Wäscher Schwaparatja eine zweite Frau geheiratet. Bei der Gelegenheit drang ein Räuber in sein Haus ein, nachdem er sich vergewissert hatte, dass die vom Hochzeitsfest ermüdeten Hausbewohner alle fest eingeschlafen waren.

Da sah der Esel den Hund an, der in der Nähe der Tür lag, und sprach zu ihm: ›He, Hund, ein Räuber hat ein Loch in die Wand gebrochen und will in das Haus eindringen. Er wird alle kostbaren Sachen, die er im Hause findet, mitnehmen. Warum bellst du nicht?‹

Als der Hund ihn so reden hörte, begann er wie folgt: ›Niemals kümmert sich der Herr darum, ob es mir gut oder schlecht geht. Niemals gibt er mir Futter, so dass ich ganz hungrig bin. Wenn er also seinen Besitz verliert, habe ich davon überhaupt keinen Nachteil. Sobald ein Herr seinen Dienern nie etwas schenkt und sie nicht achtet, trifft ihn die Hälfte der Schuld, wenn ein Diener seinen Auftrag wie ein flügellahmer Vogel ausführt, weil er mit seiner eigenen Not beschäftigt ist und seine Vorzüge vom Herrn übersehen werden. Dagegen tut ein Diener, um den sich der Herr ordentlich kümmert, seinen Dienst ganz gewissenhaft. Er übernimmt ohne Rücksicht auf sich selbst die Nachtwache und ist sogar bereit, für seinen Herrn in den Tod zu gehen. Wenn der Herr einen solchen Diener mit Geschenken und anderen Beweisen seiner Achtung ehrt, dann verwandelt er den Vorwurf einer niederen Herkunft des Dieners in einen Vorzug. Was habe ich denn von meinem Herrn für Vorteile? Selbst wenn er nackt ausgezogen wird, geht mir nichts verloren. Sagt man doch:

Diene nie dem bösen Herren,
nie dem geizigen und bösen,
niemals einem geiz'gen Fürsten,
nie dem freundlosen und falschen.‹

Als der Esel die Meinung des Hundes gehört hatte, sagte er:
›Wenn du nicht bellen willst, dann werde ich meine Stimme
erheben. Dadurch wird der Herr aufmerksam werden.‹

Der Hund antwortete darauf: ›Hunde bellen laut, so dass
die Leute aufmerksam werden. Das ist aber unsere Sache und
nicht die deine. Sei deshalb schön still!‹

Der Esel beachtete nicht die Mahnung des Hundes und stieß
einen markerschütternden Schrei aus. Als die Hausbewohner
dieses misstönende Geschrei vernahmen, wurden ihre Ohren
taub und ihre Köpfe schmerzten. Der Esel aber wurde nicht
müde, für das Wohl des Wäschers seine Stimme zu erheben.

Da sprach sein Herr: ›Dieser elende Hurensohn stört unsere
Ruhe. Durch sein Geschrei lässt mich der Esel nicht schlafen,
obgleich ich von meiner schweren täglichen Arbeit so müde
bin. Er soll mir mit einer Tracht Prügel dafür büßen, dass er
seinen Herrn umbringen will.‹

Mit diesen Worten erhob er sich, packte den Türriegel mit
beiden Händen und prügelte den Esel dreimal über den Hof.
Erst als er ihn für tot hielt, hörte er auf zu schlagen. Da sagte
der Esel einen schönen Spruch auf:

›Der Tor, der sich um Dinge sorgt,
die andrer Leute Pflichten sind,
der erntet stets nur Bitternis
so wie des Wäschers Esel.‹

Deshalb, König, seid nicht so hartnäckig und stellt jene
Frage nicht mehr. Wenn Ihr die Antwort erfahrt, werdet Ihr
sehr traurig sein‹, sprach Balasaraswati und ging nach Hause.

Siebente Ermahnung
Wie ein Liebhaber zu Tode kommt, weil er aus Neugier
dem Brahmanen lauscht

Abermals ließ der König Balasaraswati kommen und redete
sie an, weil er danach verlangte, genau zu ergründen, warum
der Fisch gelacht hatte.

Sie antwortete auf seine Rede: ‚Großfürst der Erde, lasst
doch davon ab, diese Sache ans Licht zu zerren, sonst wird es
Euch genauso ergehen wie dem Liebhaber, der deshalb hart
bestraft wurde.‘

‚Erzähle mir die Geschichte!‘, befahl der König, und Balasaraswati begann mit ihrer Geschichte:

‚Hört, Fürst der Männer! Ich will jetzt eine abenteuerliche
Geschichte erzählen. Ihr müsst aber aufmerksam lauschen, ob
sie Euch interessiert oder nicht, denn so kann auch ich meine
Gedanken besser ordnen und die verschiedenen Stimmungen
in flüssiger Rede wiedergeben. Außerdem gibt ein solcher
Vortrag dem König die Gelegenheit, Leute zu prüfen, die sich
in allen möglichen Künsten geübt haben, und dabei sein eigenes Kunstverständnis zu bekunden. Wenn der Künstler sich
bewährt, kann ihm der Fürst den ehrenvollen Auftrag geben,
am Hofe seine Kunst zu betreiben, andernfalls entlässt er ihn
mit einer Gabe und gibt ihn frei. So erstrahlt der Ruhm des
Fürsten im höchsten Glanz.

Einst begann im Lande Wirata die Regenzeit früher als gewöhnlich. Dadurch führten die Flüsse dieser Gegend reichlich
Wasser und machten ihrem Namen ›Uferverschlinger‹ alle Ehre.
In dieser Wasserflut kam eine Schlange angeschwommen. Da
sie völlig ermattet war, sah man nur ein Stück des Kopfes aus
dem Wasser ragen, der übrige Leib war im Wasser. Ein Frosch
kam herangeschwommen und setzte sich auf ihre Haube. Die
Schlange hatte nicht mehr die Kraft, etwas dagegen zu tun, und
schwamm nun in einem solchen Aufzug weiter. Eine Lerche,
die am Flussufer ihr Nest gebaut hatte, sah den Frosch auf dem
Kopf der Schlange sitzen und brach in lautes Lachen aus.

Als die Schlange den Vogel lachen sah, rief sie: ›Warum hast du gelacht, Lerche?‹

Der Vogel erwiderte: ›Ich habe gelacht, weil ich die Welt auf dem Kopf stehen sah.‹

Die Schlange sagte: ›Wieso steht die Welt auf dem Kopf?‹

Da sprach der Vogel: ›Ihr Schlangen fresst Frösche. Wenn nun ein Frosch auf deinem Kopfe sitzt, dann muss man doch einfach lachen.‹

Da sagte die Schlange:

> ›Was gibt es da zu lachen, Lerche?
> Wenn es das Schicksal einmal will,
> dann sitzt der Frosch auf einer Schlange,
> und Butter macht Brahmanen blind.‹

Da bat die Lerche: ›Erzähle mir doch die Geschichte von dem Brahmanen, der durch Butter blind wurde!‹

Nach diesen Worten des Vogels begann die Schlange: ›In der Brahmanensiedlung Brahmapura lebte der Brahmane Kschemankara. Seine Frau war sehr haltlos, er aber kannte die Qualen nicht, die der Blumenpfeilregen des ringsum strahlenden Liebesgottes bereitet. Sein Herz war unempfindlich für alle Beschwerden, die hervorgerufen werden durch die glückverheißenden Seitenblicke der Lehrmeister im Kultus der Liebe, um den sich die ganze Welt dreht. All das kümmerte ihn nicht, und er verbrachte seine Tage am liebsten damit, dass er sich mit geschlossenen Augen der innerlichen Betrachtung der Dinge hingab, die so vielseitig ist wie die Musik der Laute oder Mandoline. Seine ehelichen Pflichten erfüllte er jedoch nicht, sondern entschuldigte sich mit dem Aufzählen aller vorkommenden Festtage: ‹Heute ist Neumond, Wjatipata, Waidhrita, Vollmond, Achter, Zehnter, Elfter, Vierzehnter, Juga-Beginn, Anfang der Manu-Periode, Sankranti.› So gab es den ganzen Monat hindurch keine Möglichkeit für die Liebe, und ihr Verlangen wurde nie gestillt.

Deshalb überlegte sie: Obgleich ich in einer Welt geboren bin, in der die Liebe als das Höchste gilt, habe ich noch nie das Glück dieser Lust genossen. Einen Tag nach dem anderen geht meine Jugend nutzlos dahin, ohne dass ich den süßen Trank der Liebe koste. Dann wird mit schnellen Schritten das Alter herankommen. Sagt man doch:

> Das Reisen macht die Männer alt,
> das Stillestehn die Pferde,
> der Liebe Mangel unsre Fraun,
> Beschälen doch die Hengste.

So sprach sie zu sich und begann ein liederliches Leben. Ihr Gemahl, der Brahmane, merkte das nach einiger Zeit, doch er sagte nichts. Denn nur ein solches Mittel bringt Erfolg, das man durch seinen eigenen Verstand und ohne zweifelhafte Hilfe anwendet. Obgleich er sich schämte, ließ also jener Brahmane die Zeit verstreichen und hüllte sich in Schweigen. Er war davon überzeugt, dass er doch siegen und seinen glänzenden Verstand offenbaren werde, dass er das Glück wiederfinden und geläutert hervorgehen werde.

Weil er aber nichts sagte, verachtete sie ihn sehr. Sie gab ihm nicht mehr die gewohnten Speisen zu essen und zu trinken, ja, er bekam nicht einmal mehr Wasser oder auch nur ein winziges Körnchen Reis. Bald war er nur noch Haut und Knochen. Da dachte er nun immerzu an das, was ihm Freude machen würde: Wenn ich körperlich dazu in der Lage wäre, dann würde ich den beiden schon eine Lehre erteilen. So lebte er alle Tage in großer Not.

Seine zuchtlose Frau war eine eifrige Verehrerin der Göttin Majawati. Deshalb ging er, als der Festtag für deren Anbetung gekommen war, frühzeitig in den Tempel und trat hinter die Statue der Göttin, so dass er dort ungesehen verweilen konnte. Dann kam seine Frau. Um die Göttin gnädig zu stimmen, hatte sie alles bei sich, was zu einem segensreichen Gottesdienst gehört. Sie brachte der Majawati mit Wohlgerüchen, Ehrbezeigungen, Lampen und anderen Dingen eine sechzehnfache Anbetung dar und blieb dann mit andächtig geschlossenen Augen noch einen Augenblick vor ihr stehen.

Da sprach der Gemahl in seinem Versteck: ‹Du bist meine eifrigste Verehrerin! Weil ich sehe, dass du mich leidenschaftlich und hingebungsvoll liebst, bin ich dir gnädig gesinnt. Sag mir deshalb, was du dir wünschst.›

Als sie diese Worte hörte, warf sie sich der Länge nach nieder und stimmte einen Lobgesang auf die Göttin an: ‹Mutter, du bist meine Herrin, die oberste Königin in der Stadt Alaka! Du erfüllst durch deine Gnade uneingeschränkt die Wünsche deiner Diener. Deine Anhänger genießen mit Freuden die Sinnenwelt. Wenn die Menschen zu dir beten, gewährst du ihnen ein schönes Leben.› Mit solchen Worten pries sie die Göttin und nannte dann ihren Wunsch: ‹Wenn du mir gnädig bist, dann bewirke, dass mein Gemahl seine Umgebung mit den Augen nicht mehr wahrnehmen kann.›

Die Göttin antwortete: ‹Wenn du willst, werde ich ihn in die andere Welt befördern!›

Die Frau sprach: ‹Er darf nicht mehr sehen können, was ich für eine Angst habe, wenn er uns zuschaut. Seine Augen dürfen überhaupt nichts mehr erkennen.›

Die vermeintliche Göttin antwortete ihr: ‹Ich, die Göttin der List, will bewirken, dass seine Augen den Glanz der Pupille und die anderen äußeren Eigenschaften behalten, aber wenn sie auch weiterhin gut aussehen, so soll doch ein heftiger Schmerz in ihnen entstehen und die Sehkraft allmählich erlöschen.›

Sie verneigte sich nochmals vor ihrer Herzensgöttin, und diese fuhr in ihrer Rede fort: ‹Du höchste meiner Verehrer, tue jetzt, was ich dir sage: Du musst ihm jeden Tag etwas anderes kochen und ihn essen lassen, bis er satt ist. Dadurch wird er ganz von selbst erblinden.›

Hocherfreut darüber, dass sie diese Gnade erlangt hatte, ging sie nun, in ihrer bösen Absicht bestärkt, in ihr Haus zurück. Sie war gerade dabei, mit viel Liebe einen Milchreis zu kochen, als der trefflichste aller Brahmanen aus dem Dorfe zurückkam und zu ihr sagte: ‹Wir wollen jetzt mit Baden und Andacht die Mittagsfeier abhalten. Dann trage auf, was du gerade im Hause hast. Ich habe großen Hunger!›

Sie antwortete darauf: ‹Setz dich einen Augenblick! Du kannst doch keine abgestandenen Speisen essen.› Und weil sie an die Worte der Gottheit dachte, fütterte sie den trefflichsten aller Brahmanen so lange mit verschieden zubereiteten wohlschmeckenden Speisen, bis er gesättigt war. Am Abend machte sie es ebenso und von nun an Tag für Tag.

Fünf oder sechs Tage danach begannen ihm die Augen wehzutun, und er sprach zu seiner Teuersten: ‹Ich habe furchtbare Augenschmerzen. Sie werden von Minute zu Minute stärker und breiten sich immer mehr aus. Auch kann ich, was vor mir steht, nicht mehr deutlich erkennen. Es ist fast so, als ob ich blind würde.› Da war sie noch rücksichtsvoller zu ihm und legte großen Eifer an den Tag.

Wieder einige Tage später sagte er: ‹Ich kann überhaupt nichts mehr erkennen!› Sooft er im Hause umherlief, warf er etwas um oder er zerbrach Geschirr, wobei er tat, als sei er gestolpert. Und wenn er zur Tür gehen wollte, trat er auf den Ofen zu, da er ja nicht sehen konnte.

‹Wo ist die Tür? Zeigt sie mir doch! Was ist nur auf einmal mit meinen Augen geschehen?›, sagte er und ließ mitten im Hause sein Wasser. In der Nacht jammerte er und rief: ‹Die Schmerzen werden immer schlimmer!›

Tag und Nacht bat er sie: ‹Gib mir doch irgendetwas, das den unerträglichen Schmerz lindert, den ich in meinen Augen fühle! Versuche doch, ihn mit verschiedenen Heilmitteln, wie sie die Ärzte verwenden, ganz zu vertreiben. Sonst sterbe ich vor Schmerzen, denn sie sind nicht mehr zu ertragen.›

Auf seine Klagen antwortete sie: ‹In ein paar Tagen werden deine Augen wieder besser sein. Sei tapfer! Das kindische Gejammer nützt doch nichts!›

Weil er so große Schmerzen auszuhalten hatte, wurde er von Tag zu Tag elender, und nachdem sie nun die Augen ihres Gemahls zum Gehorsam gegen die ringsum eintretende Finsternis gezwungen hatte, holte sie ihren Liebhaber ins Haus. Vor den Augen des scheinbar Blinden lebten sie nun ihrer Lust.

Da sagte er zu seiner Frau: ‹Meine Augen sind dahin, ich bin blind. Es würde dir sehr bald zu viel werden, wenn du meine Pflege übernehmen müsstest, weil du in deinem Leben nie etwas mit Krankenpflege zu tun hattest. Gib mir deshalb einen Stock in die Hand, damit ich mir meinen Weg selbst suchen kann und eine Stütze habe, wenn ich hinausgehe, um Wasser zu lassen.›

Sie gab ihm einen ordentlichen, geraden, dicken Stock, auf den er sich kräftig stützen konnte. Während die beiden sich nun vergnügten, stand der Brahmane mit dem Knüppel dabei und stellte sich blind. So kam der Liebhaber Tag für Tag ins Haus.

Als der Brahmane bemerkte, dass der Liebhaber wieder da war, sagte er voller Rücksichtnahme: ‹Hole ihn doch herein!›, und als dieser nun damit beginnen wollte, das Gadaparwapurana vorzutragen, sagte der vom guten Essen Erblindete zu ihm: ‹Lass mich die Geschichte vom Keulenkampf erzählen und komme jeden Tag zu mir. Weil ich selbst ein Keulenträger bin, werde ich mir große Mühe geben, dein Herz zu erfreuen und das Gadaparwapurana nach und nach zu Ende zu führen, das alle bisherigen Verdienste berücksichtigt und die Gnade des in ihm verehrten Scharwa offenbart. So musst du das verstehen!›

Jeden Tag hörte nun der Liebhaber aus dem Munde des trefflichsten Brahmanen das Gadaparwapurana. Während der Schmelzbutterblinde diese Geschichte vortrug, unterhielt er dessen Frau mit vielen tändelnden Liebesspielen. Mit dem furchtbaren Stock in der Hand stand der Brahmane dabei und sah das alles mit an.

Eines Tages sah er wiederum zu und hatte den Knüppel

in der Hand. Als er in der Erzählung an die Worte kam: ‹Bhimasena aber erhob sich, schwang seine Keule und schlug Durjodschana mit aller Kraft nieder›, schlug er dem Liebhaber mit großer Wucht den Schädel ein und zertrümmerte auch den Kopf der zuchtlosen Frau mit einem einzigen Schlag. So rächte sich der schmelzbutterblinde Brahmane, der Liebhaber aber erlag seinem Schicksal.‹

Deshalb, Landesfürst, lasst Euer hartnäckiges Fragen!‘, sprach Balasaraswati und ging weg, wie sie gekommen war.

Achte Ermahnung
Wie ein junger Mann seine Frau verliert, weil er darauf besteht, ihr sein Erlebnis mitzuteilen

Bei Sonnenaufgang ließ der König abermals die Tochter des Ministers holen und fragte sie voller Neugier, warum der Fisch gelacht habe. Auf seine Worte entgegnete sie: ‚Dir wird es genauso ergehen wie dem Gemahl der Apsaras, die nach Widaudschas Fluch als Königstochter wiedergeboren wurde: Er wurde von seiner Frau getrennt, weil er ihre Worte nicht befolgte.‘

Der König fragte sie nach dieser Geschichte, und Balasaraswati begann zu erzählen:

‚Höret, Ihr, dessen Ruhm das Ohr erfreut. Unter den Himmelsbewohnern lebte einst eine Apsaras. Sie war die erste der göttlichen Tänzerinnen. Als sie bei irgendeiner Gelegenheit vor den Göttern tanzte, freute sich Puruhuta so sehr über sie, dass er ihr als Anerkennung eine prächtige Stadt namens Wischalapuri schenkte. Diese Stadt war von sagenhafter Schönheit.

Von nun an wohnte die Apsaras in dieser Götterstadt und kam jeden Tag zu Indra, um ihm in Demut zu dienen. Eines Tages aber fand sie sich nicht zum Gottesdienst ein, und Schatakratu verfluchte sie: ›Weil du versäumt hast, uns in Demut zu dienen, soll dein Leib leblos in deiner Stadt liegen. Zwei

Dienerinnen sollen deinen toten Körper bewachen. Diese beiden Frauen werden dem Mann, dem es gelingt, in deine Stadt vorzudringen, die Geschichte deines leblosen Körpers erzählen. Sobald du aus dem Munde dieses Mannes die Geschichte deines toten Körpers gehört hast, wirst du den Leib der Königstochter verlassen und wieder in den Apsarasen-Leib eintreten. Bis dahin sollst du unter den Sterblichen wohnen.‹

Als sie den Fluch vernommen hatte, sagte sie zu Schatakratu, nachdem sie seinen Zorn mit ihrem lieblichen Lächeln beschwichtigt und den Gott durch ihr liebreiches Wesen gefesselt hatte: ›Solange ich nicht in der Stadt bin, soll niemand ihr Oberhaupt sein!‹

Der Götterfürst stimmte ihren Worten zu: ›Bis du die Regierung deiner Stadt wieder übernimmst, sollen alle Bewohner bewusstlos sein.‹

Durch den Fluch Indras wurde sie nun als Königstochter wiedergeboren. Sie war aber nicht glücklich. Da dachte sie daran, sich zu verheiraten, und sagte, einer Laune folgend: ›Wer mir die Geschichte von Wischalapuri erzählt, den werde ich als meinen Gemahl betrachten!‹

Da kamen viele Könige und Königssöhne herbei, aber kein Einziger kannte die Geschichte der Stadt Wischalapuri, und so gingen alle wieder unverrichteter Sache nach Hause. Ein kluger junger Mann aber zog auf dem ganzen Erdenrund umher, um jene Geschichte zu erfahren. Dabei kam er auch nach Kollapura und verweilte im Tempel der heiligen, mächtigen Lakschmi. Die Gottheit war ihm gnädig und sprach: ›Wünsche dir etwas!‹

Er antwortete: ›Was ist es mit Wischalapuri? Wo liegt diese Stadt? Gewähre mir, sie mit eigenen Augen zu sehen!‹

Auf seine Bitte gab ihm die heilige, mächtige Lakschmi ein Paar Schuhe und sagte: ›Zieh diese Schuhe an, dann wirst du den Ort, den du sehen willst, erreichen.‹

Nachdem er den Befehl der Göttin vernommen hatte, zog er die Schuhe an und gelangte im Fluge nach Wischalapuri. Da sah er nun die Stadt, die neben ihrer Schönheit noch viele andere Vorzüge besaß und mancherlei Freuden gewährte, die so zahlreich wie die Wellen eines Flusses waren. An den beiden Flügeln des Stadttores erblickte er ein Elefantenpaar und erschrak. Als er langsam näher trat, merkte er aber, dass sie bewusstlos waren. Nun ging er in die Stadt hinein und sah, dass kein Bewohner sich rührte. Er ging weiter, und sein Blick fiel auf einen herrlichen Palast. Da auch seine Türhüter bewusstlos waren, trat er ein, und als er sich umschaute, sah er dort eine tote Frau liegen, neben der zwei lebendige Mädchen standen.

Von diesen beiden erfuhr er die Geschichte der Stadt. Nachdem er sich alles angehört hatte, gelangte er mit Hilfe seiner Schuhe innerhalb eines einzigen Augenblicks in seine Heimatstadt zurück. Er suchte die Königstochter auf, trat vor sie hin und sagte zu ihr: ›Ich weiß alles über Wischalapuri.‹

Auf ihre Frage: ›Hast du Wischalapuri selbst gesehen oder nicht?‹, antwortete er: ›Ich habe die Stadt gesehen.‹

›Dann sage mir zum Beweis, was sich am Tor dieser Stadt befindet! Wenn das richtig ist, dann stimmt auch alles andere.‹

Darauf bekam sie zur Antwort: ›An den beiden Torflügeln steht ein Elefantenpaar.‹

Da ehrte sie ihn, weil er die Wahrheit gesagt hatte, und sagte: ›Hüte dich davor, mir die Geschichte zu erzählen! Erst wenn ich dich danach frage, erzähle mir, wie alles gewesen ist!‹

Mit diesen Worten führte sie ihn hinein und genoss mit ihm in vollen Zügen das Glück der Liebe. Sie versenkte ihren Geist in jenen unvergleichlichen Zustand, da man sich nur den Wünschen der Liebe hingibt, deren Wesen stets unergründlich ist, selbst wenn man sich an frühere Gefühle erinnert. Dabei spendete sie ihm unerschöpfliche Lust, die besonders köstlich war, weil sie ihn während der Vereinigung ständig mit Genüssen, mit Gefühlsäußerungen und Reizen bediente, wie sie sonst wohl erwünscht, aber nur in der Götterwelt bekannt sind.

So ging die Zeit hin. Der Erzmann aber fragte sie Tag für Tag, obgleich er doch so glücklich war: ›Soll ich dir nicht die Geschichte von Wischalapuri erzählen?‹

Sie aber wehrte ihm stets mit den Worten: ›Erst wenn ich danach frage, darfst du sie erzählen.‹

Obwohl er eine göttliche Frau mit den schönsten Hüften besaß und himmlische Liebeslust genoss, äußerte er immer wieder den Wunsch, sein Abenteuer zu erzählen, wobei er sein jetziges Glück völlig vergaß, da sein Verstand durch früher begangene böse Taten geschwächt war.

So hörte sie von allen Besonderheiten der Stadt Wischalapuri, und im gleichen Augenblick, in dem sie alles vernommen hatte, verließ das Leben ihren Körper. Ihr Leib in Wischala-pura aber bekam das Bewusstsein zurück.

Da begann er seine Tat zu bereuen und dachte: Sie wehrte ab, als ich ihr die Geschichte erzählen wollte, aber ich hörte nicht auf ihre Worte, weil ich unter dem Einfluss meiner früheren bösen Taten stand. Jetzt, da mich das Glück verlassen hat, ist mir jener herrliche Genuss ins Gegenteil verkehrt.

Deshalb, Landesfürst, ist es besser, keine hartnäckigen Fragen zu stellen. Überlegt Euch lieber den Sinn meines Verses!‹ So sprach Balasaraswati und ging nach Hause.

Neunte Ermahnung
Wie eine leichtsinnige Frau am Ende allein dasteht,
weil sie unbedingt mit ihrem Liebhaber fliehen will

Abermals ließ der König Balasaraswati holen und fragte sie, warum der Fisch gelacht habe. Auf seine Frage gab sie zur Antwort: ‚König, wenn Ihr das erfahrt, wird es Euch genauso ergehen wie der leichtsinnigen Frau, die ihren Liebhaber und ihren Gemahl verlor, so dass sie ratlos und voller Sorgen da-saß.‘

Darauf sagte der König zur Tochter des Ministers: ‚Erzähle mir doch diese Geschichte!‘, und auf seinen Befehl begann das Mädchen zu berichten:

‚Hört zu! Im Lande Abhira wohnte in einem Dorf am Ufer der Tapatini ein Bauer, der eine sehr leichtsinnige Frau hatte.

Sooft ihr Gemahl auf dem Felde war, genoss sie zu Hause in aller Ruhe mit einem Liebhaber das Glück der Liebe.

Eines Tages kam ihr ein Gedanke: Ich will mit irgendeinem Liebhaber in ein anderes Land gehen und dort mit ihm nur noch der Liebe leben.

Nachdem sie diesen Entschluss gefasst hatte, wandte sie sich an einen Freund, mit dem sie von früher her bekannt war, und sagte: ›Ich möchte mit dir in ein fernes Land gehen, komm doch und lass uns aufbrechen!‹

Auf dieses Angebot erwiderte er: ›Es geht uns hier gut genug! Du bist Herrin in deinem Hause und erfreust dich ganz besonderen Glücks. Auch ich lebe in meinem Hause glücklich und zufrieden. Selbst wenn der Liebesgott uns beide in Leidenschaft stürzt, können wir uns helfen. Warum sollen wir also anderswohin gehen und unser sicheres Leben aufgeben?‹

Sie aber antwortete ihm: ›Wenn du mich nicht entführen willst, dann werde ich eben mit irgendeinem anderen Mann, der mir gefällt, fortgehen. Ich habe etwas Geld im Hause, das werde ich mitnehmen!‹

Als er das hörte, dachte er: Sie will auch ihr Geld mitnehmen? Da gehe ich mit! Wenn wir unterwegs sind, können wir es gut gebrauchen, um uns vor allen Unannehmlichkeiten zu schützen.

Nach solchen Überlegungen wandte er sich mit liebevollen Worten an die Schöne: ›Auch ich habe schon immer daran gedacht, dass uns beiden anderswo der himmlische Genuss ungestörter Liebe blühen könnte. Ich wagte aber nicht, es dir zu sagen. Du hast mir aus dem Herzen gesprochen. Halte also für heute Abend alles bereit, was wir für unsere Liebesspiele benötigen und was du an Wertsachen, an Geld und Kleidungsstücken findest. Auch ich will aus meinem Hause alles Geld und alle Wertgegenstände mitnehmen und in der Zeit der ersten Nachtwache aufbrechen. Heute stehen die Sterne für den Antritt einer Reise besonders günstig.‹

Verabredungsgemäß liefen beide im Laufe der Nacht davon. Als sie aber ein Stück gegangen waren, packte er sie, raubte ihr alles Geld, was sie bei sich hatte, und ließ sie dort sitzen.

Da bereute sie ihre Tat bitter: Ich habe sehr schlecht gehandelt und meinen treusorgenden Gemahl verlassen. Nun hat mir dieser schändliche Geliebte das ganze Geld weggenommen und ist entflohen.

Deshalb, Herr der Könige, wird Euch, wenn Ihr weiterfragt, das gleiche Unglück treffen. Denkt nur über den Sinn meines Verses nach!' So sprach die Tochter des Ministers zum König und ließ ihre Wohnung durch ihre Rückkehr in neuem Glanz erstrahlen.

Zehnte Ermahnung
Wie der Schakal getötet wird, weil er seine
Artgenossen verstößt

Am folgenden Tag ließ Wikramarka, dessen Befehle die berühmtesten Fürsten der Welt befolgten, abermals Balasaraswati zu sich kommen und fragte sie, warum der Fisch gelacht habe.

Sie antwortete ihm: ‚Euch wird das gleiche Unglück treffen wie den Schakal Asudruma, der seine Artgenossen verstieß! Als sie der Fürst nach dieser Geschichte fragte, begann sie zu erzählen:

‚Es gibt eine Stadt, die Tschandrapura heißt. Einmal schlich dort ein Schakal in der Nacht zum Ufer des Flusses Sikatila, um Zuckerrohr zu fressen. Obgleich die Wächter schlau waren und ständig umherliefen, gelang es ihm, in das Feld hineinzukommen. Eine Hündin hörte aber das Geräusch, das er dabei verursachte, und setzte ihm nach. In seiner Furcht vor ihr irrte sich der Schakal in der Richtung und schlug den Weg zur Stadt ein. Unterwegs stieß er auf Fässer, die der Herstellung von Indigo-Farbe gedient hatten und deshalb ganz blau gefärbt waren. Sie standen in einer langen Reihe, und da sie sich genau in der von ihm eingeschlagenen Richtung befanden, stürzte er sich darauf. Als er aus dem ersten Fass heraussprang, stürzte er in das nächste, und so entkam er erst, nachdem er der Reihe nach in alle Fässer, immer wieder in ein anderes, hineingesprungen war. Da nun aber die Farbe an seinem Fell hängen blieb, sah er zuletzt ganz verändert aus und war nicht mehr als Schakal zu erkennen.

Er ging nun in den Wald zurück, und als ihn dessen Bewohner erblickten, waren sie alle sehr verwundert. Sie umringten ihn und sprachen: ›Wir haben dich noch nie gesehen. Wer bist du? Wo warst du bisher? Wie sollen wir dich nennen?‹

Er antwortete auf ihre vielen Fragen: ›Ich bin der Fürst des Waldes. Weil ich die Unfälle im Walde verhüte, bin ich der oberste Herr aller Tiere, die hier wohnen. Ihr alle müsst mir dienen.‹

So sprach er und führte fortan ein Herrenleben. Löwen und Tiger waren abwechselnd seine Bedienten. Der Schakal aber hütete sich ängstlich, sein Geheul auszustoßen, in der Hoffnung, dass man ihn dann nicht erkennen würde.

Nun lagen nachts alle Schakale um ihn herum und bildeten von sich aus seine Leibwache. Viele treffliche Tiere ruhten um ihn her. Da kam ihm, weil es ihm zu gut ging, eines Tages ein boshafter Gedanke. Er sagte zu seinen Artgenossen: ›Entfernt euch von hier! Ich will neue Leibwächter für mich einsetzen.‹

Als die Schakale seine Worte hörten, suchten sie ihn zu belehren: ›Elender, du darfst uns nicht wegschicken, sonst wirst du den Tod finden!‹

Da er nicht auf sie hörte, zogen sie in die Verbannung und hielten Rat: ›Wir müssen uns etwas ausdenken, was ihm das Genick bricht. Wir wollen hingehen und gemeinsam losheulen. Wenn er das hört, wird er Lust bekommen mitzuheulen, und sobald er das schauerliche Geheul anstimmt, werden alle merken, dass er ein Schakal ist. Sie werden dann über ihn herfallen und ihn zerreißen.‹

Als sie das beschlossen hatten, gingen sie hin und heulten los. Sobald er ihr Heulen vernahm, konnte er das törichte Verlangen, ebenfalls zu heulen, nicht unterdrücken. In diesem Augenblick erkannten ihn die Tiger und anderen Tiere, die in seiner Nähe weilten, und sprachen zueinander: ›Dieser sündhafte, gemeine Schakal hat uns für lange Zeit zu seinen

Dienern herabgewürdigt. Nun soll der Bösewicht dafür büßen. Wir wollen ihm eine handfeste Lehre erteilen.‹ Und einmütig zerrissen und zerstückelten sie ihn.

Als Asudruma in seinen letzten Zügen lag, erkannte er seinen Fehler. Weil ich das Verbot meiner Artgenossen nicht beachtet habe, bin ich in diese schlimme Lage geraten.

Deshalb, König, wird auch Euch der Kummer peinigen, wenn Ihr gegen meinen Rat handelt.‘ So endete Balasaraswati und ging nach Hause.

Elfte Ermahnung
Wie zwei Bäume zugrunde gehen,
weil jeder der bessere sein will

Abermals ließ der Fürst Balasaraswati kommen und fragte sie, warum der Fisch gelacht habe.

Sie aber gab zur Antwort: ‚Landesfürst, warum seid Ihr nur so hartnäckig? Lasst doch ab von dem Fragen, König, sonst wird es Euch ergehen wie dem Tschintamani-Baum und dem Aschmantaka-Baum, die alle beide zugrunde gingen, weil sie zu hartnäckig waren.‘

Darauf befahl der Erdenherrscher: ‚Erzähle mir die Geschichte von den beiden Bäumen!‘ Balasaraswati aber sprach:

‚Höret, Ihr, dessen Ruhm die Ohren ziert! Am Wege zum heiligen Ardschuna von Mallika stand ein Aschmantaka-Baum, den vor Jahren ein Wanderer gepflanzt hatte. Unten am Stamm bildete er eine Nische, und nach oben breitete er sich zu einem nach allen Seiten gleichmäßigen Laubdach aus. In seiner Nähe stand noch ein anderer Baum, dessen Äste so mit Blüten übersät waren, dass er aussah, als sei er mit Mennige bestreut. Dieser Baum hieß Tschintamani.

Mit der Zeit wuchs der Ruhm des Gottes Ardschuna. Er bekam von Tag zu Tag mehr Speiseopfer und Mennige-Ehrungen und erhielt jeden vierten Tag mehr Waschungen und Zuckerspenden, so groß war sein Ansehen geworden.

Alle Wanderer, die auf dem Weg zum Heiligtum vorbei kamen, nahmen ein Blatt vom Aschmantaka mit, so dass dieser am Wachsen gehindert wurde. Den Tschintamani aber berührte niemand auch nur mit der Hand, da man ihn geringer schätzte als seinen Nachbarn. Er stand kraftstrotzend da, weil man seine Zweige nicht abriss, und bekam eine große dichte Krone. Nach einiger Zeit entstand ein Streit zwischen den beiden Bäumen, und der Tschintamani sprach: ›Aschmantaka, du bestehst ja nur noch aus Wurzeln. Weil du am Wege stehst, haben die Wanderer dir alle Zweige abgerissen.‹

Als der Aschmantaka das gehört hatte, antwortete er: ›Weil sie wissen, dass ich mehr wert bin als du, Tschintamani, reißt von dir kein einziger Wanderer einen Zweig ab. Du bist also unter meinem Schutz aufgewachsen und verdankst nur mir dein jetziges Aussehen. Was brüstest du dich mit deinem Namen? Nur weil du in meinem Schatten Zuflucht gefunden hast, bist du so stark geworden. Weil du in den Genuss von Speiseopfern und von anderen guten Sachen gekommen bist, sind deine Äste kräftig geworden. Ich sorge ja dafür, dass es dir das ganze Jahr über gut geht. Du stehst auf jedem Felde. Jeder hergelaufene Bauer benutzt dich, um die Pflugschar zu befestigen, und bindet dich mit einem starken Lederriemen am Pfluge fest, damit du ihm als Stützbalken dienst. Dass dir das bisher nicht geschehen ist, hast du nur meinem Schutz zu verdanken.‹

So stritten sich die beiden. Schließlich sprach der Aschmantaka zu dem Tschintamani: ›Was geht mir schon verloren, wenn ich dich nicht mehr habe. Warum machst du nicht, dass du fortkommst?‹ Da verließ der Tschintamani den Opferplatz und zog an eine andere Stelle.

Als der Tschintamani ihn verlassen hatte, fühlte sich der Aschmantaka nicht mehr wohl. Am anderen Tag kam ein Mann herbei und fällte ihn, um aus seinem Bast Seile zu machen. Ein anderer Mann kam und schnitt seine Äste ab, um sie beim Pflügen zu verwenden.

Der Tschintamani aber, der sich einen Platz in den Dornen gesucht hatte, wurde von der Sonne ausgedörrt und so unansehnlich, dass die Vögel ihn verließen. Ein Mann, der befürchtete, dass zierliche Frauenfüße über ihn stolpern könnten, grub ihn aus und schaffte ihn aus dem Wege. So erging es diesen beiden, weil sie so unnachgiebig waren.

Deshalb, Fürst der Könige, wird Euch das gleiche Schicksal treffen, wenn Ihr weiter so hartnäckig fragt. Denkt heute noch einmal gründlich über meinen Vers nach, und wenn Ihr seinen Sinn nicht findet, werde ich Euch morgen sagen, warum der Fisch gelacht hat.‘

Nach diesen Worten ging Balasaraswati nach Hause.

Am anderen Morgen ließ der Landesherr Balasaraswati holen und fragte sie, warum der Fisch gelacht habe. Auf seine Frage antwortete das Mädchen: ‚Hört zu, Wikramaditja, ich werde Euch den Grund sagen. Vorher muss ich aber noch eine Frage an Euch richten: ›Weshalb habt Ihr Euren ersten Minister Puschpahasa ins Gefängnis geworfen?‹

Der König antwortete ihr: ‚Der Minister hat eine besondere Gabe. Sobald er lacht, geht ein heftiger Blumenregen auf seine Umgebung nieder. Als nun die Abgesandten eines fremden Königs bei mir waren, wollte ich ihnen das Wunder zeigen und befahl ihm zu lachen. Aber er lachte nicht, obgleich ich es ihm aufgetragen hatte. Darüber wurde ich zornig und ließ ihn ins Gefängnis werfen.‘

Als Balasaraswati das gehört hatte, wandte sie sich an den König und sprach: ‚Majestät, Ihr müsst Puschpahasa aus dem Gefängnis entlassen, ihn wegen seiner Trefflichkeit ehren und ihn fragen, warum er an jenem Tag nicht gelacht hat. Danach müsst Ihr ihn ebenso fragen, warum der Fisch gelacht hat.‘

Auf ihre Bitte ließ der König Puschpahasa frei, setzte ihn wieder in das Amt des höchsten Ministers ein und fragte ihn: ‚Warum hast du damals nicht gelacht?‘

Der Minister befolgte den Befehl des Königs und sprach: ‚Majestät, eigentlich ist das so:

Zaubersprüche, Arzenei und Tugend,
Liebesspiel und Schande für das Haus,
Glückeszufall und Gefangennahme –
ein Verständiger erwähnt sie nicht.

Weil Ihr aber danach gefragt habt, Majestät, muss ich alles, obgleich es geheim bleiben sollte, erzählen. Meine Frau Manachsammohini war für mich ein Gegenstand der allerhöchsten Verehrung und galt mir mehr als mein Leben. Außer ihr hatte ich keine einzige Geliebte. Was aber geschah? Ich ertappte sie eines Tages beim Ehebruch, und deshalb war an jenem Tage alles Glück aus meinem Herzen gewichen. Durch die Flut des Giftes, das aus dem Unglücksmeer herandrang, war meine innere Ruhe dahin und mein Gemüt in einer solchen Verfassung, dass ich einfach nicht laut und herzlich lachen konnte.'

Als der König den Minister so reden hörte, brach er in lautes Gelächter aus. Er schlug im Scherz seine Gemahlin Kamakalika mit einem Büschel herrlich duftender Blütenzweige. Durch diesen Schlag fiel die Gemahlin des Königs in eine tiefe Ohnmacht. Ihre Wangen erblassten, und sie glich einer Lotosblume, die ein Elefant beim Baden zertreten hat. Der König aber fächelte ihr mit dem Saum des Gewandes Luft zu, um sie aus ihrer Ohnmacht zu befreien. Als Puschpahasa das sah, begann er zu lachen, und ein Regen von Blumen fiel auf seine Umgebung herab.

Der König bemerkte das und wandte sich an Puschpahasa mit den Worten: ‚Puschpahasa, du nennst dich königstreu und brichst doch in dem Augenblick, da das Leben meiner Herzgeliebten gleichsam stillzustehen droht und ganz plötzlich ein Zustand tiefer Ohnmacht über sie gekommen ist, in freudiges Gelächter aus?'

Puschpahasa erwiderte ihm: ‚Majestät, wenn Ihr bereit seid, mir Straffreiheit zuzusichern, dann werde ich Euch das erklären.'

‚So sprich! Ich werde dich ohne Strafe entlassen.'

Nach diesen Worten des Königs sagte Puschpahasa: ‚Majestät, so steht es mit Eurer Lebensgefährtin Kamakalika, über deren Worte selbst die Fische sich lustig machen. Sie, die vorgibt, treu zu sein, ging nachts in sündiger Absicht zum Stallmeister in die Pferdeställe. Der aber empfing sie mit den Worten: ›Warum kommst du so spät?‹ und schlug sie mit der Peitsche auf den Rücken.

›Von jetzt an werde ich mich mehr beeilen‹, sprach sie und fiel ihm zu Füßen. ›Vergib mir heute mein Vergehen!‹

Warum haben ihr seine Schläge nicht wehgetan? Jetzt habt Ihr sie nur mit diesen Blüten berührt, die Ihr im Scherz ergriffen habt, und gleich ist sie, wie von einer groben Säge oder einem Schwert getroffen, in tiefe Ohnmacht gefallen, so dass alle ihre Körper- und Geisteskräfte plötzlich gelähmt sind. Wenn Ihr mir nicht glaubt, dann könnt Ihr Euch die Spuren der Peitschenhiebe auf ihrem Rücken betrachten.‘

Nach diesen Worten Puschpahasas betrachtete der König ihren Rücken, um diese seltsamen Dinge zu sehen. Er bemerkte die Spuren der Schläge und war bei diesem Anblick sehr bekümmert.

Also, Prabhawati, wenn du so geschickt und listig bist wie Balasaraswati, die einen Minister durch ihren Beistand befreite und ihm ihre eigenen Sorgen auflud, dann gehe hin!«

SECHSTE ERZÄHLUNG

Wie Schringarawati dem
Liebhaber der Subhaga zur
Flucht verhilft

Abermals fragte Prabhawati in der Abendstunde den Vogel, ob sie zu Winajakandarpa gehen könne.

Er antwortete: »Wenn du, Herrin, um ein Unglück zu verhüten, dem gewaltigen Strom der Klugheit folgst wie Schringarawati, dann gehe!«

Prabhawati sagte: »Wie war denn das? Erzähle es mir bitte!« Und weil sie ihn darum bat, ließ der Fürst der Vögel seine Stimme ertönen:

»Höre du, deren Stimme dem Ohre schmeichelt! In einer Stadt namens Radschapura lebte ein Bauer, der hieß Salawanadewa. Er hatte zwei Frauen. Die eine hieß Schringarawati und die andere Subhaga. Diese beiden hatten Freude an verbotener Liebe und führten einen ausschweifenden Lebenswandel.

Einstmals war Subhaga mit ihrem Liebhaber im Hause und genoss als Anhängerin der Bogenkunde des Königs mit den fünf Pfeilen zufrieden die höchste Lust. Da brachte ihr Mann gerade zu der Zeit ein Bündel Zweige vom Feigenbaum für den Haushalt herbei.

Nun sage du bitte, Prabhawati, oder deine Freundinnen, welche List sie verwendete, um aus dieser außerordentlich gefährlichen Lage herauszukommen.«

Darauf richtete Prabhawati ihre Gedanken auf die Lösung dieser Frage, aber sie verbrachte die Nacht, ohne jene List herauszufinden. Deshalb wandte sie sich an den Vogel, und dieser sprach:

»Hör zu, Prabhawati! Schringarawati sagte zu Subhaga, die drinnen im Hause mit ihrem Liebhaber das Glück der Liebe genoss: ‚Unser Gemahl kommt! Tritt mit gelösten Haarflechten, wackelndem Kopf, offenem Mund und zitternden Gliedern auf die Schwelle! Das Weitere werde ich besorgen.‘

Subhaga handelte nach diesem Vorschlag. Da sagte Salawanadewa zu Schringarawati: ‚Was ist ihr denn zugestoßen?‘

Schringarawati blickte zu Subhaga und sprach: ‚Lass deine guten Wünsche, Herr! Du hast dir ja die größte Mühe gegeben, um den Ausbruch der heftigen Verwirrung hervorzurufen, die diese Ärmste betroffen hat!'

Als er das hörte, sagte er: ,Was habe ich denn verbrochen, dass du so böse auf mich bist?'

Sie antwortete: ,Du hast diese Zweige mitgebracht. In dem Feigenbaum wohnt aber eine Dämonin, und der Schmerz, den du ihr bereitet hast, quält nun Subhaga hier. Nimm die Zweige und bringe sie wieder hin, sonst wird sie immer große Schmerzen haben. Sie ist eine Frau, die ein jugendlich schöner und anmutiger Körper ziert. Wenn aber so ein böser Dämon in ihren Leib dringt und vielleicht drinnen bleibt, was kann dann noch helfen?'

Mit solchen Worten hielt sie ihn auf und brachte es mit ihren verlogenen Reden fertig, dass er das Bündel Zweige mit seinen Armen packte und wieder zurücktrug. Als er gegangen war, jagte sie den Kerl aus dem Haus.

Also, Prabhawati, wenn auch du eine von der Klugheit diktierte Antwort geben kannst, dann führe deinen Plan aus.«

SIEBENTE ERZÄHLUNG

Wie sich Madanawati trotz
starker Bewachung einen
Liebhaber beschafft und
seine Zurückhaltung überwindet

Am anderen Tag fragte die Tochter des Kumudakoscha den Papagei, ob sie zum Ort des Stelldicheins mit Winajakandarpa gehen solle.

Er entgegnete: »Wenn du so meisterhaft antworten kannst wie Madanawati, dann gehe!«

Da Prabhawati diese Geschichte gern hören wollte, fragte sie den Fürsten der Vögel danach, und dieser begann mit den Worten:

»Hör zu! Es gibt ein Dorf namens Kaumudidamhini. Dort lebte ein Radschput mit Namen Trilotschana. Seine Lebensgefährtin, Madanawati, war von großer Schönheit, doch obgleich sie viele Mittel und Wege für einen Seitensprung kannte, fand sie keine Gelegenheit dazu; denn sie wurde von allen Seiten durch Wächter am Ausgehen gehindert.

So verging die Zeit. An einem besonders festlichen Tag erhielt sie von ihrem Gemahl die Erlaubnis, auszugehen und im Ganges zu baden. Sie nahm also die Sachen, die sie für die religiösen Handlungen benötigte, und begab sich, von einer Dienerin begleitet, zum Schiwa-Tempel, um vor das Angesicht Dhurdschatis zu treten. Dabei trug sie ihre Hingabe an Bhawa offen zur Schau.

Auf dem Rückweg vom Träger der Elefantenhaut schlenderte sie durch den Ort. Überaus geschickt ließ sie dabei ihre Reize spielen: Die Ufer ihrer Augenwinkel wogten, und der kleinste Anlass veränderte ihre Gesichtszüge. Zwei Streifen ihres Gewandes hatte sie zurückgeschlagen. Man sah ihr deutlich an, dass sie sehr verwegen war. Ihr Anblick verzauberte selbst gleichgültige Hüttenbewohner, denn sie war so schön wie die Obergottheit der Liebe.

Während sie so dahinschlenderte, erblickte sie auf der Straße einen jungen Mann. Er war gleichsam ein zweiter Liebesgott, der aus Furcht vor dem Donnerkeil des Khanda seinen Bogen hat fallen lassen.

Die Schöne winkte dem Jüngling, der sich in allen Künsten wie kein anderer auskannte, mit den Augen zu und entfachte durch ihre Blicke das Feuer der Liebe, das wie ein Waldbrand wütet. Da er nun darauf brannte, ihre Absicht kennenzulernen, lockte sie ihn so in ihre Nähe.

> Tiere selbst verstehn das Sprechen;
> auf Befehl ziehn Elefant und Pferd.
> Nur der Mensch errät die Wünsche
> aus den Gesten andrer durch Verstand.

> Essen, Schlafen, Fürchten, Lieben
> haben Mensch und Tier gemein.
> Die Erkenntnis ziert den Menschen;
> ohne sie ist er ein Tier.

Er kam also zu ihr und sprach sie an: ,Warum hast du mich herbeigewinkt? Sage mir, was du damit bezweckst!'

Sie antwortete: ,Ich habe Verlangen nach dir. Komm deshalb in meine Wohnung und geh zu meinem Gemahl. Ich werde ihm dann sagen, dass du der Sohn einer Schwester meiner Mutter bist. Und du sagst dasselbe! Auf diese Weise können wir für ein paar Tage das Leben genießen und uns nur mit solchen Dingen beschäftigen, die uns eine Fülle von Genüssen schenken.'

Der Brahmane folgte der Aufforderung und kam in ihre Wohnung. Als er ihren Gemahl Trilotschana erblickte, grüßte er ihn ehrerbietig. Über dieses Benehmen wunderte sich Trilotschana, und er wollte wissen, woher dieser Mann kam, der so vertraut tat.

Da trat Madanawati hinzu und sprach voller Eifer: ,Kennst du ihn noch, oder kennst du ihn nicht mehr? Er ist der Sohn einer Schwester meiner Mutter und heißt Dhawala. Seit mich mein Vater dir gegeben hat, das ist jetzt zwölf Jahre her, ist er nicht zu uns gekommen. Jetzt hat seine Mutter die Augen für immer geschlossen, und er ist hergekommen, um vor dem brennenden Schmerz über ihren Tod in die Nähe eines mitleidigen Herzens zu fliehen.'

So sprach sie und blickte zitternd und weinend auf ihren

Gemahl. Da tröstete er sie mit Worten über die Vergänglichkeit alles Irdischen und wies dem zu Besuch gekommenen Verwandten Dhawala gerade in dem Teil des Hauses einen Platz an, den Madanawati bewohnte.

In der Nacht kam Madanawati und setzte sich auf das Bett des Dhawala. Sie rückte dicht an ihn heran und sagte: ‚Wenn du mit mir die höchste Liebeslust genießen willst, dann kannst du jetzt meine große Erfahrung und Gewandtheit erproben.‘

Er hörte sie an und sagte: ‚Jawohl.‘

Da fuhr Madanawati fort: ‚Ich werde alle Vorsichtsmaßregeln treffen, die unerlässlich sind, wenn man den Gemahl betrügen will. Genieße du mich nur nach Herzenslust!‘ Nach diesen Worten legte sie sich zu ihm.

Dhawala machte aber keinerlei Anstalten, sie zu umarmen, und als sie das bemerkte, fing sie an zu schimpfen: ‚Du bist ja ein Tugendbold! Mit dieser Zurückhaltung willst du mich wohl beleidigen? Dhawala, Paschupatis fanatischster Anhänger bist du.‘

Dhawala sagte: ‚Warum hast du mich hergeholt? Wie komme ich nun hier wieder heraus?‘

Sie entgegnete: ‚Wenn du dich nicht nach meinen Worten richtest, dann werde ich dich eben bestrafen!‘ Nach dieser Ankündigung rief sie mehrmals hintereinander: ‚Ich bin beraubt! Ich bin beraubt!‘, und von ihrem wiederholten Rufen erwachten die anderen Leute im Haus, unter ihnen der Gemahl.

Da fiel Dhawala ihr zu Füßen: ‚Was erschreckst du mich so, Liebste? Rette mich, dann werde ich dir auch deinen Wunsch erfüllen!‘ So sprach er.

Nun, Prabhawati! Wie gab sie ihrem Ausruf einen anderen Sinn?«

Prabhawati begann, darüber nachzudenken, aber als wiederum die Nacht verstrichen war, ohne dass sich in ihrem Bewusstsein die richtige Antwort widerspiegelte, bat sie den Vogel: »Sag du mir, wie sie ihn rettete!«

Der Papagei sprach zu Prabhawati: »Madanawati sagte zu dem Brahmanen: ‚Lass deinen Haarknoten aufgelöst herabhängen, strecke alle Glieder von dir, und stelle dich schlafend.' Dann goss sie die Milchspeise, die sie vorher gekocht hatte, um das Feuer des Liebesgottes anzufachen, in der Stube umher.

Als dann ihr Gemahl mit einer Lampe herbeigelaufen kam und fragte, was denn los sei, da antwortete sie unter Tränen: ,Höre, Herr meines Lebens, aus welchem Grunde ich mehrmals gerufen habe, dass ich beraubt bin. Der grausame Todesgott ist im Begriff, mein Juwel zu zerbrechen!'

Da warf Trilotschana einen Blick auf Dhawala und sagte zu Madanawati: ,Bleibe nur hier und sorge für ihn!'

Darauf antwortete sie: ,Was hat meine Mühe für einen Zweck? Wenn du imstande bist, ihn zu retten, dann rette ihn! Er hat einen Brechdurchfall bekommen. Die ganze Zeit hat er sich übergeben. Jetzt ist er bewusstlos und regt sich nicht.'

Trilotschana sprach: ,Mach dir keine Sorgen! Es war zwar ein sehr schwerer Anfall, aber glücklicherweise ist die verdorbene Speise durch das Erbrechen herausgekommen. Der Brechdurchfall ist nun vorüber. Bleib nur in seiner Nähe, und wenn er wieder einen schweren Anfall bekommt, dann sag es mir!'

Nach diesen Worten entfernte sich Trilotschana, und die beiden wandten sich darauf vergnügt dem Liebesspiele zu.

Also, Prabhawati, wenn du auch so viel Verstand und Energie besitzt und es verstehst, dein Vorhaben so auszuführen, dann, Herrin, gehe!«

ACHTE
ERZÄHLUNG

Wie Kantimati ihrem Liebhaber
einen guten Abgang verschafft,
als ihr Gemahl vorzeitig
zurückkehrt

Abermals fragte Prabhawati voll Eifer den König der Vögel, und dieser gab zur Antwort: »Wenn du dich wie Kantimati aus einer großen Bedrängnis erretten kannst, dann geh an dein Werk!«

Prabhawati bat den König der Vögel, ihr diese Geschichte zu erzählen, und dieser sprach:

»Es gibt eine Stadt, die heißt Prabhapura. Dort lebte ein Töpfer, der Mandabuddhi genannt wurde. Seine Frau Kantimati war ganz versessen auf Liebesabenteuer. Einstmals hielt sie sich zusammen mit ihrem Liebhaber im Hause auf, als ihr Gemahl kam.

Sage nun, Prabhawati, welchen Ausweg sie aus dieser Situation fand.«

Prabhawati überlegte angestrengt, aber es fiel ihr keine Antwort auf diese Frage ein. Deshalb fuhr der Papagei mit der Erzählung fort:

»Als sie sah, dass der Gemahl nach Hause kam, sprach sie zu ihrem Buhlen: ,Steige auf diesen Burbura-Baum, und sage kein Wort. Ich werde schon eine Antwort geben.'

Von Furcht gepackt, rannte dieser los und stieg ohne Kleider auf den Burbura-Baum. Der Töpfer kam heran und sah ihn auf dem Burbura-Baum sitzen. Da rief er ihm zu: ,He, du! Wer bist du?' Aber jener gab keine Antwort.

Da bat ihn Kantimati, reden zu dürfen: ,Seine Feinde waren hinter ihm her und wollten ihn töten. Deshalb floh er voller Furcht und kletterte auf diesen Baum. Sein Schicksal hat ihn gebrechlich gemacht. Er zitterte an Leib und Seele, als er kam. Nun hat er die Sprache verloren und sitzt schon seit Tagesanbruch hier, weil er diesen Platz für sicher hält.'

Als der Töpfer Kantimatis Worte gehört hatte, rief er dem Mann auf dem Baume zu: ,He, du nackter Teufel, komm herunter vom Baum!'

Da stieg der Liebhaber vom Baum herunter. Nachdem der Töpfer ihn besehen hatte, gab er ihm Kleider, tröstete ihn und entließ ihn ohne Eifersucht.

Wenn du so viel Verstand aufbringst, Prabhawati, dann gehe!«

NEUNTE ERZÄHLUNG

Wie der Student Witarka seinen Freund Keschawa, der eine fremde Frau geküsst hat, vor der Bestrafung rettet

Abermals fragte Prabhawati den Vogel, ob sie zu Winaja-kandarpa gehen solle. Er antwortete: »Wenn du so listig bist wie Witarka, dann gehe!«

Darauf fragte Prabhawati den Papagei nach der List des Witarka, und dieser erzählte:

»Es gibt eine Stadt namens Widjapura. Dort gingen Witarka und Keschawa als Studenten in die Brahmanenlehre. Beide waren ausgemachte Schelme.

Im Laufe der Zeit nun begab sich Keschawa einmal zum Teich, um dort seine Abendandacht zu verrichten. Zur gleichen Zeit kam eine Kaufmannsfrau dorthin, um Wasser zu schöpfen. Sie sagte zu Keschawa: ,Fass doch bitte den Krug mit den Händen und hebe ihn mir auf den Kopf!'

Keschawa erfüllte ihre Bitte. Er fasste den Krug mit den Händen und hob ihn ihr auf den Kopf. Dabei sah er, dass sie ein hübsches Gesicht hatte, und da sie ihm den Mund zukehrte, biss er sie in die Unterlippe. Ihr Gemahl, der aus der Ferne zusah, bemerkte diesen Vorgang bis in alle Einzelheiten. Er kam herbei und packte den Keschawa. Eine große Menschenmenge lief zusammen, und man schickte sich an, den Übeltäter zum Palast des Königs zu führen. Als Witarka von diesem Vorfall hörte, kam er schnellen Schrittes zu seinem Freund. Man war gerade dabei, diesen zum Palast des Königs zu schleppen.

Nun, Prabhawati, durch welche List befreite er ihn?«

Prabhawati überlegte hin und her, aber sie konnte es nicht ergründen. Deshalb wandte sie sich an den Papagei, und dieser erhob seine Stimme:

»Als Witarka sah, dass Keschawa festgenommen war, sagte er zu ihm: ,Murmele immer etwas vor dich hin, was so klingt wie küssen! Stoße nur solche Laute hervor, und sage auf keinen Fall etwas anderes! Dabei bewege den Hals bald nach oben und bald nach unten! Ich werde dann auf die Anschuldigung antworten.'

Keschawa richtete sich danach und gab ständig diese Laute von sich. So gelangte er an den Hof des Königs.

Dort begannen die Beamten des Königs, Nachforschungen über ihn anzustellen. ,Was hat er verbrochen?', fragten sie, und die Leute sagten, dass er die Frau eines anderen geküsst habe.

Ein königlicher Beamter fragte Keschawa selbst. Dieser aber fuhr fort, den Hals nach oben und nach unten zu bewegen, wobei er ununterbrochen murmelte: ,Küssen, küssen.' Etwas anderes sagte er nicht.

Da sagte Witarka zu dem königlichen Beamten: ,Herr, dieser Brahmane wird oft von Dämonen heimgesucht. Dann zittert sein Hals, und er gibt immerfort nur diese Laute von sich. Er tut das, weil er besessen ist. Es ist ja weithin bekannt, dass er von einer Besessenheit befallen ist, die sich so äußert!'

Der König überlegte und sprach: ,Wenn er Laute von sich gibt, die eine solche Bedeutung haben, dann kommt bei den Leuten die irrige Meinung auf, er habe sie geküsst. Gebt euch deshalb alle zufrieden.'

Mit diesen Worten entließ er den Kaufmann. Den Keschawa aber sprach er frei und ließ ihn laufen.

Also, Prabhawati, wenn du solche Listen erfinden kannst, dann geh!«

ZEHNTE ERZÄHLUNG

Wie Waidschika die Nacht
mit ihrem Liebhaber verbringt
und ihr Fernbleiben dem
Ehemann verständlich macht

Am anderen Tag bedrängte Prabhawati den Papagei aufs Neue. Er antwortete: »Wenn du eine so hervorragende List erfinden kannst, um den Zorn des Gemahls zu beschwichtigen, wie Waidschika, dann geh und führe dein Vorhaben aus.«

Prabhawati fragte den Gefiederten nach der Geschichte der Waidschika, und dieser sprach:

»Es gibt eine Stadt namens Nandanawatika. Dort lebte ein Radschput, der hieß Karnasingha. Seine Frau Waidschika stand in voller Jugendblüte und trachtete immer nach neuen Liebesabenteuern. Ihr Gemahl aber liebte sie von ganzem Herzen, und sie war ihm wertvoller als sein eigenes Leben.

Eines Tages, als sie gerade dabei war, ihren Gemahl zu salben und ihm Öl auf den Kopf zu gießen, kam ihr Liebhaber an die Tür und bat sie von dort aus mit Zeichen um ein Stelldichein. Da kam diese Unzüchtige die Lust an, zu ihrem Liebhaber zu gehen, und sie sprach zum Gemahl:

‚Alles Wasser im Haus ist heiß, und kaltes Wasser, womit ich das unerträglich heiße erträglich machen könnte, ist nicht da. Das Wasser auf dem Ofen ist vom Feuer erhitzt. Deshalb will ich den Krug nehmen und Wasser zum Mischen holen.‘

Darauf sagte ihr Mann: ‚Geh bitte nicht jetzt am Abend in solcher Dunkelheit. Ich will das Wasser zum Baden nehmen, wie es ist.‘

Obgleich er sie mit solchen Worten zurückzuhalten suchte, nahm sie den Krug und ging weg, um Wasser zu holen, denn der Gemahl muss ja von allen Seiten umsorgt werden, weil er der Inbegriff aller Dinge ist. Sie ging nun zu ihrem Liebhaber und befriedigte lange die Wünsche ihres Herzens, wobei sie die höchste Lust empfand. Bei Tagesanbruch, als die Sonne schon aufging, erhob sie sich und begann zu überlegen, mit welcher List sie den Zorn des Gemahls beschwichtigen könnte.

Nun, Prabhawati, sage du, wie sie den Zorn des Gemahls ablenkte!«

Prabhawati dachte darüber nach, aber sie fand keine Antwort. Da sprach der Papagei:

»Bei Sonnenaufgang, Herrin, setzte sie den Krug deutlich sichtbar am Rande des Wasserloches nieder. Dann beugte sie ihren Oberkörper über das Wasser und ließ sich schwer hinabfallen, hielt sich aber an dem Seil fest, das an der hinabführenden Treppe befestigt war, und blieb so hängen. Als es ganz Tag geworden war, kam ein Kranzwinder in ihre Nähe. Er bemerkte, dass eine Frau an dem Seil der Brunnentreppe hing, und rief laut: ‚Eine junge Frau liegt im Wasserloch!‘ So rief der Kranzwinder.

Da liefen viele Menschen zusammen, und Karnasingha hörte den Lärm der Menge. Er überlegte und sprach zu sich: Wenn das geschehen ist, dann ist bestimmt Waidschika in das Wasserloch gefallen. Daran gibt es gar keinen Zweifel. Deshalb ist sie auch in der Nacht nicht nach Hause gekommen. So sprach er und kam schnellen Schrittes herbei. Als er sah, dass Waidschika in dem Wasserloch lag, zog er sie heraus, und da er sie wiederhatte, schien ihm sein Leben jetzt so wertlos wie Gras.

Also, Prabhawati, wenn du auch einen so klaren Verstand hast, dann gehe!«

ELFTE
ERZÄHLUNG

Wie die untreue Dhanaschri
ihren heimkehrenden Ehemann
zur Dankbarkeit verpflichtet

Abermals fragte Kumudas Tochter den Bewohner der Lüfte, ob sie zu Winajakandarpa gehen solle. Der Papagei erhob seine Stimme und sprach: »Wenn du, Herrin, imstande bist, wie Dhanaschri zu antworten, dann führe dein Vorhaben aus.«

Da sagte Prabhawati zu ihm: »Wie hat jene Frau geantwortet, von der du sprichst? Erzähle mir bitte ihre Geschichte!«

Auf ihre Bitte sagte der Papagei: »Höre du, deren zahlreiche Tugenden selbst beim Zuhören erglänzen! Es gibt eine Stadt, die unter dem Namen Padmawati bekannt ist. Dort lebte in großem Reichtum der Kaufmann Suwescha. Seine Frau hieß Dhanaschri. Sie lebten voller Glück und waren sich innig zugetan. Da ging Suwescha eines Tages über Land, um Geld zu verdienen, Dhanaschri aber blieb zu Hause. Weil ihr die Trennung von ihrem Gemahl Kummer bereitete und ihr Herz durch das unsagbare Leid der verschiedenen Stadien der Liebe gequält wurde, schien ihr ein Augenblick so lang wie ein ganzes Weltalter.

In dieser Zeit fielen die Blicke eines Radschputen mit Namen Dhanapala auf sie. Er verliebte sich in sie, und weil er sich den Wonnen dieser Liebe hingab, durchlebte er alle Stadien der Verliebtheit, die Niedergeschlagenheit und all die anderen, die nun gleichzeitig über ihn hereinbrachen und ihm großen Kummer bereiteten. Weil er nun Tag und Nacht nur noch inbrünstig an sie dachte, begann sein Körper allmählich dahinzuschwinden.

Durch Vermittlung einer Botin gewann er sie für sich und erweckte ihre Liebe. In ihrer lotosfrischen Jugend entsprach sie auch ganz den Wünschen seines Herzens, das beim Zusammentreffen ihrer beiderseitigen Schönheit in immer neuen Leidenschaften erglühte.

Als beide nun einmal zusammen spielten, hielt Dhanaschri, von ihren Gedanken abgelenkt, mitten im Spielen inne. Da schnitt ihr der Liebhaber in einer Anwandlung von Eifersucht mit dem Messer die Haarflechte ab, ging hinaus und entfernte sich. In der Zwischenzeit hatte Suwescha viel Geld verdient und kehrte nun zu seinem Haus zurück.

Nun sag an, Tochter des Kumudakoscha, wie gelang es ihr in einer solchen Situation, wo der Verstand doch zu versagen pflegt, der eigenen Beschämung zu entgehen?«

Obgleich Prabhawati einen scharfen Verstand besaß und obgleich sie die ganze Nacht hindurch über jene Frage nachdachte, fand sie doch keine Lösung. Als sie am Morgen, noch ganz in Gedanken über die schwierige Frage versunken, den Papagei ansprach, da beseitigte er all ihre Zweifel und sagte:

»Wie sie bemerkte, dass ihr Gemahl draußen ankam, rief sie ihm zu: ‚Bleib doch bitte für einen Augenblick dort und ruhe dich ein wenig aus! Ich habe gerade eine Schüssel mit ungeschältem Korn in der Hand. Ich komme, sobald ich mein Gelübde vollständig erfüllt habe.‘

Dann traf sie alle Vorbereitungen für einen ehrenvollen Empfang. Sie zündete Mahala-Lampen an, stellte sie auf eine Schale, legte die Haarflechte darauf und ging hinaus. Als sie ihren Gemahl erblickte, schwenkte sie die Flechte über ihm hin und her. Sie bestreute ihn mit Safranstaub und ungeschältem Korn als Symbolen der Sonne und schüttete ihm davon in die Hand. Als Suwescha Dhanaschri zur Rede stellte, begann sie unter vielfachem Augenrollen zu ihm zu sprechen:

‚Vor zwei Tagen habe ich einen bösen Traum gehabt, der mir andeutete, dass sich dein Körper in die fünf Elemente auflösen sollte. Da zitterten mir vor Aufregung alle Finger, und ich gelobte unserer Hausgottheit feierlich: ›Wenn mein Gemahl gesund vom Lande zurückkommt, werde ich mein Haar abschneiden und über seinem Kopf hin und her schwenken. Dadurch werde ich dir gegenüber mein Gelübde erfüllen, wobei mein Kopf die Strafe davontragen soll.‹

Weil ich es der Gottheit versprochen habe, habe ich meine Haarflechten abgeschnitten, als meine Augen dich erkannten. Jetzt bin ich über alle Maßen glücklich.‘

Da schloss Suwescha sie in die Arme und sprach: ‚Eine so treu ergebene Frau gewinnt man nur, wenn man viele verdienstvolle Taten verrichtet hat. Solange ich dich habe, wird mir von keiner Seite ein Unglück zustoßen.' So sprach er und schmückte sie mit Juwelen.

Also, Prabhawati, wenn du solche Listen anwenden kannst, dann gehe ans Werk!«

ZWÖLFTE ERZÄHLUNG

Wie Anangasena ihrem Schwiegervater zuvorkommt und den Gemahl von ihrer Unschuld überzeugt

Abermals richtete die Frau des Madanasena fragende Blicke auf den Papagei, weil sie sich mit ihrem Liebhaber vergnügen wollte. Der Vogel sprach: »Wenn du einen so klaren Verstand besitzt wie Anangasena, dann denke an das, was dir gefällt!«

Prabhawati fragte den Gefiederten: »Wie war denn die Geschichte der Anangasena? Erzähle sie mir doch!«

Da begann der Vogel, ihr diese Geschichte zu erzählen:

»In einer Stadt namens Malapura lebte ein Kaufmann, der hieß Mahadhana. Sein Sohn war Gunagaurawa und dessen Frau Anangasena. Diese traf sich häufig mit einem Liebhaber.

Alle kannten ihre Schwäche und erzählten ihrem Gemahl von diesem Treiben. Er aber liebte sie so leidenschaftlich, dass er nicht auf das hörte, was ihm die Leute sagten.

Einmal, als sie mit ihrem Liebhaber zusammen die Freuden der Liebe genoss, klapperten die beiden Ringe, die sie an ihren Füßen trug. Tief erschrocken über dieses Geräusch, nahm sie die beiden Ringe ab, legte sie beiseite und stürzte sich wieder in die Wonnen der Liebe. Ihr Schwiegervater sah dieses ausgelassene Treiben, kam heimlich heran, nahm einen Fußring weg und schlich sich davon, wie er gekommen war. Da machte Anangasena sich große Sorgen: Wenn er diesen Vorfall dem Gemahl berichtet, verliere ich mein Ansehen und bin unglücklich. Wie kann ich mich dagegen schützen? Was soll ich tun? So überlegte sie angestrengt.

Nun, Prabhawati, sage mir, welchen Ausweg sie fand.«

Prabhawati dachte angestrengt darüber nach, aber sie fand keinen Ausweg. So ging die Nacht vorüber. Da fragte die Schöne den Geflügelten, und dieser sprach:

»Anangasena ging zu ihrem Gemahl. Sie begann mit ihm das ausgelassene Spiel der Liebe und Zärtlichkeit und stellte ihn völlig zufrieden, denn sie war vertraut mit vielen alten und neuen Künsten. Dann begann sie folgendermaßen: ›Sieh, ich habe dir stets ins Gesicht gesagt, dass du ein schlechter Sohn bist. Nun sind aber bei Tagesausgang die Füße meines Schwiegervaters an mein Bett getreten und haben mir einen Fußring weggenommen. So benimmt sich dein Vater!‹

Als der Gemahl das gehört hatte, sagte er: ‚Wenn er wirklich einen Ring weggenommen hat, dann gib mir den zurückgelassenen. Ich werde dir einen anderen machen lassen. Mein Vater ist nun einmal so. Er sieht keinen gern, dich aber sieht er besonders ungern. Deshalb sei nur still. Du erweckst im Herzen des Alten nur feindselige Gefühle, aber du sollst sehen, ich werde darauf achten, dass er keinen falschen Verdacht mehr auf dich wirft.‘ Mit solchen Worten beruhigte er sie.

Am anderen Morgen aber kam der Vater mit dem Fußring zum Sohn und berichtete ihm alles, was in der Nacht geschehen war.

Gunagaurawa hörte ihn an und sagte dann: ‚Geh! Geh! Du bist gekommen, um mir etwas Schönes zu erzählen! Du hast ihr den Fußring weggenommen, und nun sagen ihr die Leute auch noch schlechten Lebenswandel nach!‘

Weil der Sohn so zu ihm sprach, verstummte der Vater und dachte: Anangasena hat vorher ihren Gemahl unterrichtet. Darauf verlässt er sich und hält die Worte seines Vaters deshalb für unwahr.

Also, Prabhawati, wenn du auch so gewandt im Denken bist, dann viel Glück!«

DREIZEHNTE ERZÄHLUNG

Wie Mugdhika nach außerhalb
verbrachter Liebesnacht
in das verschlossene Haus
hineinkommt

Da redete die Tochter des Kumuda abermals den Vogel an, und dieser sprach: »Wenn du, Herrin, so umsichtig zu handeln weißt wie Mugdhika, dann Herrin, gehe!«

Auf Prabhawatis Frage hin erhob der herrliche Vogel seine Stimme und erzählte die folgende Geschichte:

»In einer Stadt namens Madanapura lebte ein Kaufmann, der hieß Dschanawallabha. Seine Frau Mugdhika verkehrte ständig mit fremden Männern. Für ihren Gemahl hatte sie keine Spur von Liebe übrig. Sie schätzte ihn gering und zeigte ihm deshalb unaufhörlich ihre Verachtung.

Da beschwerte sich Dschanawallabha bei seinem Schwiegervater und anderen Verwandten seiner Frau über ihr Verhalten: ‚Nichts tut sie, um mich zu erfreuen. Jede Nacht treibt sie sich draußen herum, so dass ich allein im Hause schlafen muss.‘

Als Mugdhika das hörte, da brach es aus ihr hervor: ‚Dieser gemeine Kerl ist es, der nicht an seinem Platz ist. Ich bin immer allein, während er es draußen vor der Tür mit irgendeinem Frauenzimmer aus der Stadt treibt!‘

Da trafen die Verwandten für beide die Anordnung: ‚Wer von euch beiden heute Nacht allein ist, der sagt die Wahrheit. Wer sich aber draußen herumtreibt, der ist der Lügner.‘

Nachdem diese Vereinbarung getroffen war, gingen beide nach Hause. Sie aßen ihr Abendbrot und legten sich schlafen.

Als die lotosäugige Mugdhika bemerkte, dass ihr Gemahl Dschanawallabha fest eingeschlafen war und regungslos dalag wie ein Baum, da schien ihr eine günstige Gelegenheit für das eigene Glück gekommen. Ihre guten Vorsätze waren im Schlafe dahingeschwunden. Sie erhob sich und verließ das Haus.

Bald darauf erwachte auch Dschanawallabha. Er suchte die Gefährtin auf ihrem Lager, aber sie war nicht da. Sie ist unverbesserlich, dachte er, stand auf und schloss die Tür.

Als Mugdhika nun all ihre Wünsche befriedigt hatte und zurückkehrte, war die Tür verschlossen.

Nun sage bitte, Prabhawati, welche List sie da gebrauchte.«

Obgleich Prabhawati sich viel Mühe gab, diese Frage zu

beantworten, konnte sie die List nicht finden. Nach so verbrachter Nacht fragte sie den Papagei, und dieser sprach:

»Hör zu, du Aufmerksame! Als Mugdhika bemerkte, dass er die Tür verriegelt hatte, kauerte sie sich vor der Schwelle nieder und begann so vor sich hin zu reden, dass es Dschanawallabha hören konnte: ‚Was habe ich da angestellt! Mein Leben ist nun nichts mehr wert! Trotz der Vereinbarung bin ich ausgegangen. Nicht wenig verlegen und beschämt werde ich morgen früh vor meinem Vater und meinen Brüdern stehen. Wie kann ich dieses Leben jetzt am besten von mir werfen? Oder soll ich es vielleicht nicht tun?‘

In ihrem Zweifel sprach sie folgende Strophe:

> ‚Besser ist es wohl zu sterben,
> als die Ehre zu verlieren.
> Augenblicklich schmerzt der Tod nur,
> Ehrverlust schmerzt alle Tage.

Danach will ich jetzt handeln!‘

Diesen Entschluss fasste sie vor den Ohren ihres Gemahls und mit den Worten: ‚Ich werde mich in den Brunnen hier am Hause stürzen‘, ging sie dorthin, als sei sie fest entschlossen, ihre Worte in die Tat umzusetzen. Sie ergriff einen Stein, der oben am Brunnenrand lag, und warf ihn hinab. Sie selbst aber trat beiseite und versteckte sich hinter dem Türpfosten. Der Stein fiel mit lautem Klatschen ins Wasser.

Dschanawallabha erschrak bei diesem Geräusch sehr. Zitternd und in großer Hast verließ er sein Lager und öffnete die Tür. Er ging hinaus und begab sich zum Brunnen, legte sein Ohr daran und lauschte, um recht deutlich ein Geräusch von seiner Frau zu vernehmen, die dort hinabgestürzt war.

Bei dieser Gelegenheit schlüpfte Mugdhika ins Haus und verriegelte die Tür. Sie war wirklich eine Schutzgöttin für untreue Frauen. Ihre Klugheit loderte wie Feuer, und ihr Verstand offenbarte sich in der Anwendung betrügerischer List.

Als Dschanawallabha im Brunnen nichts hörte, kehrte er

zurück. Wie er aber in das Haus hineingehen wollte, bemerkte er, dass die Tür verriegelt war.

Da wurde ihm klar, dass Mugdhika ihn überlistet hatte, und, vor der Tür stehend, sprach er zu seiner Frau: ‚Ich verzeihe dir und bin von ganzem Herzen über deine Gewandtheit erfreut.‘

Als Mugdhika das hörte, öffnete sie die Tür, und beide fielen sich voller Leidenschaft in die Arme.

Also, Prabhawati, wenn du auch so listig sein kannst, dann denke an die Erfüllung deines Wunsches.«

VIERZEHNTE ERZÄHLUNG

Wie der Brahmane Gunadhja
sich ein angenehmes Nachtlager
verschafft und die betrogene
Kupplerin zwingt, ihn ungestraft
laufen zu lassen

Abermals fragte Prabhawati den Vogel, und dieser sprach zu ihr: »Wenn du eine schwierige Situation so wie der Brahmane Gunadhja meistern kannst, dann gehe an dein Werk!«

»Ezähle mir doch diese Geschichte!«, bat Prabhawati, und der Vogel sprach:

»In einer Stadt namens Wischalapura lebte ein Brahmane, der hieß Gunadhja. Dieser zog in die Fremde, um Geld zu verdienen, und gelangte auf seinem Wege in eine Stadt. Hier machte er halt und dachte darüber nach, was er als Brahmane hier anfangen sollte, aber er fand keine Beschäftigung. Als er nun an einer Rinderhürde vorbeikam und, weil er nichts anderes zu tun hatte, seinen Gedanken nachhing, erblickte er in der Hürde einen mächtigen Stier, dessen Halswamme weit herabhing und dessen Sehnen vom Alter schon schlaff geworden waren.

In der Folgezeit besuchte Gunadhja den Stier Tag für Tag. Er rieb ihm mit einem Stück trockenen Dünger den Leib und gab ihm Gras, Korn und andere Dinge zu fressen. Durch diesen täglichen Umgang gewöhnte er den Stier an sich. Jeden Tag ging er hin und band ihn an einen Strick. Wohin er auch ging, der Stier folgte ihm und zeigte seine Wildheit durch drohend gesenkte Hörner.

Eines Tages legte Gunadhja dem Stier einen Sattel auf. Er stieg auf und ritt am Abend zum Haus einer Hetäre. Deren Kupplerin redete er mit folgenden Worten an:

,Ich bin Kaufmann. Meine mit Waren beladenen Stiere folgen mir nach und werden morgen früh eintreffen. Ich bin schon vorausgeritten, um Geschäfte zu erledigen, und soeben hier angekommen. Wenn man zu spät an den vorgesehenen Rastplatz kommt, dann bietet der Tag nicht mehr genügend Zeit zum Ausruhen. Bereitet mir deshalb heute hier eine bequeme Unterkunft. Ich zahle jeden Preis, den ihr fordert.'

Auf diese Worte antwortete die Kupplerin: ,Warum sprichst du so, Herr, wie es nur gewöhnlichen Menschen angemessen ist. Du gleichst ja einem Bewohner der anderen Welt. Dieses Haus steht ganz zu deiner Verfügung. Hier kannst du mit Vergnügen absteigen und wohnen. Der Tag, an dem Leute wie du ankommen, ist ein Glückstag, die anderen sind Unglückstage. Ebenso ist meine Tochter als Hetäre ein Glück für die Reisenden. Sie ist nie so erschöpft, dass sie etwa sagt: ›Nimm ein glänzendes Otterköpfchen und lass mich einmal Wasser trinken!‹

Da sprach der vermeintliche Kaufmann weiter: ‚Dieser Stier hier ist sehr wertvoll für mich. Er könnte zu weit weggehen. Da es aber nicht schicklich ist, ihn an der Tür festzumachen, soll er im Stall angebunden werden.‘

Mit diesen Worten trat er ins Haus. Er wurde massiert, gebadet und mit aller Sorgfalt behandelt. In der Nacht war er mit der Hetäre zusammen, als aber der Morgen herankam, erhob er sich, raubte den Schmuck des Mädchens und lief davon. Den Stier aber ließ er zurück.

Bei Tagesanbruch ging eine Dienerin hinaus. Sie erblickte draußen den Stier, den der Brahmane aus dem Stall geholt und dort angebunden hatte. Nachdem sie diesen alten brüllenden Höckerträger betrachtet hatte, dessen Wamme bis auf die Erde herabhing, sagte sie zu der Kupplerin: ‚Wem gehört denn dieser Stier, der da draußen angebunden ist?‘

Als die Kupplerin sie so reden hörte, erhob sie sich eilig und sah sich den Stier näher an. Darauf sagte sie: ‚Sieh nach, ob der Mann, der gestern Abend angekommen ist, noch im Hause weilt.‘

Als die Dienerin nachsah, bemerkte sie, dass er mit den Schmucksachen davongegangen war. Da sagte sich die Kupplerin: Wenn ich erzähle, wie wir geprellt worden sind, werden uns alle anderen Hetären verspotten und verlachen. Und nach diesen Überlegungen verhielt sie sich ruhig.

Viele Tage später sah die Kupplerin den Gunadhja. Sie packte ihn mit den Worten: ‚Das ist er, der mir alle meine Wertsachen geraubt hat!‘ und schickte sich an, ihn zum Palast des Königs zu bringen.

Nun, Prabhawati, sage du mir bitte, welche List er gebrauchte, als er in eine so schwierige Lage geriet.«

Obgleich Prabhawati sehr gewandt im Überlegen war, fehlte ihr doch die nötige Erkenntnis. Deshalb fragte sie bei Tagesanbruch den vom Schlafe erwachten Vogelfürsten, und der Papagei begann erneut, seine Worte strömen zu lassen:

»Als die Kupplerin den Gunadhja gepackt hatte und sich anschickte, ihn zum Palast des Königs zu bringen, fing er an, immerfort fremdartige Wörter zu stammeln. Wie sie diese Reden vernahm, die darauf hindeuteten, dass Gunadhja von Geburt ein Tschandala war, bekam sie plötzlich große Angst. Wenn der König erfährt, dass sich dieser Mann eine Nacht mit meiner Tochter vergnügt hat, wird er uns bestrafen, überlegte sie. Deshalb ließ sie ihn los und rief: ,Mach dich fort!'

Gunadhja antwortete: ,Mein schnell schreitender Stier ist noch bei euch. Wenn ihr den nicht herausgebt, werde ich dich sogleich beim König anzeigen und bestrafen lassen. ›Ihre Tochter hat mit einem Matanga geschlafen‹, werde ich sagen und davongehen.

Die Kupplerin, die ihn bereits losgelassen hatte, gab ihm nun noch eine Entschädigung und ließ ihn laufen.

Also, Prabhawati, wenn du in gleicher Weise mit Hilfe deines Verstandes eine schwierige Situation meistern kannst, dann gehe ans Werk!«

FÜNFZEHNTE ERZÄHLUNG

Wie ein Senfdieb
der drohenden Bestrafung
entgeht

Weil Prabhawati nun endlich in jene Wohnung gehen wollte, bat sie den besten unter den Vögeln abermals um eine Antwort.

Er sprach: »Wenn du, Herrin, eine Verlegenheit überwinden kannst wie der Senfdieb, dann gehe!«

Da fragte Prabhawati den Papagei, und dieser ließ sie die Geschichte des Senfdiebs hören:

»Lausche dem Fluss meiner Rede, die deinen Ohren schmeichelt! In der Stadt Pratischthana lebte ein Dieb. Er hatte sein ganzes Geld im Spiel verloren. Deshalb brach er des Nachts im Haus eines Kaufmanns ein, indem er ein Loch in die Wand schlug. Zunächst konnte er im Innern des Hauses gar nichts ausfindig machen, dann aber entdeckte er ein Gefäß mit Senfkörnern. Die nahm er an sich, band sie in ein Tuch und kroch wieder hinaus. Inzwischen hatten Soldaten des Königs den Einbruch bemerkt. Sie nahmen den Dieb fest, banden ihm das Tuch mit dem Senf, das er selbst zusammengeknotet hatte, um den Hals und führten ihn zum König.

Der König aber sprach zu den Soldaten: ,Führt ihn ab, richtet ihn hin!' So lautete sein Befehl.

Nun, Prabhawati, überlege auch du und lass mich wissen, mit welcher List jener sein Leben gerettet hat!«

Prabhawati überlegte hin und her, aber sie wusste die Frage nicht zu beantworten. Als sie bemerkte, dass es Morgen geworden war, befragte sie den Herrlichsten unter den Vögeln. Dieser aber sprach:

»Hör zu, Prabhawati! Der König gab also den Befehl, jenen zur Hinrichtung zu führen. Da sagte der schmutzige Dieb zum Beherrscher des Landes: ,Ihr könnt mich nicht töten, und wenn Ihr auch hunderterlei Mittel anwendet. Ihr könnt machen, was Ihr wollt, um mich zu töten, ich sterbe doch nicht.'

Da begann der König sich zu wundern und fragte ihn: ,Aus welchem Grund kannst du nicht sterben?'

Er antwortete: ,Kluge Leute binden den Kindern durch Zaubersprüche geweihte Senfkörner als Amulett um den Hals. Dadurch werden alle schädigenden Einflüsse von Hexen, Geistern, Gespenstern und Dämonen abgewendet, und kein Leid kann sie treffen. An meinem Hals befindet sich nun sogar eine große Last Senfkörner. Wie könnte man mich da in den Tod schicken? Sagt mir das!'

Als der Landesherr diese Worte gehört hatte, sprach er: ,Lasst ihn laufen!'

Also, Tochter des Kumuda, wenn du auch eine List zu finden weißt, dann führe dein herrliches Vorhaben aus.«

SECHZEHNTE ERZÄHLUNG

Wie Schantikadewi ihren mit einer Liebhaberin ertappten Gemahl vor der Bestrafung durch den König bewahrt

Darauf sprach Prabhawati, die nach einem Stelldichein mit ihrem Liebhaber verlangte, den Vogel mit anmutigen Worten an. Auf ihre Frage antwortete der Papagei: »Schantikadewi befreite mit außerordentlicher Klugheit ihren Gemahl aus einer sehr gefährlichen Lage. Wenn du auch so klug handeln kannst, dann gehe!« So sprach er zu ihr.

Prabhawati wollte diese Geschichte gern hören. Sie fragte den Papagei, und dieser erzählte ihr:

»In der großen Stadt Karabha lebte ein sehr angesehener Kaufmann namens Gunagaurawa. Seine Ehefrau hieß Schantikadewi. Dieser Gunagaurawa betete Tag für Tag mit frommem Sinn zu einer Jakschini, deren Tempel außerhalb der Stadt lag.

Als er einstmals in der Nacht ausging, um im Tempel der Jakschini seine Andacht zu verrichten, folgte ihm ein liederliches Frauenzimmer, und im Tempel trafen die beiden zusammen. Da bestürmte er sie heftig, sich ihm hinzugeben, und sie blieben auch beide im Tempel.

Inzwischen kamen Wächter mit Laternen herbei, um in den Tempel hineinzusehen und festzustellen, ob auch keine Diebe oder ähnliches Gesindel sich drinnen aufhielten. Da erblickten sie die beiden im Gotteshaus.

Der oberste Nachtwächter erfüllte gewissenhaft seine Amtspflicht. Er sprach: ,Morgen früh werde ich diese beiden dem König vorführen', und stellte rings um das Gotteshaus Wächter auf, damit sie nicht herauskonnten.

Da hörte auch Schantikadewi von dieser Geschichte.

Nun, Prabhawati, durch welche List befreite sie ihren Gemahl?«

Prabhawati dachte immer wieder mit großem Eifer über diese Frage nach, aber sie konnte keine List ersinnen. Beim Morgengrauen redete die Schlanke den Papagei an, und dieser offenbarte ihr, was der Verstand der Schantikadewi hervorgebracht hatte.

»Prabhawati, als Schantikadewi erfuhr, dass ihr eigener Gemahl, während er sich im Gotteshaus aufhielt, von den Soldaten des Königs dort im Tempel gefangen gehalten wurde, bereitete sie ein vorzügliches Mahl, ließ Trommeln vor sich her erklingen und kam mit den zahlreichen gekochten Speisen und vielerlei Dingen, die man zum Gottesdienst benötigt, zum Tempel der Jakschini.

Da erblickte sie die Soldaten, die an der Tür als Wache aufgestellt waren und niemandem den Zutritt gestatteten. Sie ging direkt auf sie zu und sagte zu den Wächtern: ‚Wenn ich meine Andacht nicht abhalte und die höchste Herrin nicht ehre, dann kann ich das Fasten nicht brechen. Heute sollt ihr in unserem Hause essen. Bedient euch inzwischen mit Betel!‘

Bei diesen Worten ließ sie ein Armband aus ihrer Hand in die Hand der Wächter gleiten. ‚Ich will nun allein hineingehen, die Gottheit mit besonderer Andacht verehren und nach Einlösung meines Gelübdes zurückkommen und weggehen.‘

So sprach sie und ging in den Tempel hinein. Dort angekommen, gab sie dem Frauenzimmer ihre Kleider, ihre Schmucksachen und alles, was sie an sich trug, und ließ sie in dieser Verkleidung hinausgehen, sie selbst aber blieb drinnen.

Am anderen Morgen meldeten die Wächter dem König das Vorgefallene: ‚Majestät, ein Kaufmann namens Gunagaurawa ist in Gesellschaft einer fremden Frau draußen im Göttertempel ertappt und festgehalten worden. Majestät, Ihr mögt Eure Leute aussenden, damit sie ihn betrachten. Danach muss er die Strafe erhalten, die für ein solches Vergehen vorgesehen ist.‘

Da schickte der König nach den Angaben der Wächter seine Leute aus, um der Sache nachzugehen. Sie kamen zum Tempel und erblickten Gunagaurawa in Gesellschaft seiner Frau.

Als der König ihren Bericht hörte und vernahm, dass Gunagaurawa in Gesellschaft seiner eigenen Frau im Tempel weilte, war er sehr zornig auf die Wächter und ließ sie in Fesseln legen. Gunagaurawa aber und seine Frau ließ er frei.

Also, Prabhavati, wenn du bei Eintritt einer gefährlichen Lage diese hervorragende List nachahmen und ebenso handeln kannst, dann gehe deinem Wunsch nach.«

SIEBZEHNTE ERZÄHLUNG

Wie Kelika ihren Liebhaber trifft
und ihrem Gemahl einredet,
dass sie sich um sein Wohlergehen
bemüht

Nun fragte Prabhawati abermals den Vogel. Der Papagei antwortete: »Wenn du, Herrin, wie Kelika eine Notlage überwinden kannst, dann gehe, den Liebsten zu besuchen.«

Durch diese Worte des Vogels wurde Prabhawati neugierig und fragte ihn nach der Geschichte. Der Papagei antwortete: »Hör zu, du Spenderin der Freuden für Madanasenas Herz! In einem Dorf am Ufer der Bhimarathi lebte ein Bauer namens Sapula. Seine Ehefrau hieß Kelika. Am gegenuberliegenden Ufer befand sich ein Standbild des Schiwa, das stets alles gewährte, was man erbat. Mit einem seiner Anbeter vergnügte sie sich nach Herzenslust.

So ging sie eines Tages am Nachmittag zum Fluss, um in einem Krug Wasser zu holen. Wie sie gerade Wasser schöpfte, erblickte sie ihren Liebhaber, den Verehrer des Siddheschwara. Bei der Rückkehr von diesem begegnete sie ihrem Gemahl.

Nun, Prabhawati, denke darüber nach, welche List sie da gebrauchte.«

Obgleich Prabhawati nun alle Kraft auf die Beantwortung dieser Frage richtete, entdeckte sie doch keine passende List. Die Nacht ging vorüber. Da wandte sie sich an den Papagei, damit er die Frage beantworte, und aufmerksam lauschte sie seinen Worten:

»Weil ihr Gemahl gesehen hatte, dass sie vom anderen Ufer gekommen war, setzte sie eilig den mit Wasser gefüllten Krug im Hause ab, traf mit ihrer Nachbarin eine Verabredung, bereitete ihrer Schutzgöttin ein Bad, vollbrachte die sechzehnfache Verehrung, die mit der Andacht beginnt, und fing dann an zu beten: ‚Göttin! Weil ich dich darum gebeten habe, hast du mir ein Mittel genannt, durch das ich den Tod meines Gemahls abwenden kann. Du hast gesagt, ich soll den Schiwa am anderen Ufer anbeten und für den Gott Gachsukas sprengen. Nachdem ich deinen Befehl befolgt habe, bin ich jetzt zu dir zurückgekommen. Ist meine Bitte nun vollständig erfüllt oder nicht?‘

So sprach sie, und ihre Nachbarin antwortete anstelle der Göttin: ‚Deine Bitte ist vollständig erfüllt. Weil du dein schweres Gelübde mit großer Aufmerksamkeit erfüllt hast, hast du alles, was du erbeten, ohne Einschränkung erlangt. Das Leben deines Gemahls gedeiht. Allerdings darfst du die Anbetung des Gottes Siddheschwara nie vergessen.'

Kelikas Gemahl hörte das Gespräch der beiden und dachte bei sich: So ist das arme Wesen damit beschäftigt, mir ein günstiges Geschick zu verschaffen.

Er ehrte und erfreute sie durch überschwängliches Lob und Geschenke.

Also, Prabhawati, wenn auch du so geistesgegenwärtig sein kannst, dann denke an die Erfüllung deines Wunsches.«

ACHTZEHNTE ERZÄHLUNG

Wie Mandodari sich aus
der Falle befreit, in die sie
von ihrer ungetreuen Freundin
gelockt wird

Abermals sprach Prabhawati den Vogel an, weil sie zu Winajakandarpa gehen wollte, und dieser sprach:

»Wenn du, Herrin, imstande bist, deinen Geist bei der Umdeutung einer Antwort leuchten zu lassen wie Mandodari, dann geh deinen Weg!«

Da fragte Prabhawati, die diese Geschichte erfahren wollte, den Papagei, und der Vogel begann sie ihr mitzuteilen:

»Herrin, in der Stadt Pratischthana lebte ein junger Kaufmann namens Jaschodhana. Seine Tochter hieß Mandodari. Jaschodhana liebte sie mehr als sein eigenes Leben. Deshalb wählte er für sie einen Schwiegersohn aus. Mit ihrem Gemahl genoss Mandodari zu Hause unaufhörlich das große Glück der Liebe.

Nun hatte Mandodari eine Freundin namens Makarandadanschtra, die am königlichen Hof verkehrte. Sie vermittelte der Mandodari Zusammenkünfte mit einem Sohn des Königs. Nach einiger Zeit wurde sie von diesem Königssohn schwanger. Da stellten sich die Schwangerschaftsgelüste ein, und sie bekam großen Appetit auf den Genuss von Pfauenfleisch. Als nun eines Tages der zahme Pfau des Königs daherkam, tötete sie ihn unbeobachtet an einer entlegenen Stelle, kochte sein Fleisch und aß es auf. In ihrer Vertrauensseligkeit sprach sie später einmal in Gegenwart ihrer Freundin Makarandadanschtra darüber: ‚Wegen meiner Schwangerschaft hatte ich großes Verlangen nach dem Genuss von Pfauenfleisch. Deshalb habe ich den zahmen Pfau des Königs getötet, um meine Gelüste zu befriedigen.‘ Das erzählte sie aus einem Gefühl der Zuneigung.

Zu dieser Zeit war der zahme Pfau des Königs nicht mehr aufzufinden. Er schien sich irgendwohin verlaufen zu haben. Der König ließ die Fahne aufziehen und durch Ausruf nachforschen, wer den zahmen Pfau gesehen habe. Da holte Makarandadanschtra die Fahne nieder. Als die Leute des Königs sie fragten, antwortete sie: ‚Die Tochter des Kaufmanns Jaschodhana hat den Pfau getötet. Wenn ihr mir einen zuverlässigen Mann mitgebt, dann werde ich euch durch Worte aus ihrem eigenen Mund davon überzeugen.‘

Nach diesen Worten versteckte sie einen Mann in einer Kiste, ließ diese von einem Träger auf den Kopf nehmen und begab sich damit zu Mandodari. Dort angekommen, ließ sie die Kiste absetzen und sprach zu Mandodari: ‚Du giltst mir mehr als mein eigenes Leben. Du bist die Einzige, mit der ich verkehre. Deshalb will ich meinen ganzen Vorrat an Kleidern, Schmuckstücken und was ich sonst noch besitze, in deine Hände legen.' Mit diesen Worten setzte sie sich nieder und fuhr fort: ‚Mandodari, erzähle mir doch bitte noch einmal die Geschichte von dem Pfau des Königs. Wie hast du ihn denn getötet? Hat dir sein Fleisch gut geschmeckt? Es hat dir doch beim Essen Wohlbehagen bereitet? Ich möchte das gern hören. Zögere nicht und erzähle mir alles ganz genau!'

Mandodari erfüllte ihre Bitte und begann den Vorfall zu berichten. Am Ende der Erzählung räusperte sich Makarandadanschtra und klopfte ganz langsam mit der flachen Hand auf die Kiste.

Als Mandodari bemerkte, wie sich Makarandadanschtra verhielt, bekam sie Angst: Makarandadanschtra klopft immerfort mit der flachen Hand auf die Kiste. Sicherlich hat sie aus Geldgier die Treue gebrochen. Die riesengroße Schurkin ist mit einem Mann des Königs in der Kiste zu mir gekommen. Was mache ich nun? Ich habe doch die ganze Sache mit dem Pfau vor dieser hinterlistigen Frau ohne Bedenken erzählt. So dachte Mandodari und bekam große Angst.

Nun, Prabhawati, was für eine List gebrauchte sie, als sie sich in dieser mißlichen Lage befand?«

Prabhawati ging den Worten des Papageis nach. Die ganze Nacht verbrachte sie damit, über die List nachzudenken. Bei Tagesanbruch fragte sie den Vogel, der inzwischen aufgewacht war, und er sprach:

»Hör zu, Prabhawati! Da unterbrach Mandodari ihren Bericht an die ungetreue Freundin, und als Makarandadanschtra sie mit der Frage bestürmte, was weiter geschehen sei, antwortete sie: ‚Inzwischen kam der Morgen heran, und die Sonne ging auf. Deshalb sage mir, Makarandadanschtra, was dieser

Traum zu bedeuten hat. Du weißt, ob er ein gutes oder ein schlechtes Omen ist. Aus diesem Grunde habe ich ihn dir erzählt.'

Als der Minister, der im Innern der Kiste verborgen war, das hörte, entfernte er sich. Er ging und meldete dem König: ,Mandodari hat der Makarandadanschtra einen Traum erzählt. Diese aber hat behauptet, dass Mandodari den Pfau getötet habe.'

Als der König das hörte, zürnte er der Makarandadanschtra.

Also, Prabhawati, wenn du so geschickt zu täuschen verstehst, dann führe dein Vorhaben aus.«

NEUNZEHNTE ERZÄHLUNG

Wie der Dieb Matitschakora
der Hinrichtung entgeht

Nun richtete Prabhawati ihre Frage an den Papagei, und dieser antwortete: »Herrin, der Dieb Matitschakora wusste seinen Untergang abzuwenden. Wenn du ebenso klug handeln kannst, dann gehe!«

Prabhawati erhob ihre Stimme: »Erzähle mir bitte die Geschichte von Matitschakora!«

Der Vogel begann ihr nach dieser Aufforderung die Geschichte vorzutragen.

»Pass auf, Prabhawati! Im Lande Gurdschara liegt eine Stadt Bhrigukschetra. Dort lebte ein Brahmane, der sehr einfältig und völlig vom Glück verlassen war. Er fing an, sich dem Spiel zu ergeben, und allmählich wurde er zum Dieb.

Als bei einem Einbruch ein Teil der Wand, die er durchbrochen hatte, einfiel, ergriff man ihn und schleppte ihn als Dieb zum König. Der gab den Befehl: ‚Bestraft ihn so, wie es ein Dieb verdient.

Es heißt ja doch:

> Der Dieb wird durch Enthaupten bestraft,
> der Weise durch Nichtbeachtung,
> die Frau, wenn sie allein schlafen muss,
> der Freund hingegen durch Schweigen.‘

So sprach der König und ließ ihn zur Hinrichtung führen.

Nun, sag an, Prabhawati, welche List wendete Matitschakora an, als er in diese heikle Lage geraten war?«

Prabhawati fand es nicht heraus, obgleich sie ihren ganzen Verstand zu Hilfe nahm. Deshalb redete sie den Vogel an, und dieser vertrieb darauf mit seinen Worten ihre Ungewissheit:

»Hör zu, Prabhawati! Da meldete der Dieb dem König: ‚Majestät, ich möchte noch ein Wort sagen. Ich besitze ein wunderbares Wissen, das dem Stein der Weisen gleicht. Darum will ich voraussagen, was in der Zukunft geschehen wird.‘

Der König forderte ihn zum Reden auf, und der Dieb sprach: ‚Majestät, Ihr sollt es ganz ohne Mühe und nur durch einen kurzen Seitenblick der Vernunft erfahren. In einer einzigen

Nachtwache wird die ganze Welt verändert sein, und es wird grauenhafte Finsternis herrschen. Wenn Ihr ein so ungeheuer großes Leid für die Welt verhüten wollt, so handelt entsprechend, sonst ist alles verloren! Das sehe ich.'

Da ließ der König seine Stimme erschallen: ,Sage mir, wie dieses Leid zu verhüten ist!'

Der Dieb vernahm den Befehl des Königs und sprach: ,Gebt mir Euer Wort, dass Ihr selbst dieses Leid abwenden wollt! Dann werde ich reden.'

Der König gab ihm sein Wort, und der Dieb nannte ihm den Ausweg: ,Wisset also, Ihr müsst mich am Leben lassen, um dieses Leid abzuwenden.'

Der König sprach: ,Was bedeutet dann aber deine Behauptung, dass sich die Welt verändern werde?'

Der Dieb antwortete: ,Hört zu, großer König! Wenn das eigene Ich dahin ist, dann ist auch die ganze Schöpfung dahin. Wenn ich tot bin, ist auch die ganze Schöpfung verändert. Was habe ich für einen Nutzen, wenn mich die anderen nicht mehr kennen?'

Da lachte der König über seine Worte und ließ ihn laufen.

Also, Prabhawati, wenn du auch so gewandt auftreten kannst, dann gehe.«

ZWANZIGSTE ERZÄHLUNG

Wie Manohara statt Weizen
Kuhmist nach Hause bringt
und ihre Schwiegermutter
besänftigt

Abermals redete Prabhawati den Papagei an, und dieser sprach: »Wenn du ebenso zu antworten weißt wie Manohara, die den Zorn ihrer Schwiegermutter besänftigte, dann gehe!«

Durch diese Worte wurde Prabhawati neugierig, die Geschichte von Manohara zu hören. Sie fragte den Vogel danach, und er erhob auf ihre Bitte seine Stimme:

»In einer Stadt namens Elola lebte ein Juwelier mit Namen Waijaladewa. Seine Frau hieß Manohara. Sie hatte blendend weiße Zähne und fiel durch ihre ungewöhnliche makellose Schönheit auf. Selbst im Palaste des Königs gab es keine, die ihr gleich gewesen wäre.

Obgleich sie überaus treu war und keine sie an Schönheit übertraf, war ihr Gemahl mit seiner Frau nicht zufrieden. Deshalb begann sie ein unzüchtiges Leben zu führen.

Eines Tages gab ihr die Schwiegermutter Geld und schickte sie um die Mittagszeit auf den Markt, Weizen einzukaufen. Sie nahm eine feste Bambusschüssel, ging zu den Ständen der Kaufleute und gab das Geld einem Kaufmann.

Als der Kaufmann gerade dabei war, den Weizen in die Bambusschüssel zu schütten, winkte ihr Liebhaber ihr mit den Augen zu. Er bat sie um ein Stelldichein und forderte sie auf mitzukommen. Sie begab sich auch an den von ihm bestimmten Ort. Vorher sagte sie zu dem Kaufmann: ,Wenn du den Weizen da in diese Bambusschüssel geschüttet hast, dann lass ihn hier stehen!'

Der Kaufmann durchschaute ihre Absicht. Er füllte die Bambusschüssel mit getrockneten Kuhfladen und deckte ein Stück Stoff darüber.

Nachdem Manohara mit ihrem Liebhaber gebuhlt hatte, sprach sie, noch ganz erfüllt von den Wogen höchster Lust, hastig zu dem Kaufmann: ,Gib mir meine Bambusschüssel!'

Der Kaufmann hob ihr die Bambusschüssel auf den Kopf, und ohne nachzusehen, ging Manohara damit nach Hause. Im Hof setzte sie die Schüssel ab. Die Schwiegermutter sagte zu ihr: ,Zeige mir, wie der Weizen ist! Bring ihn her!'

So sprach die Schwiegermutter zu Manohara. Sie kam herbei, um den Weizen zu betrachten, und als sie die Schüssel aufdeckte, sah sie, dass diese mit trockenen Kuhfladen gefüllt war.

Nun sag an, Herrin Prabhawati, was für eine Antwort sie bei dieser Gelegenheit gab.«

Obgleich Prabhawati einen sehr klaren Verstand besaß, durch den sie zu höchsten Erkenntnissen gelangte, konnte sie doch die Antwort nicht erraten. Da forderte sie den Papagei auf, das Rätsel zu lösen, und dieser sprach:

»Hör zu, Prabhawati! Die Schwiegermutter fragte sie: ‚He! Schwiegertochter Manohara! Was soll der Kuhmist hier?‘

Auf diese Frage gab Manohara zur Antwort: ‚Mutter, ich kam vorhin zu den Ständen der Kaufleute. Es gab da schönen, glänzenden Weizen. Aus einer Grube, die sich in einem Kuhstall befand, holte man aber noch besseren Weizen. Man führte mich hin, damit ich dort Weizen kaufe. Da glitt ich aus, weil der Weg wegen der Kühe schlecht zu gehen war, und fiel zu Boden. Auch das Geld, das ich in der Hand hatte, fiel zur Erde. Obgleich ich suchte, fand ich das Geld nicht. Ich nahm deshalb die auf dem Boden liegenden trockenen Kuhfladen. Wenn ich den Mist in eine Getreideschwinge geschüttet habe, werde ich gehen und das Geld suchen.‘

Also, Prabhawati, wenn du ebenso zu antworten weißt, dann geh an dein Werk.«

EINUND-
ZWANZIGSTE
ERZÄHLUNG

Wie Malati sich aus einer großen Verlegenheit rettet

Abermals fragte Prabhawati den Ramatschandra, und dieser sprach: »Wenn du so schnell wie Malati die richtige Antwort finden kannst, dann gehe!«

Da sagte Prabhawati zu Ramatschandra: »Wer ist Malati? Und was hat sie geantwortet? Erzähle mir bitte ihre Geschichte!«

Der Papagei tauchte in den Redefluss hinab und sprach: »Hör zu, Tochter des Kumuda! Es gibt eine Stadt, die heißt Nischada. Dort lebte ein Bauer namens Wadschra. Seine Frau Malati hatte stets Verlangen nach fremden Männern.

Am Tag der Sommersonnenwende bereitete sie aus Reismehl Klöße, band sie in ein Tuch und ging auf das Feld, um sie dem Gemahl zum Essen zu bringen. Als sie nun ihres Weges ging, begegnete ihr ein Mann, der sie von früher kannte.

Er sprach mit aneinandergelegten Händen: ›Wenn einem der allmächtige Gott, der höchste Herrscher, gnädig gesinnt ist, dann fällt einem ein solcher Schatz in die Hände. Gerade die Frau, die ich niemals vergessen kann und an die ich ununterbrochen denken muss, kann ich jetzt mit meinen Händen greifen.‹

Unter solchen Reden nahm er sie bei der Hand, und die Verdorbene sagte kein Wort der Abwehr. Ihr Herz war schon gefangen von seinen freundlichen Reden. Weil sie meinte, ihm seine Bitte nicht abschlagen zu dürfen, zögerte sie nicht. Sie stellte die Bambusschüssel mit den Klößen, die sie als Speise für ihren Gemahl zubereitet hatte, am Weg ab und begab sich dann an eine besonders geeignete einsame Stelle, um mit jenem Mann die Liebe zu genießen.

Ein Schelm aber beobachtete, was da zwischen den beiden vor sich ging. Er trat an die Bambusschüssel heran, öffnete sie und sah hinein. Es waren Klöße aus Reismehl darin. Da knetete der Schelm alle diese Klöße zu einem Ganzen zusammen und formte daraus einen einzigen in Gestalt eines Tigers. Er bedeckte die Bambusschüssel wieder mit einem Tuch und ging seiner Wege.

Als Malati ihr Verlangen gestillt hatte, ergriff sie die Bambusschüssel und ging auf das Feld, um dem Gemahl das Essen zu bringen. Dort angekommen, setzte sie die Bambusschüssel nieder. Ihr Gemahl aber kam herbei, um seine Mahlzeit einzunehmen. Als er das Tuch zurückschlug und in die Bambusschüssel hineinsah, erblickte er den aus Reismehl geformten Tiger.

Nun, Prabhawati, sage mir, was sie in dieser Situation für eine Antwort fand.«

Prabhawati begann darüber nachzudenken, aber sie fand die Antwort nicht. Deshalb fragte sie am Morgen den Papagei, und dieser sprach:

»Herrin, ihr Gemahl fragte sie, was sie da für eine Speise gebracht habe.

Sie antwortete: ‚Was soll ich dir sagen? Etwas ganz Wunderbares ist geschehen, Wadschradewa. Ich habe in der Nacht sehr schlecht von dir geträumt. Du warst nachts auf dem Feld, da kam ein Tiger und packte dich. Ich fühlte mich danach ganz elend und ließ den Astrologen Wasudewa kommen, um ihn nach der Bedeutung dieses Traumes zu fragen. Auf seinen Rat habe ich für den unermüdlich schaffenden Gemahl einen Tiger aus Reismehl geformt. Was ich heute unterwegs alles erduldet habe, weil der schwere Kummer über den schlechten Traum mich bedrückte, kann ich gar nicht beschreiben. Der heilige Sonnengott dort oben, dessen Glut nie erlischt, er weiß es.‘

Da fiel Wadschradewa vor ihr nieder und sagte: ‚Liebe Malati! Es gibt in meinem Haus keine andere Frau, die so wie du bei all ihrem Tun ihre Hingabe an den Gemahl beweist. Deshalb fürchte ich jetzt nicht einmal mehr das Schicksal, dessen Wesen so grausig ist, weil es die ganze Welt verschlingt.‘

Also, Prabhawati, wenn du eine so treffende Antwort zu geben weißt, dann gehe deinem Wunsch nach.«

ZWEIUND-
ZWANZIGSTE
ERZÄHLUNG

Wie sich die Kupplerin Dhurtamaja
aus einer unangenehmen
Lage befreit

Nun richtete Prabhawati wieder ihre Worte an den Vogel, und dieser gab zur Antwort: »Wenn du, Herrin, so viel Klugheit besitzt wie die Kupplerin Dhurtamaja, die eine unangenehme Lage, in die sie geriet, durch eifriges Nachdenken überwand, dann zögere nicht länger!«

Prabhawati wollte die Geschichte gern hören. Sie wünschte, dass der Papagei sie ihr erzählte, und sprach: »Wie war diese Geschichte? Erzähl sie mir doch!«

Der Papagei sprach: »In einer Stadt namens Hastinapura lebte der Kaufmann Kamalakara. Sein Sohn Rama war berühmt und kannte sich in allen Künsten aus.

Da sprach Kamalakara: ‚Unser Sohn Rama hat nur die Künste erlernt. Über das Wesen der Frauen aber ist er nicht so gut unterrichtet. Deshalb soll er auch darüber belehrt werden!‘

Er ließ die Kupplerin Dhurtamaja kommen und sagte zu ihr: ‚Du sollst meinen Sohn bis in alle Einzelheiten über das Wesen der Frauen aufklären. Du sollst ihn so unterrichten, dass ihn auch verschlagene Frauen nicht überlisten können. Ich gebe dir tausend Goldmünzen. Wenn ihn aber jemals andere verschlagene Frauen überlisten sollten, dann lasse ich mir von dir zweitausend Goldmünzen zurückzahlen.‘

Nachdem er so das Ziel der Erziehung bestimmt hatte, übergab Kamalakara den Rama und auch die Goldmünzen der Kupplerin. Die in Betrügereien erfahrene Frau klärte ihn nun die ganze Zeit über das Verhalten der Frauen auf, das jeder Festigkeit entbehrt. Als sie den Rama so weit unterrichtet hatte, dass er einen tiefen Einblick in all ihre Fertigkeiten besaß, übergab sie ihn wieder der Obhut des Kamalakara.

Um den Verstand seines Sohnes zu prüfen, schickte Kamalakara eines Tages den Rama in die Fremde, damit er dort sein Wissen bereichere und Geld verdiene. Er kam dabei nach Swarnadwipa. Dort wohnte die Hetäre Kalawati. Mit ihr lebte er fröhlich in den Tag hinein und gab sich ganz den Sinnengenüssen hin. Kalawati bemühte sich alle Zeit sehr um Rama. Mit Herz, Mund und Leib ließ sie alle Künste einer echten Hetäre spielen. Aber sein Herz geriet nicht in Verwirrung.

Da sagte eines Tages die Kupplerin zu ihr: ‚Rama kehrt in fünf bis sechs Tagen in seine Heimat zurück. Du aber warst nicht imstande, sein Herz zu verwirren.‘

Die Hetäre antwortete: ‚Ich habe mir die größte Mühe gegeben und alles getan, aber ich konnte sein Herz nicht verwirren. Was soll ich nun tun?‘

Da sagte ihr die Kupplerin: ‚Kalawati, du musst jetzt so zu ihm sprechen: ›Du willst also in deine Heimat zurückgehen? Wenn du nicht mehr bei mir bist, kann ich die Einsamkeit und den Trennungsschmerz nicht ertragen. Da will ich mir doch lieber gleich jetzt das Leben nehmen!‹ So musst du sprechen und dich in den Brunnen stürzen, aber so, dass er es sieht.‘

Auf diese Worte gab Kalawati zur Antwort: ‚Was redest du da für einen Unsinn. Man sagt doch:

> Wenn ich allein durch große Mühn,
> Nichtachtung heiliger Gebote
> und nur durch Demut vor dem Feind
> reich werden kann, will ich verzichten.‘

Darauf entgegnete die Kupplerin: ‚Ohne das Leben zu verlieren, kannst du nicht sterben. Mutige Menschen machen sich außerdem keine Sorgen, wenn sie in eine Situation geraten sind, die große Aufmerksamkeit erfordert, selbst wenn sie dabei all ihre Klugheit aufwenden müssen. Deshalb sagt man:

> Ohne dass er Kühnheit zeigt,
> kommt ein Mann doch nie zu Wohlstand.
> Kühnheit nur in allen Lagen
> lässt erstrebtes Glück erreichen.‘

So sprach die Kupplerin, und Kalawatis Mut wurde durch ihre Worte gestärkt. Vor Ramas Augen stürzte sie sich in den Brunnen. Der Kaufmannssohn eilte zum Brunnen, erblickte sie und war sehr erstaunt, denn er sagte sich: Sie weiß nicht, wie eine Hetäre die Vielfalt der Listen noch vermehren kann. Sie hängt einfach an mir.

Er gab ihr alles Geld, was er hatte, und einige Tage später, als sie merkte, dass er nichts mehr besaß, warf Kalawati ihn hinaus.

Da kehrte Rama ohne Geld in seine Stadt zurück und erzählte seinem Vater, wie es ihm ergangen war.

Kamalakara aber ließ die Kupplerin Dhurtamaja kommen und verlangte von ihr zweitausend Goldmünzen.

Da sprach sie zu ihm: ‚Sende Rama noch einmal geschäftlich in jene Stadt, dass er dort Geld verdiene. Ich möchte ihn begleiten.‘ Und Kamalakara ließ auch sie in jenen Ort reisen.

Als Rama wieder angekommen war, ging ihm Kalawati freundlich entgegen. Sie hatte sich Lampen geborgt, damit er wieder zu ihr käme. Unbefangen und verwirrend in ihrer reichen Schönheit, ging sie auf Rama zu und begrüßte ihn feierlich. Dann führte sie ihn in ihr Haus. Dort wurden ihm mannigfaltige Ehrungen zuteil, die man ihm durch Tanz, Gesang, Instrumentalmusik und anderes darbrachte. Und sie genossen beide vergnügt die Lust der Liebe.

Nun, Prabhawati, denke gründlich darüber nach und sage mir, wie die Kupplerin Ramas Geld wiedererlangte.«

Obgleich Prabhawati sich ganz auf die Beantwortung dieser Frage konzentrierte, konnte sie nicht herausfinden, durch welche List die Kupplerin das Geld zurückbekam. Deshalb fragte sie den Vogel, und dieser sprach:

»Da traf die Kupplerin Dhurtamaja mit Rama eine Verabredung: ‚Begib dich auf den Dachgarten von Kalawatis Haus und setze dich dort mit ihr zum Würfelspiel nieder. Ich werde auf dem Wege herankommen, der gerade auf das Haus zuführt. Sobald du mich erblickst, musst du dich aus Angst vor mir sehr besorgt zeigen. Wenn Kalawati dann sieht, dass du wegläufst, wird sie fragen, warum du dich versteckst. Dann musst du Folgendes zu ihr sagen: ›Die alte Sängerin, die da laut schreiend den Weg entlangkommt, ist meine Mutter. Mit ihrem Geld bin ich damals zu dir gekommen und habe dir alles gegeben. Jetzt ist sie hier. Was soll ich nur tun?‹ So musst du zu Kalawati sprechen!‹

Nachdem Rama sich mit der Kupplerin verabredet hatte, begab er sich zum Haus der Kalawati und begann, dort angelangt, mit ihr auf dem Dachgarten zu würfeln.

Da kam die Kupplerin Dhurtamaja mit einer Laute, die sie über die Schulter gehängt hatte, geradewegs auf das Haus zu. Rama saß so, dass er ihr Gesicht sehen konnte, und kaum hatte er sie erblickt, da ließ er das Spiel im Stich und versteckte sich vor ihr.

Kalawati fragte ihn: ›Warum bist du aufgestanden?‹ Und er erzählte ihr, was sie vorher besprochen hatten.

Inzwischen stürzte die Kupplerin auf die Tür zu und sagte zu denen, die sich im Hause befanden: ›Schickt meinen Sohn Rama fort. Alles, was ich besaß, hat er mir weggenommen und ihr gegeben.‹

Da fragten sie die Leute: ›Wer bist du? Wie heißt du, und woher kommst du?‹

Sie antwortete: ›Ich bin die Morgensängerin des erdebeherrschenden Königs Sudarschana aus der Stadt Padmawati. Ich bin eine Matangasängerin, und der hier ist mein Sohn. Weil er hier bei dir verkehrt, befleckt er alle reinen Menschen. Tut aber nur ruhig, was euch gefällt. Was habe ich damit zu tun?‹

Da erschraken sie sehr über ihre Worte und führten sie in das Haus hinein. Sie gaben ihr das ganze Geld zurück, fielen vor ihr nieder und baten: ›Sprich nur zu niemandem von diesem Vorfall!‹ und entließen sie mitsamt dem Geld.

Also, Prabhawati, wenn du dir zutraust, auch so besonnen handeln zu können, dann geh ans Werk.«

DREIUND-ZWANZIGSTE ERZÄHLUNG

Wie Ratanadewi dem Bürgermeister
und seinem Sohn, die sie beide
als Liebhaber im Hause hat,
einen guten Abgang vor ihrem
eifersüchtigen Ehemann verschafft

Abermals fragte Prabhawati den Papagei, und dieser sprach: »Wenn du, Herrin, wie Ratanadewi zu antworten verstehst, dann begib dich ruhig zu deinem Liebhaber!«

Auf diese Worte des Papageis sagte Prabhawati: »Erzähle mir doch die Geschichte von Ratanadewi!«

Der Papagei erfüllte ihre Bitte und sprach: »In der Stadt Indrapura lebte ein Radschput namens Wikramasingha, dessen Frau war Ratanadewi. Wikramasingha schlug sie, bedachte sie mit Schimpfreden und war eifersüchtig, obgleich er keinen Grund dazu hatte.

,Wer ist da gekommen? Wer ist da weggegangen? He, warum stehst du an der Tür und hältst nach einem Liebhaber Ausschau? Warum hast du ohne jeden Grund dein Tuch umgetan?' In dieser Art beschimpfte er sie täglich.

Da sagte sie sich: Er ist ein ganz gemeiner Kerl. Deshalb brauche ich keine Angst zu haben, dass ich mich durch einen Verstoß gegen die Moral schuldig mache, selbst wenn ich ihn maßlos betrüge.

So fing sie nun einen schlechten Lebenswandel an. Da sie außergewöhnliche Kenntnisse in der Kunst der verbotenen Liebe besaß, lebte sie jetzt völlig zügellos und schlief sowohl mit dem Bürgermeister der Stadt als auch mit dessen Sohn, ohne dem einen etwas von dem anderen zu sagen.

Eines Tages war sie gerade dabei, mit dem Sohn des Stadtherrn die Lust der Liebe zu genießen, da kam dieser selbst heran. Als sie ihn erblickte, versteckte sie seinen Sohn. Sie lud den Bürgermeister ein, ins Haus zu kommen, und befriedigte auch seine Wünsche. Während nun beide Liebhaber im Hause waren, kam der Radschput Wikramasingha voller Wut herbeigelaufen.

Nun, Herrin Prabhawati, sage an, welchen Ausweg fand sie aus dieser Not.«

Obgleich Prabhawati sehr geübt im Überlegen war, konnte sie diese Frage doch nicht beantworten.

Deshalb sprach der Papagei: »Hör zu, Prabhawati! Als Ratanadewi bemerkte, dass ihr Gemahl nach Hause kam, gab sie dem Bürgermeister eine Peitsche in die Hand und sprach: ‚Gehe jetzt fluchend aus dem Haus und sprich vor dich hin: ›Wenn ich meinen Sohn, diesen nichtsnutzigen Kerl, zu fassen kriege, schlage ich ihm den Schädel ein.‹ Und wenn du draußen angekommen bist, dann geh weg!‘

Der Bürgermeister tat erzürnt und entfernte sich mit solchen Worten.

Der Radschput aber trat ins Haus und fragte Ratanadewi: ‚Auf wen schimpfte denn dieser von Jama besessene Bürgermeister, als er wegging?‘

Ratanadewi antwortete dem Radschputen: ‚Du bist jetzt müde. Bringe erst Suparwan deine Verehrung dar und nimm etwas zu dir, dann erzähle ich dir, was geschehen ist.‘

Da brachte der Radschput dem Suparwan seine Verehrung dar. Er aß, nahm schließlich etwas Betel in den Mund und setzte sich bequem hin, um auszuruhen. Als auch Ratanadewi gegessen hatte, kam sie zum Radschputen und begann den Vorfall mit dem Bürgermeister zu erzählen: ‚Radschput! Heute hat sich hier etwas ereignet! Der Bürgermeister war plötzlich über seinen Sohn in Zorn geraten. Er zog das Schwert aus der Scheide und ging auf ihn los. Da floh sein Sohn, der arme Kerl, um sich zu retten, und als er mich auf dem Platz vor unserem Hause sitzen sah, rief er mir zu: ›Schütze mich! Schütze mich! Ich begebe mich in deinen Schutz.‹

Da dachte ich daran, dass du überall unter dem Ehrennamen ›Diamantkäfig für Hilfesuchende‹ bekannt bist. Deshalb versteckte ich ihn im Hause, bevor der Bürgermeister kam. Dann kam sein Vater, der ihn verfolgte, wütend herbei. Er drang ins Haus ein und suchte seinen Sohn. Ich stand vorn, während ich den Sohn hinten versteckt hatte. Als der Schreihals seinen Sohn nicht fand, lief er schimpfend und wutschnaubend davon!‘

Der Radschput Wikramasingha sagte darauf zu Ratanadewi: ‚Wo ist denn sein Sohn? Zeig ihn mir!‘

Ratanadewi holte jenen aus seinem Versteck und entließ ihn. Der Radschput aber berührte ihre Füße mit seiner Stirn und sprach: ‚Wenn du nicht so gehandelt hättest, dann hätte ein unauslöschlicher Makel unser ganzes Geschlecht getroffen.‘ So erfreute er sie durch eine Menge schöner Worte.

Also, Prabhawati, wenn du klug genug bist, um so geschickt zu antworten, dann gehe!«

VIERUND-
ZWANZIGSTE
ERZÄHLUNG

Wie Suratasundari ihren Gemahl
betrügt und dennoch beschämt

Darauf fragte Prabhawati den Papagei, und dieser sprach:

»Wenn du, Herrin, beim Überwinden einer gefährlichen Situation so viel Verstand beweist wie Suratasundari, dann magst du gehen!«

Prabhawati fragte den Papagei nach dieser Geschichte, und der Vogel sprach:

»In einer Stadt namens Schankapura lebte ein Astrolog, der hieß Mahadhana. Seine Ehefrau war Suratasundari. Sie liebte es, immer wieder mit fremden Männern zu buhlen. Wenn ihr Gemahl etwas zu ihr sagte, dann ließ sie ihn nicht aussprechen und beschimpfte ihn, sooft sich eine Gelegenheit dazu bot. Deshalb hatte er Furcht vor ihr und sagte kein Wort.

Eines Tages holte sie ihren Liebhaber zu sich. Nach Beendigung des Nachtmahls suchten alle Bewohner des Hauses ihr Lager auf, um zu schlafen, und löschten die Lampe. Als das lose Weib sah, dass ihr Gemahl eingeschlafen war, gab sie sich ihrem Liebhaber hin. Dabei verlor sie völlig den Verstand und war ganz berauscht von der Wonne verbotener Lust.

Mahadhana hörte das Geräusch, das bei ihrem Liebesspiel entstand. Er streckte die Hand aus, um seinen Ursprung festzustellen, und als seine Hand das Glied des Liebhabers zu fassen bekam, sprach er zu Suratasundari: ‚Ich habe einen Dieb gefasst! Gehe schnell und hole die Lampe!‘

Nun sage, Prabhawati, wie sich Suratasundari aus dieser heiklen Lage befreite.«

Prabhawati überlegte ohne Erfolg. Deshalb fragte sie den Papagei, und dieser erzählte weiter:

»Suratasundari antwortete: ‚Ich fürchte mich, vor die Tür zu gehen und die Lampe zu holen. Ich werde den Dieb festhalten, und du gehst und bringst die Lampe.‘

Nach diesen Worten ergriff sie den Dieb, Mahadhana aber ging hinaus, um eine Lampe zu holen. Als Mahadhana sich entfernt hatte, ließ sie den Liebhaber frei, zog einem starken Büffelkalb die Zunge heraus und hielt sie fest. Mahadhana aber zündete die Lampe an und brachte sie herbei. Als er nachsah, hielt sie mit der Hand die Zunge eines Büffelkalbes fest.

Suratasundari blickte hin und sprach zu Mahadhana: ‚Ausgezeichnet! Ausgezeichnet! Du hast eine Heldentat vollbracht! Nur du allein und kein anderer Held kann eine solche Tat vollbringen!'

So sprach sie zu ihm, und Mahadhana stand ganz beschämt da.

Also, Prabhawati, wenn du eine derartige Antwort geben kannst, dann gehe ruhig aus.«

FÜNFUND-ZWANZIGSTE ERZÄHLUNG

Wie Buddhimati ihren Gemahl davon überzeugt, dass der von ihm beobachtete Ehebruch eine Täuschung war

Abermals richtete Prabhawati, weil sie zu dem Fürsten Wina-jakandarpa gehen wollte, ihre Worte an den König der Vögel.

Der Papagei hörte sie an und sprach: »Wenn du, Herrin, in der Lage bist, dich wie Buddhimati aus einer Verlegenheit zu retten, dann erfülle ohne Zögern deinen Herzenswunsch!«

Prabhawati antwortete: »Du bester unter den Vögeln! Erzähle mir doch die Geschichte der Buddhimati von Anfang an!«

Der Papagei vernahm ihre Bitte und sprach: »Es gibt eine Stadt namens Utschopura. In ihr lebte ein Bauer mit Namen Sampurata. Seine Ehefrau hieß Buddhimati. Sie sehnte sich stets nach der Liebe anderer Männer.

Wenn sie unterwegs war, um ihrem Gemahl Essen aufs Feld zu bringen, gab sie sich Tag für Tag unter einem Baum mit ihrem Liebhaber dem Glück heimlicher Liebe hin.

Alle kannten ihr Treiben, und man berichtete auch dem Bauern Sampurata davon. Um sich Gewissheit über ihren Lebenswandel zu verschaffen, stieg er auf ebendiesen Baum und hielt sich versteckt.

Da verließ Buddhimati mit dem Essen das Haus und begab sich zu dem Baum. Dort angekommen, setzte sie das Essen auf die Erde und genoss mit ihrem Liebhaber die höchsten Wonnen. Ihre Körper gingen völlig darin auf, die verschiedenen Arten des Genusses durchzukosten. Die Fülle aller alten und neuen Künste diente ganz allein der Erreichung eines einzigen Zieles.

Als Sampurata bemerkte, dass die beiden ganz in ihrer Lust versunken waren, die aus ihren Herzen kam und sich in ihrer Leidenschaftlichkeit äußerte, stieg er vom Baum herunter. Buddhimati aber sah, wie er vom Baum herabkletterte.

Nun, Herrin Prabhawati, sage mir, was sie da für eine Antwort gab.« Obgleich Prabhawati nachdachte, fand sie keine Antwort. Auf ihre Bitte erzählte der Vogel weiter:

»Als sie ihren Gemahl erblickte, schickte sie den Liebhaber fort. Sampurata kam heran und fragte sie: ›Da war doch eben ein anderer Mann bei dir. Wer war das?‹

Sie antwortete dem Gemahl: ‚Weißt du denn nicht, dass dieser Baum eine besondere Eigenart hat? Wenn man oben sitzt, so sagen die alten Leute, sieht man jeden, der unten auf dem Boden steht, doppelt.'

Darauf stieg Buddhimati selbst auf den Baum, und von oben sprach sie zu ihm: ‚He, du gemeiner Kerl, du vergnügst dich ja da unten mit einer fremden Frau. Ich werde gleich zum Königshof gehen und deine Untat anzeigen, dass man dich bettelarm macht.'

Darauf bat jener sie um Verzeihung.

Also, Prabhawati, wenn du so viel Klugheit aufbringen kannst, um eine Situation zu überwinden, die große Mühe und Anstrengung erfordert, dann führe aus, wonach dir der Sinn steht.«

SECHSUND-ZWANZIGSTE ERZÄHLUNG

Wie Madanawati geschickt
ihren Liebhaber entlässt,
weil der Gemahl heimlich
zurückgekommen ist

Da wandte sich Prabhawati abermals lächelnd an den Vogel, weil sie zu ihrem Liebhaber gehen wollte. Er aber hörte sie an und sprach: »Wenn du, Herrin, so geschickt zu reden verstehst wie Madanawati, dann geh ans Werk!«

Prabhawati fragte den Vogel nach dieser Geschichte, und der Papagei erzählte:

»In der Stadt Nakapura lebte ein Stellmacher namens Karala. Er hatte eine zweite Frau mit Namen Madanawati geheiratet. Sie war ständig darauf aus, die Liebe anderer Männer zu genießen.

Der Stellmacher hörte von den Leuten, dass seine Frau ein unzüchtiges Leben führe. Um der Sache auf den Grund zu gehen, sagte er einmal zu Hause, er wolle über Land gehen, und entfernte sich. Am Abend aber kam er unbemerkt durch eine geheime Tür in das Haus zurück und versteckte sich unter dem Bett.

Von alledem wusste Madanawati nichts. Sie glaubte, der Stellmacher sei über Land gegangen, und die Wollust begann in ihrem Körper hohe Wellen zu schlagen.

Es heißt doch auch:

> Bei Regenwetter und im tiefen Dunkel
> auf Straßen, die von Menschen übervoll,
> beim Aufenthalt des Gatten in der Fremde,
> empfindet höchste Lust die sinnliche Frau.

Weil sie glaubte, dass der Stellmacher nicht im Hause sei, holte sie ihren Geliebten herein und fing an, mit ihm ein munteres Gespräch zu führen.

Da berührte sie ihren Gemahl mit dem Fuß und merkte dadurch, dass er zurückgekommen war und sich versteckt hatte, um sie auf die Probe zu stellen. Als ihr das klar geworden war, stand sie auf. Da erhob sich auch ihr Liebhaber und packte sie an ihrem Haarknoten.

Nun, Prabhawati, sag an, welchen Ausweg sie aus dieser Notlage fand.«

Obwohl Prabhawati angestrengt nachdachte, konnte sie doch die Ungewissheit nicht beseitigen. Sie fragte den Papagei nach dem Ausweg, und der Vogel sagte:

»Hör zu, Prabhawati! Als sie der Liebhaber bei den Haaren packte, sagte sie: ‚Ich habe mit dir schon früher darüber gesprochen. Der Stellmacher ist augenblicklich über Land gefahren. Sage mir, was du begehrst. Vielleicht kann ich dir bei deinem Vorhaben behilflich sein. Deine Geldangelegenheit ist Sache des Stellmachers, deshalb soll er erst von der Reise zurückkommen. Dann wende dich nur gleich an ihn und verfüge über ihn, ganz wie du willst. Aber sage mir nur, was dein Herz begehrt.‘

Der Stellmacher hörte ihre Worte. Er wurde ganz verlegen und dachte bei sich: Da haben die Leute von den Geldangelegenheiten gehört und in ihrem Drang zu übertreiben gleich etwas Unschickliches daraus gemacht.

Mit diesen Worten entfernte er sich. Er ließ sie unbehelligt, weil sie so klug gesprochen hatte.

Also, Prabhawati, wenn du dich so herauszureden weißt, dann handle nach deinem Wunsch!«

SIEBENUND- ZWANZIGSTE ERZÄHLUNG

Wie sich der Schwetambara
Narendra aus der schwierigen
Lage befreit, in die ihn seine
Fleischeslust gebracht hat

Abermals fragte Prabhawati den Geflügelten. Der Papagei antwortete: »Herrin, wenn du fähig bist, wie der Schwetambara einen Angriff, der auf deine Person gerichtet ist, gegen den Angreifer zu kehren, dann gehe!«

Als Prabhawati ihn fragte, erzählte der Papagei diese Geschichte:

»Hör zu! In der Stadt Schripura lebte ein Schwetambara mit Namen Narendra. Alle Welt hatte er für sich gewonnen. Jeder begegnete ihm ehrerbietig wegen seiner Tugend und seiner hingebungsvollen Frömmigkeit.

Da kamen ihm eines Tages nach dem Genuss göttlicher Speisen fleischliche Gelüste. Er erlag dieser Begierde und lebte mit einer Hetäre zusammen.

Ein Digambara erfuhr von seinem Lebenswandel und erzählte dessen Anhängern davon: ‚Euer Schwetambara schläft nachts im Hause einer Hetäre. Kommt heute Abend alle, um zu schauen, dann werdet ihr sehen, dass der Schwetambara mit einer Hetäre zusammen ist.‘

Da stellten sich die Anhänger des Schwetambara in einem großen Kreis auf, um ihn zu erwischen. Verabredungsgemäß weilte der Schwetambara in seiner Klause, als die Hetäre in das Zimmer trat. Von ihr erfuhr er, dass sich überall Leute versammelten, um ihn zu ertappen.

Nun, Prabhawati, lass mich wissen, wie der Schwetambara die seinem Stolze drohende Kränkung abwendete!«

Da begann Prabhawati, ihren Verstand mit Überlegungen zu peinigen, doch als sie nichts herausfand, fragte sie den Papagei. Dieser aber sprach:

»Hör zu, Prabhawati! Der Schwetambara fasste folgenden Beschluss:

‚Ich werde diesem Schurken von Kschapanaka, diesem nackten Bettler, beweisen, dass er mir da vergeblich etwas aufhalsen will, indem ich ihm meinen Hintern präsentiere.‘

Nach diesen Worten nahm er das Äußere eines Kschapanaka an, ergriff die Hetäre bei der Hand und ging hinaus. Da glaubten die Wache haltenden Schrawakas, es sei der Kschapanaka.

Obgleich sie dicht an ihn herankamen, konnten sie den Betrug nicht aufdecken. Sie verachteten den Kschapanaka und ehrten den Schwetambara.

Also, Prabhawati, wenn du eine so schöne List anwenden kannst, dann denke an die Erfüllung deines Wunsches!«

ACHTUND-
ZWANZIGSTE
ERZÄHLUNG

Wie der Hase Tschakora
den Löwen Kutila überlistet
und sein Leben behält

Abermals fragte Prabhawati den Papagei. Er antwortete mit lauter Stimme: »Wenn du, Herrin, durch kluges Handeln deinen Tod abwenden kannst wie der kleine Hase, der seinen Feind tötete, dann kannst du gehen!«

Da wurde Prabhawati neugierig und wollte die Geschichte hören: »Erzähle mir doch, was der kleine Hase tat!«

Der Papagei sagte: »Hör zu, Prabhawati, deren Stimme Musik in meinen Ohren ist! Es gibt einen Wald Tarakarala. In ihm lebte einst ein Löwe namens Kutila, der allen Lebewesen des Waldes nachstellte.

Eines Tages taten sich die Bewohner dieses Waldes zusammen und machten dem Löwen, der unwiderstehliche Kraft besaß, einen Vorschlag: ‚Majestät! König der wilden Tiere! Seid milde und gewährt uns eine Gnade! Ihr seid der Herr dieses Waldes. Wir alle sind Euch untertan. Ihr tötet alles, was Euch in den Weg kommt, ganz gleich ob es drei oder vier von uns sind. Euer Verhalten ist aber sehr unvernünftig. Ihr solltet ständig in Eurer Höhle sitzen bleiben. Tag für Tag wird dann ein Tier freiwillig zu Euch kommen. Auf diese Weise könnt Ihr Euern Hunger stillen, und wir gehen nicht alle auf einmal zugrunde.‘

Fortan lebten die Tiere des Waldes nach der Vereinbarung, die sie mit dem Löwen getroffen hatten. Tag für Tag ging einer von den Waldbewohnern, der gerade an der Reihe war, freiwillig zum Löwen.

Während sie nun unter solchen Bedingungen im Walde lebten, kam auch die Zeit für einen kleinen Hasen mit Namen Tschakora heran. Dieses Häslein begab sich nun keineswegs eilig zur Essenszeit in die Nähe des Löwen. Es ließ vielmehr die Essenszeit verstreichen, bevor es hinging. Als der Löwe den kleinen Hasen sah, sprang er wutschnaubend auf, um ihn zu verschlingen.

Nun sage mir, Prabhawati, wie verhinderte er, dass der Löwe ihn tötete?«

Prabhawati hörte die Worte des Papageis. Sie überlegte mit ihrem klaren Verstand, konnte aber die richtige Antwort nicht geben. Einige Zeit später fragte sie den Vogel, und der Papagei antwortete:

»Hör zu, Prabhawati! Als der kleine Hase dem Löwenschädel mit den korbförmigen Wangen ganz nahe gekommen war, sagte er: ‚Majestät! Beherrscher der Götter! Großkönig! Lasst mich noch ein Wörtchen sagen! Tragt Ihr in Euerm Herzen wahren Stolz auf Euer Geschlecht oder nicht? Wenn ja, dann hört gut zu. Ich habe Euch etwas zu sagen. Ich war zur Mittagszeit aufgebrochen, als unterwegs ein anderer Löwe versuchte, mich zu packen. Ich nannte Euern Namen, da fing er an, wütend auf Euch zu schimpfen und Euch in übler Weise zu verspotten. Ich konnte die Schimpfreden, die er gegen Euch, meinen Herrn, ausstieß, gar nicht mit anhören und bin nun zu Euch gekommen. Majestät, Ihr müsst entscheiden, was geschehen soll.‘ So sprach der kleine Hase.

Das Ansehen des Löwen war vorher nie angetastet oder herabgesetzt worden. Deshalb verzehrte nun ein inneres Feuer seinen Körper. In dem Drange, den anderen Löwen zu treffen, sprach er zum Hasen: ‚Wer wagt es, das zu tun, was nur mir zusteht, und als mein Widersacher genauso zu handeln wie ich, während ich noch mit ungebrochener Majestät über den großen Wald herrsche und wachsam bin? Zeige mir jetzt den Weg zu diesem Schurken. Da ich in Wahrheit das höchste aller Wesen bin, werde ich ihm zu einem Aufenthalt im Reiche Jamas verhelfen.‘ Mit diesen Worten trat der Mähnenträger aus seiner Höhle.

Der schlaue Hase täuschte den Fürsten des Wildes, rief immerzu ‚Hierher! Hierher!‘ und erreichte in schnellem Lauf eine große Zisterne, deren Wasserspiegel sehr hoch stand.

Er sprach: ‚Majestät! Aus Furcht vor Euch ist er eilig davongelaufen und hält sich hier in dieser Zisterne versteckt. Seht Euch den Schurken an, der sich selbst nicht kennt!‘

Der Elefantentöter trat dicht an den Brunnenrand heran, und als er mit vorgebeugtem Kopf hineinsah, erblickte er im Innern der Zisterne sein Spiegelbild. Da schlug er mit der Pranke in die Zisterne hinein und fing an, nach Löwenart zu brüllen. Sein Gebrüll schallte aus dem Innern des Brunnens zurück, und wutentbrannt sprang er in die Zisterne. Weil er nicht wieder herauskonnte, fand der Krallenträger den Tod.

Von nun an lebten die Tiere des Waldes glücklich und in Freuden und sagten untereinander:

> ‚Klugheit allein verleiht uns Kraft!
> Wie kann ein Dummkopf Kraft besitzen?
> Sieh, wie ein kleiner Has allein
> dem dummen Löwen bringt Verderben.‘

Also, Prabhawati, wenn du auch so viel Verstand aufbringen kannst, dann gehe!«

NEUNUND-
ZWANZIGSTE
ERZÄHLUNG

Wie Trailokjasundari ihrem
heimlich zurückgekehrten Mann
glaubhaft macht, dass sie
den Liebhaber zu seinem
Wohlergehen herbeigerufen hat

Abermals fragte Prabhawati voller Ungeduld, und der Papagei antwortete: »Herrin, wenn du dich so klug aus einer unglücklichen Lage befreien kannst wie Trailokjasundari, dann gehe!«

Prabhawati fragte den Vogel nach dieser Geschichte. Er aber sprach: »In der Stadt Singhalapura lebte ein Waischja namens Bahubuddhi. Seine Gemahlin hieß Trailokjasundari. Ihr Herz sehnte sich immerfort nach anderen Männern.

Die Leute wussten von ihrem Treiben, und sie erzählten es auch dem Bahubuddhi, der aber ihren Worten nicht glaubte. Um sich jedoch Gewissheit zu verschaffen, sagte er eines Tages, er wolle verreisen, und entfernte sich. Als es dann Abend wurde, betrat er das Haus durch die Hintertür und kroch unter das Bett.

Trailokjasundari holte ihren Liebhaber ins Haus, nahm mit ihm zusammen das Abendbrot ein und wollte sich bei Nacht gerade dem Genuss seiner Liebe hingeben, als sie mit ihrem Fuß den Gemahl berührte. Sie wusste sofort, dass ihr Gemahl heimlich nach Hause zurückgekehrt war, um sie zu beobachten. Er ist zurückgekommen und hat sich bestimmt unter dem Bett versteckt, dachte sie.

Nun, Prabhawati, überlege!«

Obgleich Prabhawati eifrig überlegte, konnte sie keinen Ausweg finden. Deshalb wandte sie sich mit ihrer Frage an den Papagei. Er aber antwortete:

»Wohlan, Prabhawati, hör zu! Als sie durch die bloße Berührung mit dem Fuß bemerkte, dass ihr Gemahl unter dem Bett lag, um sie auf frischer Tat zu ertappen, blickte sie ihren Liebhaber, der zu einer langen Liebesnacht herbeigekommen war, mit einem Seitenblick an. Sie deutete ihm damit an, dass ihr Gemahl anwesend sei, und sprach mit vorgetäuschter Ablehnung:

‚Halt, halt, du Dummkopf! Hattest du etwa vor, mich wie ein liederliches Frauenzimmer zu genießen? Wenn du mich fragst, warum ich dich dann habe kommen lassen, will ich es dir sagen. Um das Leben meines Gemahls zu verlängern, pries und ehrte ich beständig unsere Hausgottheit Tripurasundari.

Eines Tages erschien sie mir im Traum und sprach: ›Gib acht, Trailokjasundari! Noch heute wird ein Nashorn deinen Gemahl töten.‹ Da war ich sehr niedergeschlagen, denn der Geliebte ist mein einziger Gott. Immer wieder betete ich zu unserer Hausgottheit Tripurasundari und bereitete ihr dadurch große Freude. Deshalb gab sie mir folgenden Rat:

›Höre, Trailokjasundari! Obgleich dein Gemahl in der Blüte seiner Jahre steht, muss er heute durch ein Nashorn sterben. Wenn du sein Leben verlängern willst, dann lade dir an diesem Tage einen anderen Mann ein. Umarme ihn auf dem Lager in heftiger Liebe und voller Lust wie eine starke Liane im Liebesfest. Sobald er sich aber anschickt, dich ganz zu nehmen, wende dich von ihm ab! Durch diese Berührung mit dem Körper eines anderen erhältst du heute das Leben deines Gemahls. Wenn aber der andere dir Gewalt antut, obgleich du keine andere Gottheit als deinen Gemahl kennst und das alles nur tust, um dessen Leben zu verlängern, dann kommt er um die Hälfte seines Lebens.‹

Nach diesen Worten habe ich zum Wohle meines Gemahls gehandelt. Deshalb darfst du mich nicht mit Gewalt nehmen, denn ich bin unbescholten und mache mir selbst Vorwürfe. Wenn du mich gewaltsam missbrauchst, dann kommst du um die Hälfte deines Lebens. Man sagt doch:

> Ein Mann, der mit Gewalt genießt
> ein Weib, ob unrein oder rein,
> der Tor, der nicht sich selber kennt,
> verliert sein Leben ganz gewiss.

Darum entferne dich von hier, wie du gekommen bist, damit dein Leben und das meines Gemahls, meines einzigen Gottes, noch lange währt. Das ist mein Anliegen. Wenn du mich jetzt noch einmal berührst, werde ich in lautes Geschrei ausbrechen.‹

Der Waischja, der doch wahrlich viel Verstand besaß, hörte die Worte seiner Geliebten. Er kroch unter dem Bett hervor, blickte seine Frau verzückt an und sprach: ‚Um mein Leben zu verlängern, hast du Unbescholtene eine solche Tat vollbracht. Jetzt bist du unserer Hausgottheit ebenbürtig.‘

Mit solchen Worten rühmte er sie. Um sie zu ehren, berührte er mit der Stirn ihre Füße und tanzte in überschwänglicher Freude umher.

So kam Trailokjasundari ohne Strafe davon, weil sie ihr schändliches Treiben zu verbergen wusste.

Also, Prabhawati, wenn auch du über solche Listen verfügst, dann gehe!«

DREISSIGSTE ERZÄHLUNG

Wie Muladewa den Streit
der Rakschas um die Schönheit
ihrer Frauen schlichtet und
sein Leben behält

Da begann Prabhawati abermals, ihre Worte an den Papagei zu richten, weil sie zu Winajakandarpa gehen wollte. Der Papagei sprach zu ihr:

»Hör zu, Tochter des Kumuda! Wenn du unglücklicherweise in eine schwierige Situation gerätst und dann wie Muladewa Verstand genug besitzt, um diese zu überwinden, dann stille ungehindert deine Sehnsucht!«

Prabhawati fragte den Papagei, auf welche Art und Weise Muladewa die Gefahr überwand. Der Papagei sprach:

»Hör zu, Prabhawati, du Einsichtsvolle! Es gibt eine Leichenstätte, die den Namen Mahakala trägt. Dort stand ein Schatmati-Baum, auf dem zwei Pischatschas wohnten. Der eine hieß Karala, der andere Wikarala.

Diese beiden lagen immerfort in Streit miteinander. Der mit Namen Karala sprach: ,Dumawati, die Herrin meines Lebens, verkörpert Schönheit und Anmut an allen Gliedern.' Wikarala antwortete: ,Du, geh weg und halt den Mund! Karkascha, die Geliebte meines Lebens, ist mit vielen Vorzügen ausgestattet, die überall ganz wunderbar zu sehen sind.'

Dieser Streit hörte nicht einen Augenblick lang auf.

Eines Tages kam der Pandit Muladewa auf seinem Wege dort vorbei. Als die Pischatschas ihn erblickten, nahmen sie sichtbare Gestalt an, ergriffen ihn und sagten zu ihm: ,Schlichte erst unseren Streit! Dann kannst du gehen, wie du gekommen bist. Welche von unseren beiden Gattinnen zeichnet sich durch die größere Schönheit aus?' Mit diesen Worten zeigten Karala und Wikarala dem Muladewa ihre beiden Frauen.

Als Muladewa hinsah, erblickte er die beiden Dämoninnen leibhaftig vor sich. Sie sahen grauenhaft aus und konnten selbst einen Furchtlosen in Schrecken versetzen. Kein Haar hatten sie auf dem Kopf. Mit der Zungenspitze leckten sie die Wurzeln ihrer Fangzähne, mit denen sie laut knirschten und an den Schädeln vom Leichenplatz herumnagten. Ihre Brüste sahen aus wie Tücher zur Bedeckung ihrer Knie.

In dieser Verfassung erblickte sie also Muladewa und geriet in größte Verlegenheit. Diejenige, die ich nicht als schön bezeichne, wird mit ihren Zähnen zubeißen und meine Glieder zermalmen, dachte er.

Nun, Prabhawati, sage mir, auf welche Weise er den schwierigen Auftrag erfüllte.«

Da fragte Prabhawati den Papagei wieder. Der aber sprach:

»Muladewa dachte: Wenn ich eine von diesen beiden als schöner bezeichne, wird das andere Paar mich fressen. Deshalb werde ich beide schön nennen.

Er blickte also beide an und sprach: ,Alle beide seid ihr schön. Ich habe noch keine gesehen, die euch ähnlich ist. Ich meine, wer so schöne Frauen besitzt, dessen Leben lohnt sich.‘

Da blickten sie den Muladewa beglückt an und entließen ihn mit vielfältigen Ehrungen. So kam Muladewa mit dem Leben davon.

Wenn auch du, Prabhawati, so angemessen zu handeln verstehst, dann gehe!«

EINUND-
DREISSIGSTE
ERZÄHLUNG

Wie Ratilila ihre vier Liebhaber
verleugnet, die sie im Hause
verborgen hält

Nun schmückte sich Prabhawati mit Sandelholzarmbändern und anderem Geschmeide. Als sie sich anschickte, zum Hause des Winajakandarpa zu gehen, sprach der Papagei zu ihr: »Wenn du, Herrin, bei Eintritt eines gefährlichen Zwischenfalls so wie Ratilila zu antworten verstehst, dann gehe ans Werk!«

Prabhawati fragte den Vogel nach dem Unternehmen der Ratilila, und er antwortete:

»Höre zu, Prabhawati! Es gibt eine Stadt namens Parwatapuri. In ihr lebte ein Kranzwinder namens Kutila, dessen Frau war Ratilila. Sie vergnügte sich gern mit anderen Männern. Der Bürgermeister, ein junger Kaufmann, ein Heerführer und ein Nachtwächter – das waren die vier, mit denen sie sich dem Genuss der Liebe hingab.

Eines Tages feierte der Kranzwinder in der zweiten Monatshälfte das Mahalaja-Fest. An diesem Tag lud er alle Freunde zu sich ein. Ratilila aber hatte auch ihre vier Liebhaber zu sich bestellt.

Zuerst kam der junge Kaufmann, um sie zu genießen. Sie bot ihm einen Platz zum Sitzen an, aber gerade in dem Augenblick, als sie eine Unterhaltung mit ihm beginnen wollte, nahte ein Bauer, der Bürgermeister des Ortes.

Als sie ihn kommen sah, brachte sie den jungen Kaufmann in die aus Bambusholz gebaute Kornkammer und deckte ihn mit einer Decke zu. Darauf ließ sie den Familienvater ins Haus kommen und führte auch mit ihm eine freundliche Unterhaltung.

Unterdessen kam der Nachtwächter herbei. Der Bauer war sehr erschrocken, und Ratilila ließ ihn auf die Tenne der Kornkammer steigen. Sie stülpte einen festen Bambuskorb mit der Öffnung nach unten über ihn und ließ so seinen Körper verschwinden, worauf sie zu dem Bauern sagte: ,In die Kornkammer ist eine Schlange eingedrungen. Lieg deshalb schön still und rühr dich nicht!'

Darauf führte sie den Nachtwächter ins Haus. Er hatte kaum Platz genommen, da kam auch der Heerführer an. Deshalb steckte sie den Hüter der Nacht in ein Bodenloch und holte den Heerführer herein.

Als dieser gerade die inneren Räume des Hauses betrat, kam ihr junger Gemahl heran. Da ließ sie den Heerführer geschwind unters Bett kriechen.

Der Kranzwinder und die Freunde, die er in großer Zahl mitgebracht hatte, nahmen nun die Mahlzeit ein. Die Sonne aber lief auf den Wald zu, hinter welchem sie unterzugehen pflegte. Da machte Ratilila vier Schüsseln zurecht, füllte sie mit Milchreis und brachte sie ihren vier Liebhabern.

Der junge Kaufmann, der sich in der Kornkammer befand, blies mit dem Mund auf die Schüssel, um die heiße Milchspeise abzukühlen.

Da sprach der auf der Tenne sitzende Bürgermeister zu sich: Die Schlange in der Kornkammer beginnt zu zischen. Wie kann ich meinen Tod verhindern, wenn sie mich nun beißt, weil ich unachtsam bin? Und vor Angst fing er an, Wasser zu lassen.

Als der unter ihm sitzende Kaufmannssohn den Strom sah, dachte er, Ratilila wolle ihm zum Milchreis noch zerlassene Butter reichen, und hob die Schüssel mit dem Milchreis in die Höhe, um die Schmelzbutter aufzufangen.

Weil der Milchreis so heiß war, verbrannte er mit der emporgehobenen Schüssel den auf der Tenne sitzenden Bürgermeister heftig am Gesäß.

Dieser dachte in seiner Angst, die Schlange unter ihm habe ihn gebissen, und weil er fest davon überzeugt war, rief er immer wieder: ‚Sie packt mich! Sie beißt mich!‘ und stürzte davon. Da die drei anderen Liebhaber glaubten, eine Feuersbrunst sei ausgebrochen, ergriffen sie ebenfalls eilig die Flucht.

Als Herr des Hauses wunderte sich der Kranzwinder nicht wenig. Die Hände in die Hüften gestemmt, stand er da und fragte Ratilila: ‚Wo kommen diese Männer her?‘

Nun, Prabhawati, sage mir, was für eine Antwort sie bei dieser Gelegenheit gab.«

Prabhawati begab sich in die Welt der Gedanken, aber sie

fand die Antwort nicht. Sie bat den Vogel, es ihr zu erklären, und der Papagei ließ seine Stimme erschallen:

»Herrin, als der Kranzwinder sie fragte, antwortete Ratilila: ‚Das waren deine Ahnen, die leibhaftig herbeigekommen waren, weil heute ihr Festtag ist. Sie waren mit dem Wunsche erschienen, du möchtest als ihr Nachkomme das Ahnenopfer darbringen. Als sie aber bemerkten, dass es dir am rechten Glauben fehlt, verließen sie völlig verzweifelt mit lautem Geschrei dein Haus und verschwanden. Man sagt deshalb:

> Ein Totenmahl, dem religiöse Sprüche fehlen,
> bei dem auch fehlt die religiöse Tat,
> bei dem es keinen Glauben gibt, nur Spott,
> das kann den Ahnen nicht genügen.‘

Also, Prabhawati, wenn du eine solche Antwort zu geben vermagst, dann gehe zum Stelldichein.«

ZWEIUND-DREISSIGSTE ERZÄHLUNG

Wie der Brahmane Gowinda
den Mantel wiedererlangt,
mit dem er sich die Liebe
einer Witwe erkauft hat

Abermals fragte Prabhawati mit sanft lächelndem Gesicht zur Abendzeit den Papagei, weil sie zu Winajakandarpa gehen wollte.

Der Vogel sprach: »Wenn du, Herrin, wie der Brahmane Gowinda zu handeln verstehst, der sein Gewand zurückerhielt, nachdem er sein Ziel erreicht hatte, dann führe dein Vorhaben aus.«

Und Prabhawati bat den Papagei: »Erzähle mir doch die Geschichte des Gowinda!«

Da sprach der wahrheitskundige Vogel: »Höre zu, Prabhawati! In dem Ort Dschanasthana lebte der Brahmane Gowinda als Oberhaupt dieses Dorfes. Um den erhabenen Krischna zu sehen, begab er sich nach Dwarawati, denn mit Hilfe des erhabenen Krischna war er reich geworden. Deshalb erwies er dem höchsten Herrn mit Geld und anderen Dingen alle Ehren, was den erhabenen Krischna sehr erfreute.

Einige Tage blieb er in Dwarawati, dann begab er sich auf den Heimweg und wurde unterwegs von Räubern völlig ausgeplündert. Als er nun zu einem Dorf kam, sah er, dass eine junge Witwe, die auf einem Gerüst saß, einen nahe gelegenen Feldstreifen bewachte, indem sie die Vögel verscheuchte.

Müde setzte er sich unter einen Baum, der dicht am Wege stand, und nahm den Sack herunter, den er auf der Schulter trug. Während er ,Hari! Hari! Erhabener Krischna! Herr von Dwaraka!' und andere Namen des Gottes vor sich hin sprach, löste er das Sackband und gab ihr die Überreste vom Opfer für den heiligen Krischna mit den Worten: ,Empfange die große Gnade des erhabenen Krischna!'

So blieb er nun sitzen und begann eine Geschichte zu erzählen, die die Witwe hören wollte, doch schon nach fünf oder sechs Worten brachte er sein eigenes Anliegen vor: ,Ich war in Dwarawati, um den erhabenen Krischna zu sehen, und befinde mich jetzt auf dem Heimweg. Acht Monate sind verflossen, seit ich mein Dorf verlassen habe. Mein Mantel hier ist von ausgezeichneter Qualität. Ich will ihn dir geben. Unser

Herr, der hochheilige Krischna, wird dich erhören, wenn du mir nur einmal deine Liebe schenkst. Deine Zähne senden Strahlen aus, die die knospenzarte Helligkeit der Strahlen des frühherbstlichen Mondes verdunkeln könnten, wenn ihn der junge Hase ganz bedeckt, der zarter ist als der Fürst mit den fünf Pfeilen.'

Mit diesen Worten fiel er vor ihr nieder und bezeigte ihr seine Verehrung. Er berührte ihre Füße mit der Stirn wie eine Biene die Lotosblüten. Durch seine schmeichlerischen Reden gewann er sie schon bald für sich, und obwohl ihr Verhalten durch die religiösen Pflichten festgelegt war, die eine junge Witwe zu erfüllen hatte, kannte sie sich doch in der Liebe ebenso aus wie der, den sie da vor sich sah. Es gefiel ihr aber so gut, sich fußfällig bitten zu lassen, dass sie nicht daran dachte, gleich aufzustehen. Weil die junge Witwe sich mit Gewalt widersetzte, vervielfältigte jener seine Bemühungen und brachte ihren Lotosfüßen mannigfache Verehrung dar. Er sprach Worte, die zartes Mitleid erwecken mussten, und erzählte ihr mit überquellendem Herzen von den außerordentlichen Verdiensten, die er sich erworben hatte, weil er die schutzverleihenden Füße des Madhubezwingers gesehen hatte, des Oberherrn von Dwarawati, der schönsten aller Städte, der unaufhörlich damit beschäftigt ist, das Tor zur Unterwelt zu öffnen und zu schließen.

Zum Schluss gab er ihr sein Gewand, seinen einzigen Besitz, und sprach: ‚Du darfst meine Bitte nicht abschlagen!'

Da fühlte sie Mitleid für ihn in ihrem Herzen, weil er so viele mitleiderregende Worte zu sagen wusste und es verstand, ihr um den Mund zu gehen. Sie spielte schon mit dem Gedanken, sich ihm hinzugeben. Meist verliert ja der Mensch sein Schamgefühl, wenn er von den Geschossen des Blumenpfeilschützen getroffen wird.

Deshalb sagt man:

> Den Bedürftigen wird eine Gabe gereicht
> und dem nackten Linga Verehrung gezollt.

Wer das Totenopfer den Schutzlosen bringt,
wohl des Pferdeopfers Segnung erreicht.

Diese Wege gingen also ihre Gedanken, und sie erfüllte seinen Wunsch. Als das geschehen war, blieb Gowinda noch eine Zeit lang stehen und machte sich große Sorgen um seine Bekleidung.

Nun, Prabhawati, sage mir, durch welche List Gowinda sein Gewand zurückbekam, das er als Mantel gut gebrauchen konnte.«

Als Prabhawati die Worte des Vogels gehört hatte, zermarterte sie sich den Kopf, aber sie konnte mit ihrem Verstand jene List nicht ersinnen. Die Nacht ging vorüber, und am Morgen fragte Prabhawati den Vogel: »Sage du, Himmelsstürmer, welche List er verwendete. Ich komme nicht darauf.«

Der Papagei fuhr fort: »Darauf, Prabhawati, begab sich Gowinda auf dem schnellsten Wege ins Dorf. Er war nur mit dem Himmel bekleidet, und die Sonne drohte ihm mit ihrer übermäßigen Glut die Schädeldecke zu sprengen. Am Dorfeingang saßen fünf oder sechs der Dorfältesten. Sie kannten den Weg zum Wohlergehen für alle Menschen und verstanden die Kunst, die Anliegen der Bittsteller zu befriedigen.

Als Gowinda, der nur noch ein Lendentuch besaß, die Dorfältesten erblickte, legte er die Hände aneinander und sprach: ‚Hört mich bitte aufmerksam an, ihr Herren! Ich bin von weit her gekommen und erblickte auf meiner großen Wanderung ein Feld. Da ich fühlte, wie der Hunger mich heftig quälte, kam ich auf Abwege und nahm mir zwei Gurken. Dadurch geriet ich in diesen Zustand, denn die Frau, die auf dem Gerüst saß und das Feld bewachte, stieg von ihrem erhöhten Sitz herab und nahm mir mein Gewand weg. Ich war in der erhabenen Stadt Dwaraka, habe den erhabenen Krischna gesehen und will nun in mein Dorf zurückkehren. Meine Glieder sind unverhüllt, weil ich kein Gewand habe. Veranlasst doch, dass mir mein Gewand zurückgegeben wird!‘

Mit diesen Worten setzte er sich vor ihnen nieder. Die Dorfältesten ließen ihm sein Gewand aushändigen und waren sehr zornig auf die Frau. Sie entließen den Brahmanen, und er machte sich auf den Weg in seine Heimat.

Also, Prabhawati, wenn du auch eine solche List ausdenken kannst, dann gehe zuversichtlich an dein Werk.«

DREIUND-
DREISSIGSTE
ERZÄHLUNG

Wie der Kaufmann Salaschreschthin
seinen Siegelring zurückerhält,
den er der Frau des Bauern
als Liebeslohn geschenkt hat

Prabhawati fragte den Vogel, ob sie zu ihrem Liebhaber gehen solle. Auf ihre Bitte sprach der Papagei: »Wenn du, Matitschakora, einen Kampf so schlau zu führen weißt wie Salaschreschthin, dann gehe!«

Prabhawati wollte diese Geschichte kennenlernen und sagte es dem Papagei, der darauf antwortete:

»Hör zu, Prabhawati! Es gibt eine Brahmanensiedlung namens Pidawasi. In ihr lebte der Kaufmann Salaschreschthin. Er ging, um Körner einzukaufen, mit viel Geld in das Kleinod der Erde Schripura. Dort suchte er den angesehensten Bauern auf, der zahlreiche Landarbeiter beschäftigte und allen überlegen war, weil er viele Pflüge besaß.

Salaschreschthin begann mit ihm eine Unterhaltung und fragte ihn nach Weizen. Der Bauer antwortete: ,Den heutigen Tag magst du hierbleiben, Herr. Sobald morgen die Sonne aufgeht, zeige ich dir Weizen. Das verspreche ich!'

Nach diesen Worten ging der Bauer mit dem Kaufmann in sein Haus. Sie aßen beide an einem Tisch, und Salaschreschthin fing an, sich recht wohlzufühlen. Er betrachtete die Ehefrau des Bauern, deren Augen ihm ständig Seitenblicke zuwarfen, mit großer Aufmerksamkeit. Sie trug schwer an der Last ihres üppigen Gesäßes, und man sah ihr deutlich an, dass sie sich nach dem erbitterten Kampf des Ungleichpfeiligen sehnte. Ihre Perlenkette kam dort zum Vorschein, wo der Streit über die Grenze zwischen den beiden hochragenden Kuppeln der Brüste aufhörte. Ihr Gang besiegte selbst die ewig schnatternden Gänse und machte sie begierig, den Ton der juwelenbesetzten Fußspangen zu vernehmen, die bei ihrem raschen Schritt erklangen. Als der Kaufmann sie so vor sich sah, verlor er durch den Anprall der zahlreichen Pfeile des Liebesgottes jeglichen Halt, und sein Herz war augenblicklich von Kummer erfüllt.

Durch den Mund einer Botin teilte er ihr sein heißes Verlangen mit. Er schenkte ihr einen juwelenbesetzten Ring, den er am Finger trug, und forderte sie auf, mit ihm den wonnevollen Liebeskampf auszufechten. Sie aber gehorchte ihm und gab ihren ganzen Körper preis, weil ihre Sinne durch das Verlangen nach dem Siegelring betört waren.

Als die Lust vorüber war, geriet Salaschreschthin in tiefste Bestürzung: Der wunderwirkende juwelenbesetzte Siegelring, den ich an meiner Hand hatte und dessen Wert der ganzen Erde gleicht, ist dahin. Was soll ich jetzt tun, dass ich ihn wiederbekomme?

Nun, Prabhawati, auf welche Weise erhielt der Kaufmann unter solchen Umständen seinen Siegelring zurück?«

Obgleich Prabhawati sorgfältig überlegte, wusste sie es nicht. Sie fragte den Vogel, und der Papagei nahm seine Erzählung wieder auf:

»Hör zu, die du die Begegnung mit dem Liebsten ersehnst. Bei Tagesanbruch ging Salaschreschthin an den Fluss, reinigte Hände, Füße und alle anderen Körperteile und malte sich mit Sandelpaste ein Zeichen auf die Stirn. Dann ging er zum Ersten unter den Bauern, der gerade am Dorfeingang saß, und sagte zu ihm:

‚Wir wollen gleich gehen und unsere Stiere holen, danach die Säcke mit Weizen füllen, sie den Stieren auf den Rücken laden und abreisen. Deine Frau hat mit mir einen Vertrag abgeschlossen, und als Zeichen dafür, dass ich diesen Vertrag auch einzuhalten gedenke, habe ich ihr den Siegelring von meiner Hand übergeben.‘

Als der Bauer diese Worte des Kaufmanns gehört hatte, wurde er wütend und sprach: ‚Solange der Familienvorstand noch da ist, hat ein Geschäft, das die Frau abgeschlossen hat, keine Gültigkeit. Sieh einmal an! So treibt sie es also. Woher kommt bloß diese Selbständigkeit, dass sie ohne mich Geschäfte tätigt?‘

Unwillig sprach er zu seinem Sohn, der in der Nähe war: ‚Schnell, geh nach Hause und lass dir von deiner Mutter den Siegelring dieses Mannes geben.‘ Der Sohn tat, was ihm der Vater befohlen hatte.

Also, Prabhawati, wenn du auch einen solchen Plan entwerfen kannst, dann beginne nur, dein Vorhaben auszuführen.«

VIERUND-DREISSIGSTE ERZÄHLUNG

Wie Buddhimati doch zu
dem Seidenkleid kommt,
das ihr der Gemahl zunächst
verweigert hat

Abermals wandte Prabhawati ihre Aufmerksamkeit dem Vogel zu, weil sie zu ihrem Liebhaber gehen wollte.

Der Papagei sprach: »Prabhawati! Wenn du wie Buddhimati den Leuten einreden kannst, dass sie deine Äußerung falsch verstanden haben, dann geh ans Werk!«

Prabhawati sprach: »Wie gab Buddhimati ihrer Äußerung einen anderen Sinn? Erzähle mir doch diese Geschichte!«

Auf ihre Bitte erzählte der Papagei: »In einem Dorf namens Mangalapura lebte ein Bauer, der hieß Kalita. Buddhimati war seine Frau. Eines Tages sagte sie zu ihrem Gemahl: ›Kaufe mir doch ein seidenes Kleid, damit ich etwas anzuziehen habe!‹

Als der Bauer das hörte, gab er zur Antwort: ›Wir gehören zu den Familienvätern, die mit Ackerbau ihr Geld verdienen. Unseresgleichen zieht baumwollene Sachen an. Was willst du mit einem seidenen Gewand anfangen?‹

Buddhimati nahm die Worte ihres Gemahls schweigend entgegen. Eines Tages saßen alle Leute am Ortseingang und unter ihnen auch dieser Bauer, der das größte Ansehen bei den Leuten genoss. Da schickte Buddhimati ihren Sohn aus, um den Vater herbeizuholen. ›Geh zu deinem Vater‹, sprach sie, ›und sage ihm: ›Die Reissuppe ist fertig. Herr, du bist eingeladen, das Essen einzunehmen!‹

Der Junge ging zu ihm und richtete alles aus. Der Bauer schämte sich in seinem Innern sehr, als das Kind so sprach. Diese Worte nagten an ihm. Er ging nach Hause, alle anderen aber, die dort saßen, machten sich über ihn lustig: ›Einen solchen Mann nennt man nun reich. Wie, sollte es in seinem Hause nur Reissuppe zu essen geben?‹ Mit solchen Reden machten sich alle über den Bauern lustig.

Als er nun ganz wütend auf Buddhimati war, sagte jene die passenden Worte: ›Warum haben Familienväter wie du, die vom Ackerbau leben, Furcht vor dem Spott?‹

Als der Bauer das hörte, lachte er und sagte: ›Als ich so gesprochen habe, brachte es uns keine Schande. Ich kaufe dir ein wunderschönes Seidengewand, damit du etwas anzuziehen hast. Du musst aber durch eine besondere List deinen Worten von vorhin eine andere Bedeutung geben. Du musst so sprechen, dass ich mich nicht mehr zu schämen brauche.‘

Nun, Prabhawati, sage du, welche List sie gebrauchte, um die Verlegenheit zu beseitigen.«

Obgleich Prabhawati nach dieser Frage des Papageis in tiefes Nachdenken versank, vermochte sie mit ihrem Verstand die Sache nicht zu entscheiden. Deshalb fragte sie den Papagei, und er antwortete:

»Buddhimati kochte zu Hause viele verschiedene Speisen, nachdem sie ihrem Gemahl folgenden Auftrag erteilt hatte: ‚Setze dich heute wieder mit allen Leuten an den Dorfeingang. Ich werde abermals das Kind mit den Worten: ›Die Reissuppe ist fertig!‹ zu dir schicken, um dich herbeizuholen. Sage dann zu den armen Leuten: ›Kommt alle mit! Wir wollen Reissuppe essen!‹ und bringe so alle deine Freunde in unsere Küche!‘

Nachdem der Bauer seine Anweisung erhalten hatte, setzte er sich, umringt von den anderen Dorfbewohnern, am Ortseingang nieder. Abermals schickte Buddhimati ihren Sohn und ließ ihn sagen: ‚Komm, Vater! Die Reissuppe ist fertig. Komm zum Essen!‘ Er kam zu seinem Vater und richtete alles aus.

Der Bauer aber sprach wie verabredet alle Leute an: ‚Kommt alle mit! Wir wollen Reissuppe essen!‘ Als die Leute das hörten, wollten sie unbedingt diese Merkwürdigkeit sehen und kamen alle mit, um die Mahlzeit einzunehmen.

Da gab es verschiedene Reisspeisen und mancherlei besondere Gerichte. Als sie nun alle dieses aus so himmlischen Speisen bestehende Mahl einnahmen, da blickten sie auf die Speisen und sprachen zueinander: ‚Dem Bauern geht es aber wirklich sehr gut! Ein so vorzügliches Essen nennt man in seiner Familie einfach Reissuppe.‘ So sprachen sie alle und waren im Innern über das ausgezeichnete Essen erstaunt.

Also, Prabhawati, wenn du auf so listige Weise deinen Worten einen anderen Sinn unterzuschieben verstehst, dann befriedige deinen Wunsch.«

FÜNFUND-
DREISSIGSTE
ERZÄHLUNG

Wie der Diener Halapala
die Tochter seines Herrn
genießt und diesen von
seiner Unschuld überzeugt

Abermals blickte Prabhawati, als sie zu ihrem Geliebten gehen wollte, den Bewohner der Lüfte fragend an. Der Papagei verstand ihren Blick und sprach: »Wenn du, Herrin, von anderen angeklagt wirst und unter Aufbietung deiner größten Klugheit ihnen wie Halapala vorspielen kannst, dass etwas ganz anderes vorgefallen sei, dann wende dich der Erfüllung deines Wunsches zu.«

Prabhawati antwortete: »Wobei hat Halapala seine Klugheit offenbart? Erzähle mir diese Geschichte!«

Der Papagei sprach: »In einem Dorf mit Namen Mohanapura lebte der Bauer Purnapala. Sein Knecht, genannt Halapala, musste den Pflug führen. Tag für Tag kam die Tochter des Bauern und brachte ihm das Essen aufs Feld. Dort gaben sich die beiden mit großer Lust dem Liebesspiel hin.

Die Nachbarn erzählten dem Purnapala, was sie auf dem Felde trieben. Deshalb versteckte sich dieser einmal, um sich selbst die Sache anzusehen. Da kam seine Tochter mit dem Essen, und wirklich genossen beide die Freuden der Liebe, und Purnapala sah alles mit an. Als Halapala aber aufblickte, sah er den Purnapala herankommen.

Nun sage bitte, Prabhawati, was Halapala da zur Antwort gab.«

Obwohl Prabhawati angestrengt überlegte, konnte sie die Antwort nicht finden. Auf ihre Frage antwortete der Papagei Prabhawati so:

»Hör zu, Prabhawati! Als Halapala den Purnapala herankommen sah, sprach er zu dessen Tochter: ‚Wende dein Gesicht zur Erde und stelle dich schlafend.‘

Darauf rieb er ihr mit beiden Händen kräftig den Bauch und sprach dabei laut vor sich hin: ‚Ich pfeif auf dieses Leben! Niemals ging es mir so schlecht wie jetzt. Am Tage führe ich den Pflug. In der Nacht jedoch muss ich die Kühe anbinden, melken und alles andere besorgen. In der vierten Nachtwache muss ich bereits wieder aufstehen, um die Stiere auf die Weide im Wald zu treiben. Nun habe ich gerade gegessen, und das Essen war noch gar nicht bis in den Magen gelaufen, da sprang doch der Tochter meines Herrn ein Gelenk heraus. Um es wieder einzurenken, musste ich es besprechen und massieren und ihr den Bauch reiben. So viel Arbeit kann ich nicht mehr leisten. Wenn mein Herr heute kommt, werde ich ihm den Dienst kündigen und meiner Wege gehen.'

Purnapala aber, der, wie er meinte, ungesehen diese Worte hörte, dachte in seinem Herzen: Dieser arme Teufel ist wahrhaft treu! Seine Arbeitskraft ist wirklich groß. Jetzt ist er dabei, ihren Leib zu massieren. Das haben die Leute gesehen, und da sie nicht wissen, worum es geht, faseln sie irgendetwas zusammen. So behielt Purnapala den Halapala in seinem Dienst.

Also, Prabhawati, wenn du auch so geistesgegenwärtig bist, dann gehe munter daran, deinen Wunsch zu erfüllen.«

SECHSUND-
DREISSIGSTE
ERZÄHLUNG

Wie der Kaufmann Prijamwada
seine kupferne Waage
zurückbekommt, die man ihm
zu Unrecht vorenthält

Abermals sprach Prabhawati den edelsten der Vögel an, weil sie zu Winajakandarpa gehen wollte.

Er aber antwortete: »Wenn du, Herrin, wie Prijamwada eine besondere List hervorbringen kannst, dann bereite dich auf deinen Gang vor!«

Sie drang in den Papagei mit der Frage, was sich da zugetragen habe, und der Vogel begann, ihr die Begebenheit zu schildern:

»Höre zu, Herrin Prabhawati! Es gibt eine Stadt namens Winodapura. Dort lebte ein Kaufmann mit Namen Prijamwada. Da sein Vermögen langsam zu Ende ging, borgte er sich Geld, das ihm als Grundkapital für ein neues Unternehmen dienen sollte. Mit diesem Geld zog er aus, um seinen Geschäften nachzugehen. Als er sein Vorhaben ausgeführt hatte, ging er zum Hause des Geldgebers, um ihm das Geld zurückzuzahlen, und seine kupferne Waage abzuholen, die er als Pfand dortgelassen hatte.

Der Gläubiger wollte die Waage gern behalten und sagte deshalb zu dem Schuldner: ‚Deine kupferne Waage haben die Mäuse gefressen.‘

Als der Schuldner ihn so reden hörte, war er so sprachlos, dass er ihm gar keine Antwort gab, sondern auf ihn zutrat und nur sagte: ‚Dann gehe ich jetzt nach Hause!‘

Der Gläubiger antwortete: ‚Du sollst heute bei mir essen; doch bade erst und bete zur Gottheit. Dann kannst du nach Hause gehen!‘ Der Schuldner blieb auch dort, um die Beweise seiner Freundschaft entgegenzunehmen.

Als es Zeit war, nach Hause zu gehen, nahm jener den Sohn des Gläubigers, der an der Tür spielte, auf die Hüfte und ging vor den Augen aller Leute zu seinem Hause. Dort steckte er das entführte Kind in den Keller.

Mutter, Vater, Freunde und Verwandte in großer Zahl suchten verzweifelt nach dem Kind.

Überall erhielten sie die Auskunft: ‚Wir haben das Kind nicht gesehen!‘

Schließlich sagte eine Frau, die in der Nachbarschaft des

Gläubigers wohnte: ‚Der Gast, der bei dir war, hat dein Kind mitgenommen.‘

Nun eilten die Suchenden zum Hause des Schuldners. Dort angekommen, fragten sie ihn nach dem Kind. Er antwortete: ‚Ich habe dein Kind nicht entführt.‘ Der Lärm ihres Streites drang bis zum Himmel.

Danach begaben sich die beiden streitenden Parteien an den Königshof. Der Gläubiger meldete dem König, dass der Schuldner ihm sein Kind geraubt habe.

Der König ließ den Schuldner vortreten und fragte ihn: ‚Du hast das Kind dieses Mannes geraubt. Warum hast du das getan?‘

Nun, Prabhawati, sage mir, was der Schuldner antwortete!«

Obgleich Prabhawati sich bemühte, die Antwort zu finden, konnte sie sie doch nicht geben. Deshalb ließ sie sich die Antwort von dem Papagei sagen:

»Der Schuldner sagte zum König: ‚Ich habe diesen Knaben mitgenommen. Als ich ihn aber nach Hause zurückbringen wollte, kam ein Falke ganz plötzlich vom Himmel herab, packte das Kind und flog eilig davon.‘

Die Minister des Erdenherrschers, die den König bei seinen Entscheidungen stets berieten, hörten seine Antwort und riefen alle: ‚Das ist ja noch nie da gewesen!‘ Und verwundert fragten sie: ‚Was sprichst du da für ungereimte Worte? Wo hat denn jemals ein Falke ein Kind geraubt? So etwas hat man ja noch nie gesehen oder gehört!‘

Der Schuldner sprach mit einem Anflug von Triumph zum König: ‚Es heißt doch:

> Wo Mäuse die kupferne Waage fressen,
> deren Gewicht in die Tausende geht,
> dort kann ein Falk Elefanten selbst rauben;
> von einem Knaben sei ganz zu schweigen.‘

Da sagten die Weisen abermals zu ihm: ‚Was willst du damit sagen? Sprich es deutlich aus!‘

Er erzählte ihnen die ganze Geschichte mit der Waage, und als der König sie gehört hatte, zürnte er dem Gläubiger und zwang ihn, dem Schuldner die kupferne Waage zurückzugeben.

Also, Prabhawati, wenn du auch eine solche List erfinden kannst, dann denke daran, dein Vorhaben auszuführen!«

SIEBENUND-DREISSIGSTE ERZÄHLUNG

Wie der Brahmane Mantrasara
die Königstochter von
ihrem Geschwür heilt

Als Prabhawati wiederum ihre Frage an ihn richtete, antwortete der Papagei: »Herrin, wenn du dich wie der Brahmane Mantrasara aus einer plötzlichen Verlegenheit retten kannst, dann erfülle dir deinen Wunsch!«

Prabhawati fragte: »Wie rettete sich Mantrasara aus der Verlegenheit? Erzähle doch diese Geschichte!«

Der Papagei sprach: »Höre zu, Prabhawati! In einer Stadt namens Surabhawana regierte ein König mit Namen Tschandraschekhara. Er hatte eine Tochter, die hieß Malamandschari.

In diesem Ort wohnte ein Brahmane namens Mantrasara, der von Almosen lebte. Wenn jemandem der Kopf, der Bauch oder irgendetwas anderes wehtat, verordnete er geweihtes Wasser oder geweihte Asche. Weil er die Dämonen von den Kindern fernhielt und sich angeblich in allerlei anderen Künsten auskannte, stand er bei den schlanken Frauen des Ortes in hohem Ansehen. Dabei verstand er überhaupt nichts, sondern verließ sich ganz auf seine Frechheit.

Zu dieser Zeit bekam die Tochter des Königs am Halse einen ganz abscheulichen Karbunkel. Um den Karbunkel zu beseitigen, rief man viele Ärzte und Beschwörer herbei, aber trotz aller Bemühungen konnte kein Einziger die Krankheit heilen. Die Ärzte verließen sie alle mit den Worten: ‚Dieser Karbunkel ist unheilbar!‘

Deshalb ließ der König im ganzen Land unter Trommelwirbel bekannt geben: ‚Ich biete dem tausend Goldmünzen, der den Karbunkel meiner Tochter beseitigt.‘

Diese Nachricht hörte die tüchtige Ehefrau des Mantrasara auf der Straße. Sie ging hin und sagte zu den Ausrufern, nachdem diese sie vorgelassen hatten: ‚Mein Gemahl wird das Geschwür der Königstochter beseitigen!‘

Der König gab ihr seine Soldaten mit, um ihn herbeizuholen. Als Mantrasara sie bemerkte, sagte er zu seiner Frau: ‚Was soll das bedeuten?‘ Daraufhin erzählte sie ihm die Begebenheit.

‚Elende!‘, sagte er, ‚Da hast du viel zu viel versprochen! Ich weiß überhaupt nicht, was für eine Arznei ich in diesem Falle anwenden soll. Du hast großes Unglück über mich gebracht.‘ So sprach er, denn er war sehr besorgt.

Die Brahmanin sagte: ‚Warum machst du dir Sorgen? Wo gibt es denn auf der Welt einen, der wirklich Wissen besitzt? Es bestehen doch alle aus Lügen. Deshalb gehe jetzt hin und tritt vor den König! Sieh dir den Karbunkel seiner Tochter an, besprich ihn mit Beschwörungsformeln und kehre nach Hause zurück. Nach zwei Tagen wird sie gesund werden, und dein Ruhm wird den Ruhm der ganzen Erde übertreffen. Tritt aber keine Besserung ein, dann schiebst du die Schuld auf das Alter des Mädchens. So ist es doch bei euch Ärzten üblich.‘

Mit solchen geschickten Worten machte die Frau dem Mantrasara Mut. Er befahl sich seiner Schutzgottheit und ging aus, um den König aufzusuchen. Als er zum König kam, zeigte ihm dieser den Karbunkel am Hals seiner Tochter.

Nun, Prabhawati, sage mir, wie Mantrasara diese Situation meisterte.«

Da suchte Prabhawati mit ihrem ganzen Verstand nach einer List, aber sie kam nicht auf den Kern der Sache, und als die Nacht vorüber war, fragte sie den Papagei.

Er antwortete: »Der Brahmane ergriff ein Bündel Darbha-Gras und begann den Karbunkel des Mädchens zu besprechen. So lautete sein Zauberspruch: ‚Om! Verehrung dir, Herrin Tschamunda! Du bist meine Herrin! Meine Frau, diese Tschandala-Brahmanin hat Unheil über mich gebracht. Befreist du mich aus dieser üblen Lage, dann bist du wirklich die Meine. Heil dir, die du schweigend herabschaust!‘

Diesen Zauberspruch begann er herzusagen. Die Königstochter hörte die Worte des Mantrasara. Deshalb verzog sich ihr Mund zu einem breiten Lachen. Durch die Bewegung beim Ausbruch des Lachens dehnten sich die zusammengezogenen Adern am Halse der Königstochter, und da in diesem Augenblick der Karbunkel reif geworden war, platzte er beim gewaltsamen Emporziehen der Nase auf. Die Eiterflüssigkeit lief vollständig heraus, und das Mädchen wurde wieder gesund. Da ehrte der König den Mantrasara.

Also, Prabhawati, wenn du eine solche Notlage überwinden kannst, dann handle nach deinen Wünschen.«

ACHTUND-DREISSIGSTE ERZÄHLUNG

Wie Balakrischna seine Stiefmutter zwingt, ihn anständig zu behandeln

Abermals wandte Prabhawati sich mit ihrer Frage an den Vogel, weil sie zum Haus ihres Liebhabers gehen wollte. Der Papagei sprach:

»Wenn du, Herrin, deinen Worten wie Balakrischna einen anderen Sinn unterschieben kannst, dann gib deinem Wunsche nach!«

Prabhawati sagte zum Papagei: »Erzähle mir doch, wie Balakrischna seinen Worten einen anderen Sinn gab!«

Der Papagei sprach: »In der Stadt Gowardhana gibt es einen großen Tempel, der Wischnu und Lakschmi geweiht ist. Der Tempeldiener war ein Brahmane namens Dewadhara. Er hatte einen fünfjährigen Sohn, der hieß Balakrischna. Als seine Mutter starb, heiratete der verwitwete Dewadhara wieder. Die Stiefmutter setzte Balakrischna immer zurück und gab ihm nicht einmal so einfache Speisen wie Reisbrei zu essen. Balakrischna erzählte seinem Vater, wie die Stiefmutter ihn vernachlässigte.

Der Vater aber sagte aus Liebe zu seiner Frau nichts, was die Vernachlässigung seines Sohnes hätte beseitigen können.

In seiner Not überlegte Balakrischna: Was soll ich nun noch tun? Weil er die Stiefmutter so sehr liebt, will der Vater nicht glauben, dass sie mich vernachlässigt. Ich will eine List gebrauchen, um seine Liebe zu ihr zunichtezumachen. Das wird mir dann bestimmt helfen.

Als Balakrischna nun eines Tages seinen Vater erblickte, trat er zu ihm und sagte: ‚Lieber Vater, darf ich dir etwas mitteilen?‘

Der Vater forderte ihn auf zu reden, und Balakrischna antwortete: ‚Ich habe noch einen zweiten Vater. Was du jeden Tag tust, tut auch er.‘

Der Vater sprach: ‚Den musst du mir einmal zeigen!‘, und Balakrischna antwortete: ‚Ich werde ihn dir eines Tages zeigen.‘

Da stieg im Herzen des Dewadhara der Zweifel auf, und er sagte zu sich selbst: Wer maßt sich an, das Verhalten der Frauen zu kennen? Es gibt wohl keinen, dem die Frauen völlig ergeben sind. Es heißt doch auch:

Die Lehre muss man stets durchdenken,
auch wenn ein Kluger sie erdacht;
dem Fürsten muss man stets misstrauen,
auch wenn man ihn für sich gewann;
die junge Frau muss man stets hüten,
auch wenn sie auf dem Schoß uns sitzt:
Wie sollten unsrer Herrschaft fügen
sich Lehre, Fürst und Frauen sonst?

Ganz gleich, was das Kind da spricht. Seine Worte können nicht ohne Hintergründe sein. Irgendetwas Wahres ist daran! So dachte er bei sich.

Er versagte seiner Frau die frühere Liebe und war außerordentlich gereizt. Das zeigte sich darin, dass er anfing, Schimpfworte auszustoßen, Schläge auszuteilen, sie einfach schlecht zu behandeln.

Seine Frau überlegte nun: Mein Gemahl war mir in der Vergangenheit herzlich zugetan. Diese Liebe ist jetzt durch die Bemühungen Balakrischnas zerstört worden. Deshalb will ich ihn herbeirufen und alles tun, dass er mir nicht mehr böse ist.

Sie rief also Balakrischna herbei und sprach: ‚Du bist mein lieber Junge! Wenn du mich besser behandelst, erfülle ich dir deine Wünsche.‘ Balakrischna antwortete: ‚Warum sollte ich dich besser behandeln? Wie hast du es denn gemacht? Die ganze Zeit hast du dich um mich überhaupt nicht gekümmert!‘

Die Stiefmutter sagte: ‚Lieber Junge, von heute an werde ich dich ordentlich versorgen. Alles, was du haben willst, gebe ich dir. Jetzt will ich dir immer Gutes tun. Das verspreche ich dir!‘

Daraufhin verpflichtete sich Balakrischna, sie besser zu behandeln. Nun, Prabhawati, überlege auch du, wie Balakrischna die vorher aufgestellte Behauptung zurücknahm.«

Prabhawati begann zu überlegen, aber sie wusste es nicht. Deshalb fragte sie den Vogel, und dieser antwortete:

»Prabhawati! Da ging Balakrischna zu seinem Vater, den er gerade dasitzen sah, und sprach: ‚Lieber Vater, ich will dir meinen zweiten Vater zeigen!‘

‚Zeige ihn!', antwortete Dewadhara.

Nach dieser Aufforderung holte Balakrischna einen Spiegel, nahm ihn in die Hand und hielt ihn dem Vater vor das Gesicht. Dann deutete er auf das Spiegelbild und sagte: ‚Der eine Vater bist du, der andere Vater ist dieser da.' Balakrischna bewegte die Hand des Vaters, da bewegte sich auch die Hand des Spiegelbildes. Er sprach: ‚Das hier ist er: was du tust, das tut auch er.'

Nach diesen Worten Balakrischnas schwand die Verstimmung aus Dewadharas Herzen.

Also, Prabhawati, wenn du auch eine Äußerung umdeuten kannst, dann tue, was dein Herz begehrt.«

NEUNUND-DREISSIGSTE ERZÄHLUNG

Wie der Minister Bahubuddhi
den König vor einem
Ehebruch bewahrt

Abermals fragte Prabhawati den Vogel, und er antwortete: »Herrin Prabhawati! Der Minister Bahubuddhi hielt den Kummer von seinem Fürsten fern. Wenn du auch zu solcher Tat fähig bist, dann begib dich auf deinen Weg.«

Als Prabhawati das hörte, fragte sie den Papagei nach der Geschichte des Bahubuddhi. Der Vogel erzählte bereitwillig und erfreute Prabhawati durch seine Kunst, die Worte zu setzen:

»In einer Stadt namens Pratapapura lebte ein Fürst mit Namen Bharatatscharja. Sein Minister hieß Bahubuddhi. Der Fürst nahm stets an den Konzerten teil, die dieser Minister veranstaltete, und lauschte Tag und Nacht eifrig den Liedern der Sänger.

Eines Tages traten Matanga-Sänger auf. Eine Sängerin aus ihrer Mitte namens Kokila trug ein Solostück vor. Sie begleitete ihren Gesang mit rhythmischen Bewegungen, wie man sie vorher noch niemals gesehen hatte. Selbst die Schauspieler waren von ihrem Vortrag völlig gefangen, so dass alle ihre äußeren und inneren Regungen erstarrten.

Auch des Königs Herz war berauscht. Der Vortrag der Sängerin vernebelte seine Sinne mit dem dichten, wallenden Rauch der Flamme, die der Liebesgott entfacht. Der Stolz des Königs zerrann, und sein scharfer Verstand schwand dahin, denn das Herz verlangte nach wogender Lust. Was war da zu machen, als der König sich in einem solchen Zustand befand?

Da der Minister schon wusste, was nun folgen würde, sagte er zu dem irdischen Paka-Töter: ,Majestät! Niemals darf man sein Verlangen unterdrücken, man muss stets dafür sorgen, dass es erfüllt wird. Ihr seid König. Was ist mit Euch geschehen? Wenn Euch das Schicksal einen schweren Schlag versetzt, dann hat es auch einen Weg bestimmt, der Euch aus dem Leid herausführt.'

Mit solchen Worten nährte er die Hoffnung des Fürsten. Der König befahl dem Minister: ,Komme mit ihr am Abend an einen bestimmten Ort!' Der Minister nahm den Befehl des Königs entgegen und entfernte sich.

Nun, Prabhawati, nenne mir die List, durch die der Minister den Befehl umging.«

Nach diesen Worten des Papageis konzentrierte Prabhawati ihre Gedanken darauf, aber sie fand keine List. Da fragte sie nun den Papagei, und dieser sprach:

»Prabhawati! Der Minister ging zur Königin, die der Herrscher vor einiger Zeit verlassen hatte, und sagte zu ihr: ‚Heute haben wir mit dem Fürsten über dich gesprochen und alles getan, um seine Liebe zu dir wieder zu wecken. Du besitzt doch einen Bildersaal, den der König dir einmal geschenkt hat. Dorthin sollst du dich heute zur Abendzeit schön geschmückt begeben!'

So sprach der alte Minister und führte sie am Abend in jenen Bildersaal. Er gab der Königin Kleider und Schmucksachen, wie sie die Sängerin getragen hatte, und sprach: ‚Der König lässt dir die Kleider und den Schmuck als Geschenk überreichen.'

Als er im Bildersaal alles ausgerichtet hatte, entfernte sich der Einsichtsvolle. Er kam zum König und meldete ihm: ‚Majestät, ich habe getan, was Ihr, Erhabener, mir aufgetragen habt, und sie in den Bildersaal geführt.'

Der König begab sich nun dorthin, das Herz vom Liebesgott gepeinigt, und bedrängte sie mit seinen Wünschen. Als er danach den Bildersaal verließ, war er ganz versunken in Betrachtungen darüber, wie schnell doch die Gewalt der hochgehenden Wogen der Verblendung vergeht, die die Pfeile des Liebesgottes hervorrufen.

‚Rühr mich nicht an! Tritt zur Seite!', sprach er zu dem Minister. Der entgegnete ihm: ‚Warum denn, Herr?'

Der König sagte: ‚Ich habe eine so schwere Schuld auf mich geladen, dass ich sie jetzt mit meinem Tode büßen will.'

Als der Minister das gehört hatte, sagte er: ‚Was wäre ich für ein Minister, wenn der König eine unüberlegte Handlung begehen könnte, während ich bei ihm bin. Eine List ist nur dann vollständig, wenn sie sogar Schlangen hintergeht.'

Der König sprach zum Minister: ‚Ich habe mit der Sängerin

geschlafen!' Der Minister aber holte eine Lampe herbei und zeigte dem König die Königin. Bei ihrem Anblick war der König von Freude erfüllt und sprach: ,Auf dich passt der Name Bahubuddhi so gut wie auf keinen anderen.'

Also, Prabhawati, wenn du solch einen Ausweg ersinnen kannst, dann geh ans Werk.«

VIERZIGSTE ERZÄHLUNG

Wie Kalahaprija einen Tiger
in die Flucht schlägt

Abermals fragte Prabhawati den Geflügelten, und dieser sprach:

»Wenn du, Herrin, bei der Überwindung von Schwierigkeiten so entschlossen bist wie die Tigertöterin, dann gib deinem Wunsche nach.«

Als Prabhawati danach fragte, erzählte ihr der Papagei die Geschichte der Tigertöterin.

»Hör zu, Prabhawati! Es gibt eine Stadt Wischalapura. Dort regierte der König Witscharawira. Er hatte einen Diener Dschagandha, und dessen Frau war Kalahaprija, die Tigertöterin. Tag und Nacht lag sie mit ihrem Gemahl in Streit. Wenn er nach Hause kam und sich zum Essen niedersetzte, dann begann sie ohne jeden Anlass zu streiten. Nicht einen Augenblick konnte sie still sein. Und es heißt:

> Wer ein widerliches Weib hat,
> das da immer zankt und geifert,
> der wird bald ein alter Mann sein,
> ohne dass er alt an Jahren.

Mit solchen Worten jagte er sie schließlich fort. Er verstieß sie samt ihren beiden Kindern. ›Nun gibt es keine Beziehung mehr zwischen uns, die diese Trennung aufheben könnte‹, sagte er, als er sie wegschickte.

Die Verstoßene nahm ein Kind auf die Hüfte, das andere fasste sie an der Hand und ging mit ihnen zum Haus ihrer Mutter in ein anderes Dorf.

Als sie zur Mittagszeit auf einem Waldweg dahinwanderte, wurde sie müde und setzte sich unter einen Baum. Ein Tiger erblickte sie von Weitem und kam herbei, um sie zu fressen.

Nun, Prabhawati, überlege, welche List sie in dieser Situation anwandte.«

Da begann Prabhawati zu überlegen, aber sie fand die Lösung nicht. In der Zwischenzeit verging die Nacht. Am Morgen beschwor Prabhawati den Papagei, ihr die List zu verraten, und er schickte sich an, sie ihr zu nennen.

»Hör zu, Prabhawati! Als die Verstoßene den Tiger herankommen sah, schlug sie ihre beiden Kinder mit einem Korb, so dass sie unter den Schlägen weinten. Um nun ihr Weinen zu beschwichtigen, sagte sie zu ihnen: ‚Ich bin doch die Tigertöterin und werde schon zwei Tiger töten, um euch damit satt zu kriegen. Bis ein zweiter Tiger sich findet, werde ich den töten, der da gerade herankommt. Den könnt ihr euch teilen und aufessen.'

Nach diesen Worten setzte sie die beiden Kinder auf die Erde und schickte sich an, den prächtigen Tiger mit unwiderstehlicher Kraft zu zerreißen. Als der Feind des Wildes ihre Worte vernahm, da rannte er in wilder Flucht davon, um sein Leben zu retten.

Wenn du auch so zu handeln verstehst, Prabhawati, dann gehe!«

EINUND-VIERZIGSTE ERZÄHLUNG

Wie Kalahaprija einen Tiger
und einen Schakal
in die Flucht schlägt

Abermals begann Prabhawati den Papagei zu fragen. Der Papagei sprach: »Wenn du, Herrin, im Erfinden geeigneter Listen so gewandt bist wie die Tigertöterin, dann gehe!«

Prabhawati wollte die Geschichte hören und fragte den Papagei. Dieser aber sprach:

»Hör zu, Prabhawati! Der Tiger floh also. Da sah ihn unterwegs ein Schakal. Dieser sprach zu der Raubkatze: ‚Hallo, Tiger! Warum befinden sich Eure Majestät auf der Flucht?‘ Der Tiger gab keine Antwort. Da redete der Schakal dem Tiger die Furcht mit geeigneten Worten aus und brachte ihn zum Stehen.

‚Es verfolgt dich ja gar nichts! Überzeuge dich doch davon, wie grundlos die Furcht ist, die dich befallen hat. Lass diese Furcht fahren und erzähle mir erst einmal. Ich werde das drohende Unheil mit schlauer List von dir abwenden, ganz gleich, was es ist!‘

Als der Tiger das hörte, fasste er neuen Mut und blieb einen Augenblick stehen. Er erzählte dem Schakal die Geschichte von der Tigertöterin, wie sie sich eben zugetragen hatte.

Der Schakal hörte sie an und begann dann zu sprechen: ‚Geh mir weg! Wer hat dich wohl zu einem Tiger gemacht? Du bist für mich ein großer Dummkopf. Sie wollte dich nur erschrecken! Wo töten denn Menschen einen Tiger? Deine Angst ist völlig unbegründet. Komm! Wir wollen noch einmal zu ihr!‘

Der Tiger antwortete: ‚Damit du fliehst und sie mich packt und umbringt!‘

Da sprach der Schakal: ‚Wenn du glaubst, dass ich fliehen werde, dann binde mich an deinen Hals. Dann brauchst du keine Angst zu haben, dass ich fliehen könnte.‘

Der Tiger band den Schakal an seinen Hals. So sah die Tigertöterin die beiden herankommen.

Nun, Prabhawati, überlege und sage mir dann, welche List die Tigertöterin jetzt anwandte!«

Prabhawati wachte bis zum Morgengrauen, aber es kam ihr keine Erleuchtung, und weil sie das Geheimnis dieser List nicht lüften konnte, fragte sie neugierig den Papagei. Dieser sprach:

»Hör zu, Prabhawati! Als die Tigerfresserin den Schelm und den Feind der Tiere herankommen sah, sprach sie zu dem Schakal: ‚He, Schakal! Gestern hattest du den Auftrag noch besser erfüllt, als du es mir versprochen hattest. Und warum hast du heute nur einen Tiger hergebracht? Ein Tiger füllt nur den Bauch des einen Kindes. Soll das andere Kind etwa dich verspeisen?'

Als der Tiger diese Worte hörte, ergriff er auf der Stelle wieder die Flucht.

Also, Prabhawati, wenn auch du über so außergewöhnliche Listen verfügst, dann gehe deinen Weg.«

ZWEIUND-VIERZIGSTE ERZÄHLUNG

Wie der Schakal den Tiger
bewegt, ihn freizugeben

Abermals redete Prabhawati den Geflügelten an, und der Papagei sprach:

»Wenn du wie dieser Schakal bei einer drohenden Todesgefahr eine rettende List finden kannst, dann geh deiner Neigung nach!«

Als Prabhawati das gehört hatte, sagte sie: »Was für eine Gefahr hat der Schakal überwunden? Erzähle mir bitte diese Geschichte.«

Auf Prabhawatis Bitte erhob der Luftwandler seine Stimme: »Hör zu, Herrin! Der Tiger floh also, weil er fürchtete, sein Leben zu verlieren. Den Schakal aber, der an seinem Hals festgebunden war, schleifte er über den Erdboden hin. Er zerrte ihn durch dichtes Dorngestrüpp, so dass an seinem Leib das Fell aufgerissen wurde und seine Pfoten schmerzten. So sah es nun aus. Da er sich in einer solchen Lage befand, dachte der Schakal: Im nächsten Augenblick werden meine Lebensgeister entschwinden! Und er klammerte sich an den Rest des Lebens, der noch in ihm war.

Nun, Prabhawati, sage mir, auf welche Weise sich der Schakal, der am Hals des Tigers festgebunden war, befreite.«

Prabhawati dachte darüber nach, aber sie wusste nicht, durch welche List sich der Schakal befreite. Da fragte sie bei Tagesanbruch den Geflügelten, und der Papagei antwortete:

»Als er so mitten durch das Dorngestrüpp geschleift wurde, brach der Schakal in Lachen aus.

Da fragte ihn der Tiger: ‚Warum, Schakal, lachst du mich denn jetzt aus!‘

Der Schakal antwortete: ‚Weil ich deine Dummheit sehe, muss ich lachen.‘

Und der Tiger entgegnete: ‚Wie kannst du mir Dummheit nachsagen?‘

Der Schakal antwortete: ‚Wohin du dich auch immer wenden wirst, die Tigertöterin wird dir überallhin folgen und dich doch noch verspeisen.‘

Da sprach der Tiger: ‚Woher weißt du das?‘

Der Schakal antwortete: ‚Wenn die Tigertöterin die Spur

von meinem Blute sieht, wird sie den richtigen Weg finden und bestimmt herkommen. Sie wird dich, wenn sie einmal da ist, ohne Zweifel töten. Das kannst du mir glauben. Wenn du Lust hast weiterzuleben, dann binde mich von deinem Hals los!'

Der Tiger glaubte diesen Worten des Schakals, band den Schelm der Tiere, der ihm am Halse hing, auf der Stelle los und jagte auf einem anderen Weg davon.

Also, Prabhawati, wenn du eine solche List zu finden weißt, dann gehe deinen Weg.«

DREIUND-
VIERZIGSTE
ERZÄHLUNG

Wie der Brahmane
Wischnuwardhana die Kupplerin
vom Baume herunterholt und
sein Geld zurückbekommt

Abermals redete Prabhawati den Vogel an, weil sie zu ihrem Liebhaber gehen wollte. Er antwortete: »Wenn du, Herrin, deinen Widersacher überwinden kannst wie Wischnuwardhana, dann gehe!«

Prabhawati sagte zu dem Vogel: »Erzähle mir doch diese Geschichte!«, und der Papagei sprach:

»In einer Stadt namens Kanjakubdscha lebte ein Brahmane, ein gewisser Wischnuwardhana, der beim Genuss der Liebe außerordentlich lüstern und unbändig war. In ganz Kanjakubdscha konnte keine mit liebenswerten Eigenschaften ausgestattete Frau seine Rohheit ertragen. Wegen dieser Veranlagung war er sehr berüchtigt.

Eines Nachts rief eine Hetäre diesen Mann zu sich, der selbst für eine ganze Reihe von Nächten gut war. Sie war in der Liebe sehr erfahren und wollte durch große Berühmtheit den gleichgestellten Hetären den Rang streitig machen.

Als sie den Wischnuwardhana einlud, sagte er: ,Freundin der Lust, du kannst meinem Liebeskampf nicht standhalten! Wenn du ihm nicht standhältst, fordere ich von dir das Doppelte des Preises zurück, der für eine Nacht vereinbart ist.'

Ihre Kupplerin erklärte sich mit seiner Forderung einverstanden und empfing von ihm das Geld, das als Preis für eine Nacht vereinbart war.

Wischnuwardhana genoss nun die ganze Nacht über die Freundin der Lust. Mitten in der Nacht wurde ihr ganz elend, und sie erhob sich vom Lager unter dem Vorwand, einmal hinausgehen zu müssen. Sie ging zur Kupplerin und sagte zu ihr: ,Gib ihm sein Geld zurück! Sein Liebeskampf nimmt solche Ausmaße an, dass er meinem Leben ein Ende zu machen droht!'

Die Kupplerin antwortete: ,Dann verrecke, du Hure deines Vaters! Gibt man etwa Geld zurück, das man in die Hand bekommen hat? Wer würde dich dann wohl noch zu den käuflichen Mädchen rechnen? Geh zu ihm zurück und ergötze ihn nur noch einen Augenblick mit gewandten und liebevollen Aufmerksamkeiten. Inzwischen will ich diesen Baum besteigen und mehrmals wie ein Hahn krähen. Sage du dann zu ihm, dass der Morgen schon da sei, und fordere ihn auf, dich zu verlassen!'

Mit diesem Auftrag ging die Freundin der Lust zu Wischnuwardhana zurück und beglückte ihn weiter mit den Spielen der Liebe. Die Kupplerin aber stieg auf den Bilwa-Baum, der dicht an der Tür stand, und krähte mehrmals wie ein Hahn.

Als die Freundin der Lust das Krähen hörte, sagte sie zu dem Liebhaber: ,Die Morgenzeit ist schon herangekommen. Du musst jetzt gehen!' Mit diesen Worten schickte sie ihn fort.

Nun, Prabhawati, überlege und sage mir, was Wischnuwardhana darauf tat.«

Obwohl Prabhawati darüber nachdachte, fand sie doch keine Lösung. Sie fragte den Papagei, und dieser antwortete:

»Höre zu, Prabhawati! Als Wischnuwardhana aus der Tür in den Hof trat, bemerkte er, dass noch tiefe Nacht war, und als die Kupplerin darauf abermals den Hahnenschrei ausstieß, durchschaute er ihren Plan. Er warf mit faustgroßen Steinen nach der Kupplerin, die auf dem Baum saß, und stürzte sie auf die Erde herab. Schreiend fiel sie herunter.

Da lief die Freundin der Lust auf ihn zu, warf sich ihm zu Füßen und flehte um Gnade: ,Nimm dein Geld zurück, aber habe Mitleid mit uns!' Mit diesen Worten gab sie ihm sein Geld wieder.

Also, Prabhawati, wenn auch du ein so ausgezeichnetes Mittel anwenden kannst, dann gehe deiner Wege!«

VIERUND-VIERZIGSTE ERZÄHLUNG

Wie der Brahmane Prijadschalpaka
die von einem Dämon besessene
Königstochter erlöst

Abermals fragte Prabhawati den Vogel. Er antwortete: »Wenn du, Herrin, wie Prijadschalpaka einer gefährlichen Lage gewachsen bist, dann widme dich deinem schönen Vorhaben!«

Prabhawati sprach: »Welche gefährliche Situation hat Prijadschalpaka überwunden? Erzähle mir das doch!«

Auf ihr Bitten sprach der Papagei: »Pass auf, Prabhawati! Es gibt einen Wallfahrtsort namens Aschapura. Dort lebte Prijadschalpaka als Tempeldiener. Seine Frau hieß Karkascha. Ob es Tag war oder Nacht, jeden Augenblick begann sie einen neuen Streit. Nicht eine Sekunde konnte sie in Frieden leben.

An des Tempeldieners Haustür stand ein Pippala-Baum. Auf diesem Baum wohnte ein Dämon. Wie selbst von einem bösen Dämon getrieben, verließ er seinen Wohnsitz und lief eilig davon, weil ihn das fortwährende Streiten und Zanken der Karkascha peinigte. Er wohnte von nun an auf einem Schalmali-Baum, der außerhalb des Dorfes stand.

Nach geraumer Zeit war es Prijadschalpaka überdrüssig, ständig durch Karkaschas Schimpfen gedemütigt zu werden. Er lief seiner Frau davon und wanderte aus.

Als er das Dorf verließ, erblickte er am Ortsausgang den Dämon, der früher auf dem Baum in seinem Hof gewohnt hatte. Der Dämon stand leibhaftig vor ihm und fragte: ‚Du wanderst aus?‘

Prijadschalpaka antwortete: ‚Ich fliehe vor meiner Frau‘ und fragte diesen: ‚Wer bist du?‘

Der Dämon antwortete: ‚Ich habe auf einem Pippala-Baum gewohnt, der dicht bei deiner Haustür steht. Auch als ich von einflussreichen Beschwörern vertrieben werden sollte, bin ich nicht weggegangen. Doch obgleich ich so ein vollkommener Brahmanen-Dämon bin, habe ich aus Furcht vor deiner Frau die Flucht ergriffen und wohne nun hier. Jetzt bist auch du voller Angst, und weil wir beide Genossen im Unglück sind, werde ich dir einmal einen Dienst erweisen.‘ Das versprach der Dämon dem Prijadschalpaka.

Einige Zeit später fuhr er in den Leib einer Königstochter.

Da kamen viele Fürsten herbei, um sie zu heilen, aber kein einziger konnte den Dämon vertreiben.

Bei dieser Gelegenheit traf auch der Brahmane Prijadschalpaka dort ein. Er trat vor den König und sprach: ‚Ich will die Prinzessin gesund machen!'

Der König sagte: ‚Wenn du die Geisteskrankheit meiner Tochter heilst, dann schenke ich dir Geld im Überfluss und das halbe Königreich dazu.'

Der Brahmane sah der Prinzessin ins Gesicht, und noch in derselben Nacht zog er auf einem viereckigen Platz unter Ausführung der sechzehnfachen Verehrung den Kreis der vierundsechzig Hexen, der durch Lampenreihen ringsum erglänzte. Mit besonderen Speiseopfern brachte er eine vollkommene Verehrung dar. Er ließ den Himmel vom Lärm der Trommeln widerhallen und ging daran, all die verschiedenen Perlen unter den Heilmitteln und Zaubersprüchen anzuwenden.

Als der Dämon den Lärm vernahm, übermannte ihn der Zorn, und er sprach bei sich: Dieser Mann will mit aller Gewalt etwas erreichen, was seine Kraft übersteigt. Ich will jetzt sehen, was er alles kann. So sprach der Dämon bei sich, und kein noch so kräftiges Mittel konnte ihn bewegen, die Prinzessin zu verlassen.

Nun, Prabhawati, sage mir, was für eine List der Brahmane da anwandte.«

Prabhawati richtete ihre Gedanken immer wieder auf diese Frage, aber sie wusste es nicht. Sie fragte den Papagei, und der Vogel sprach:

»Pass auf, Prabhawati! Der Brahmane flehte den Dämon an: ‚Du hast mir dein Wort gegeben und musst es nun getreulich halten!'

Als er so dastand und einen solchen Spruch aufsagte, hatte der Brahmanen-Dämon Mitleid und sprach: ‚Ich werde diese Prinzessin verlassen und weggehen. Nimm, was der König dir dafür geben wird, und sei glücklich. Ich werde anderswohin gehen und in einen anderen Leib fahren. Dorthin darfst du aber nicht kommen. Wenn du trotzdem kommst, werde ich dich auffressen.'

Nach diesen Worten fuhr der Dämon davon, und die Königstochter wurde wieder gesund.

Der König aber entließ den Brahmanen Prijadschalpaka mit großen Ehrungen.

Also, Prabhawati, wenn auch du eine so leuchtende Klugheit besitzt, dann begib dich auf deinen Weg.«

FÜNFUND-VIERZIGSTE ERZÄHLUNG

Wie der Brahmane Prijadschalpaka
den Dämon aus einem Königssohn
austreibt

Abermals wollte Prabhawati am späten Abend zum Hause des Winajakandarpa gehen und richtete deshalb ihre Worte an den Luftwandler.

Er hörte sie an und griff dann selbst nach der Fülle der Worte, um sie ihr zu verkünden:

»Wenn du, Herrin, klug genug bist, um die Verlegenheit zu überwinden, in die jener Brahmane Prijadschalpaka wiederum geriet, dann gehe bitte!«

Prabhawati sagte: »Wie überwand er die Verlegenheit? Erzähle mir diese Geschichte!«

Der Papagei sprach: »Jener Prijadschalpaka fing nun an, ein glückliches Leben zu führen, denn der Landesherr hatte ihm unermessliche Reichtümer überlassen und ihm sogar die Hälfte seines Reiches geschenkt.

So stand es um ihn, als der Brahmanen-Dämon in den Leib eines anderen Menschen, nämlich eines Königssohnes, fuhr. Da kamen die Diener vom Herrscher dieses Landes, um jenen Brahmanen als Beschwörer herbeizurufen. Der König schickte ihn hin. Und als er dort angelangt war, erblickte er den Dämon.

Da sprach jener Dämon: ,He, Prijadschalpaka! Warum bist du hierhergekommen, obgleich ich es dir verboten habe? Jetzt werde ich dich sogleich verschlingen.'

Nun, Prabhawati, sage mir bitte, durch welche Antwort er sich aus der Umklammerung des Dämons befreite?«

Prabhawati begann zu überlegen, aber sie fand die Antwort nicht. Sie fragte den Papagei, und der Luftwandler sprach:

»Jener Prijadschalpaka, Herrin, trat auf den Königssohn zu, dessen Leib vom Dämon befallen war, legte die Hände aneinander und fing an zu sprechen: ,Herr und Gebieter! Warum bist du unwillig? Ich bin aus einem ganz besonderen Grund hierhergekommen. Meine Frau Karkascha hat nämlich gehört, dass ich mich hier aufhalte. Sie hat deshalb ihr Haus verlassen und ist auf dem Wege zu mir. Weil ich weiß, dass du mein Freund bist, bin ich nun gekommen, um dich zu fragen, was ich da am besten tun soll. Gib mir bitte einen klugen Rat! Ich werde ihn dann genau befolgen.'

Als der Dämon das gehört hatte, sprach er: ‚Tu, was du für richtig hältst. Ich aber werde von diesem Ort fliehen und in ein anderes Land ziehen.' Und er verließ nach diesen Worten den Königssohn.

Der König aber ehrte den Beschwörer, wie er es verdient hatte.

Also, Prabhawati, wenn du imstande bist, mit deiner Klugheit eine solche Schwierigkeit zu überwinden, dann gehe!«

SECHSUND-
VIERZIGSTE
ERZÄHLUNG

Wie der Minister Schakalata
eine alte von einer jungen Stute
unterscheidet

Abermals fragte Prabhawati den Papagei, und dieser antwortete: »Wenn du, Herrin, so geschwind nachdenken kannst wie der Minister Schakalata, dann magst du ruhig ausgehen.«

Prabhawati sprach: »Wer war Schakalata? Warum muss man ihn als einen der verständigsten Menschen preisen? Oh, du mit dem prächtigen Federkleid und dem einsichtsvollen Herzen, erzähle mir doch seine Geschichte!«

Der Papagei erzählte: »Höre, du, deren Augen so groß sind, dass sie die Ohren berühren! Schakalata war ein Minister des Königs Nanda und galt als der Klügste unter den Klugen. Der Herrscher eines anderen Landes hörte von seiner ungewöhnlichen Klugheit. Um die Wahrheit oder Unwahrheit dieses Gerüchtes festzustellen, suchte er zwei Stuten aus, die sich an keinem Körperteil unterschieden, sondern in Bau, Farbe, Temperament und allen anderen äußeren Dingen so gleich waren, wie man es sonst nicht findet.

Dieses Stutenpaar schickte er dorthin mit den Worten: ,Wenn ihr festgestellt habt, welches Tier die Mutter und welches das Fohlen ist, dann teilt es uns mit!'

Alle, die sich für diese Untersuchung erfahren genug glaubten, riefen: ,Ich!' ,Ich!', als sie die angekommenen Stuten erblickten. Sie bildeten einen Kreis um sie und fingen an, die Tiere zu untersuchen. Kein Einziger aber konnte sie unterscheiden.

Da sprach der König zu seinem Minister, der den Namen Schakalata führte: ,Triff du die geforderte Entscheidung! Wenn wir die Stuten nicht auseinanderhalten können, ist das für uns eine große Schande.'

Nun, Prabhawati, überlege und sage mir, welche List Schakalata anwandte, als er den Befehl des Fürsten Nanda vernommen hatte.«

Vom Papagei angeregt, bemühte sich Prabhawati mit ihrer ganzen Geisteskraft, diese List herauszufinden, aber sie war nicht in der Lage, sich zu entscheiden.

Abermals fragte sie den Papagei, und er begann zu erzählen: »Lausche aufmerksam meinen Worten, Prabhawati! Schakalata legte den Stuten Sättel auf und ließ sie galoppieren und andere schwere Arbeit leisten. Als er danach die Sättel abnahm, den Zaum und alle Riemen entfernte und frisches Gras zum Fressen auf die zerstampfte Erde warf, begann die Mutter das Fohlen mit der Zunge zu lecken, und das Fohlen fing an, die Milch der Mutter zu saugen.

Auf diese Weise unterschied das Stirnjuwel der Minister die beiden Stuten.

Also, Prabhawati, wenn du auch eine solche Entscheidung treffen kannst, dann kannst du an einen Besuch denken!«

SIEBENUND-VIERZIGSTE ERZÄHLUNG

Wie der Kaufmann Dharmabuddhi
seinen ungetreuen Gefährten
des Betruges überführt

Abermals fragte Prabhawati den Papagei. Er aber antwortete: »Wenn du wie Dharmabuddhi die richtige List anwenden kannst, dann geh an die Erfüllung deines Wunsches!«

Prabhawati fragte den Papagei nach der Geschichte des Dharmabuddhi, und der Vogel erhob seine Stimme:

»Es gibt eine Stadt namens Kanakapuri. Dort lebten zwei Kaufleute, Dharmabuddhi und Duschtabuddhi. Sie begaben sich auf eine gemeinsame Geschäftsreise, um Geld zu verdienen. Jeder sollte gleichen Anteil am Ertrag bekommen.

Als sie bald darauf Geld verdient hatten und auf dem Rückweg in ihre Stadt waren, sprach Duschtabuddhi zu Dharmabuddhi: ›Warum sollen wir das ganze Geld nach Hause tragen? Wir wollen die Hälfte unseres in gleiche Teile geteilten Geldes zurücklassen, die andere Hälfte aber wollen wir mit nach Hause nehmen.‹

Nach diesem Vorschlag Duschtabuddhis versteckten sie an Ort und Stelle die Hälfte des Geldes in der Nähe eines riesigen Bodhi-Baumes. Am anderen Tag ging der übel gesinnte Duschtabuddhi hin und nahm das Geld an sich. Einen Tag nachdem er das Geld gestohlen hatte, sprach er zu Dharmabuddhi: ›Wir wollen hingehen und das Geld holen, das wir dort versteckt haben.‹ Sie zogen gemeinsam aus, kamen zu dem Versteck und suchten das Geld. Als sie es nicht fanden, sprach Duschtabuddhi zu Dharmabuddhi: ›Du hast das Geld gestohlen! Du hast das Geld gestohlen!‹

Es kam zu einem Streit zwischen beiden. Schließlich gingen sie, um es dem König anzuzeigen.

Duschtabuddhi sprach zum König: ›Majestät! Dieser Dharmabuddhi hier besitzt nur noch dem Namen nach den Ruf der Rechtschaffenheit. Er hat meinen Kindern das Brot genommen!‹

Der König fragte: ›Wer ist Zeuge?‹

Duschtabuddhi antwortete: ›Der heilige Feigenbaum, der dort im Walde wächst, kann es bezeugen. Ihn werde ich zum Sprechen bringen und dadurch allen Gewissheit verschaffen.‹

Nach diesen Worten glaubte keiner mehr den Reden Dharmabuddhis. Duschtabuddhi aber ging nach Hause, ließ seinen Vater in den hohlen Stamm des Feigenbaumes schlüpfen und traf mit ihm eine Verabredung.

Bei Tagesanbruch kamen alle Leute, an ihrer Spitze der König, um das Wunder zu erleben. Der Kläger und der Angeklagte kamen zusammen.

Duschtabuddhi sprach: ‚Heiliger Feigenbaum! Du, der du dem höchsten Herrscher, dem heiligen, mächtigen Wischnu, an Hoheit gleichst, sage, Herr, der Wahrheit gemäß, wie es sich verhält! Wer hat das in deiner Nähe versteckte Geld weggenommen?‘

Aus dem Feigenbaum ertönte die Antwort in menschlicher Sprache:

‚Dharmabuddhi hat das Geld genommen!‘

Als sie das hörten, verharrten alle in tiefer Verwunderung. Dharmabuddhi aber wurde zur Richtstätte geführt.

Nun, Prabhawati, sage mir, wie gelang es Dharmabuddhi, seine Ehrlichkeit zu beweisen.«

Nach seiner Aufforderung begann Prabhawati darüber nachzudenken, aber es fiel ihr nichts ein. Deshalb fragte sie den Papagei, und er sprach:

»Höre zu, Prabhawati! Dharmabuddhi überlegte: Der Baum lügt bestimmt nicht. Duschtabuddhi hat aber einen Mann in den hohlen Stamm des Feigenbaumes gesteckt, und dieser hat die Worte gesprochen, denen man Glauben schenkte.

Und als er nun alles durchschaut hatte, sprach er zum König: ‚Majestät! Wartet nur noch einen Augenblick! Ich habe das Geld in den hohlen Stamm des Feigenbaumes gelegt. Deshalb mögt Ihr einen Eurer zuverlässigen Leute in den hohlen Stamm des Feigenbaumes schicken und das Geld herausholen lassen.‘

Auf diese Mitteilung hin ließ der König einen Mann in den hohlen Stamm des Feigenbaumes kriechen. Er kam hinein und erblickte den Vater des Duschtabuddhi. Nachdem er ihn gesehen hatte, kroch er aus der Höhlung heraus und sprach: ‚Dadrinnen sitzt irgendein Mann. Ich weiß nicht, wer es ist!‘

Da ließ der König den Vater des Duschtabuddhi mit Gewalt aus dem hohlen Stamm herausziehen. Er schalt den Duschtabuddhi mit harten Worten und erwies Dharmabuddhi alle Ehren.

Also, Herrin, wenn du eine solche List ersinnen kannst, dann führe aus, was du vorhast.«

ACHTUND-VIERZIGSTE ERZÄHLUNG

Wie Dschajaschri den Dieb
überlistet und ihm die
vier gestohlenen Perlen
wieder abnimmt

Als der nächste Tag sich seinem Ende zuneigte, fragte die Tochter des Kumudakoscha den Vogel, ob sie zum Haus des Winajakandarpa gehen könne.

Der Geflügelte sprach: »Wenn du, Herrin, so scharfsinnig bist wie Dschajaschri, dann gehe!«

Prabhawati fragte nach der Geschichte der Dschajaschri, und der Papagei sprach:

»In einer Stadt mit Namen Mangalawardhana regierte ein König namens Dhanadatta. Die Tochter seines Ministers trug den Namen Dschajaschri.

Eines Tages kamen vier Männer aus der Fremde zu diesem König, die miteinander in Streit lagen.

Der Herr der Männer fragte sie: ›Was ist die Ursache eures Streits?‹

Sie antworteten: ›Wir gingen in die Fremde und erwarben dort vier Perlen. Diese versteckten wir an einer einzigen Stelle. Was in der darauffolgenden Nacht aus ihnen geworden ist, wissen wir nicht. Wer von uns hat sie gestohlen.‹

Der König hörte das und sprach: ›Minister! Welcher von diesen vier Männern hat die Perlen gestohlen? Prüfe es nach und nenne ihn dann!‹

Weil der König ihm den Auftrag gegeben hatte, ließ der Minister die vier in sein Haus kommen. Er gab ihnen Essen und ein Nachtlager. Darauf setzten sich alle vier mit dem Minister zusammen.

Dschajaschri, die Tochter des Ministers, fragte später den Vater nach ihren Streitigkeiten: ›Was sind das für Leute? Aus welchem Land sind sie hierhergekommen und warum?‹

Der Minister sagte ihr, warum sie gekommen waren. Dschajaschri hörte ihn an und sagte: ›Ich werde den Dieb jener vier Perlen überführen.‹

Also, Prabhawati, mit welcher List gelang ihr die schwierige Aufgabe, die Perlen zu finden?«

Obgleich Prabhawati darüber nachdachte, fand sie es nicht. Deshalb fragte sie den Papagei, und dieser sprach:

»Die vier nahmen die Abendmahlzeit ein. Danach schickte

der Minister jeden Einzelnen in sein Zimmer zum Schlafen.

In der Nacht schmückte sich Dschajaschri, ging zu einem von ihnen und sprach: ‚Seit ich dich gesehen habe, ist mein Herz von den Pfeilen Smaras verwundet und hat jeden Halt verloren. Solange ich dich entbehren musste, konnte mich nichts erfreuen. Wenn du mir fünfhundert Goldstücke gibst, bin ich bereit, deine Geliebte zu sein.‘

Er antwortete: ‚Ich habe gerade gar kein Geld in den Händen. Wenn ich etwas verdient habe, werde ich es dir geben.‘

Weil er so zu ihr sprach, verließ sie ihn und suchte den Zweiten auf. Diesen redete sie genauso an, aber auch er antwortete darauf: ‚Ich habe nichts.‘

Sie kam nun zum Dritten und fragte ihn in gleicher Weise, als sie auch hier zur Antwort bekam: ‚Jetzt habe ich gerade nichts in den Händen.‘ Da warf sie dem Vierten einen Blick zu, der ihm alle Festigkeit raubte, und redete ihn ebenso an.

Der aber antwortete: ‚Ich werde dir etwas ganz Kostbares geben, was bestimmt fünfhundert Goldstücke wert ist‘, und legte ihr die vier Perlen in die Hand.

Sie nahm die vier Perlen und sagte zu ihm: ‚Jetzt ist die Gelegenheit nicht günstig, morgen früh aber können wir beide irgendwo beieinander sein.‘

Darauf ging sie in ihr Zimmer zurück. Die Perlen händigte sie später ihrem Vater aus. Der Minister nahm sie und brachte sie seinem Herrn. Der König aber gab sie den vier Männern zurück.

Also, Prabhawati, wenn du solchen Scharfsinn besitzt, dann denke daran, deinen Entschluss zu verwirklichen.«

NEUNUND-VIERZIGSTE ERZÄHLUNG

Wie der Brahmane Budhara
die Räuber vertreibt,
nachdem ihn seine Begleiter
im Stich gelassen haben

Abermals fragte Prabhawati den Papagei, und der Vogel antwortete: »Wenn du beim Überwinden einer Gefahr so mutig bist wie der Brahmane Budhara, dann kannst du gehen.«

Prabhawati sprach: »Erzähle mir bitte die Geschichte des Budhara.« Der Papagei erzählte:

»Herrin! In der Stadt Tschamatkara lebte ein Brahmane mit Namen Budhara, der war lahm. Bei einem besonderen Anlass stieg dieser auf einen Wagen und zog mit allen anderen Brahmanen aus, um eine Gottheit zu besuchen. Als sie nun so dahinzogen, tauchten auf ihrem Weg Räuber auf. Alle seine Freunde ergriffen beim Anblick der Räuber die Flucht. Er aber blieb allein zurück, weil er schlecht zu Fuß war und gar nicht fliehen konnte.

Sage mir nun, Prabhawati, welche List jener Budhara anwandte, um sich von den Räubern zu befreien?«

Obwohl Prabhawati darüber nachdachte, konnte sie doch nichts finden. Deshalb fragte sie den Papagei, der im Käfig saß. Der Vogel aber sprach:

»Hör zu, Prabhawati! Als Budhara sah, dass seine Begleiter alle schleunigst entflohen und die Räuber immer näher kamen, fing er ganz allein an zu sprechen und rief die Fliehenden wieder zurück: ,He! Ihr da! Warum lauft ihr weg? Das sind ja keine achtzig oder hundert Wegelagerer dort hinten. Warum lauft ihr aus Angst vor diesen vier, fünf, sechs Kerlen davon? Mit denen da werde ich doch allein fertig. Bin ich nicht als Hunderttöter in aller Welt bekannt?'

Die Räuber hörten seine Worte und stutzten einen Augenblick, dann ließen sie ihn ungeschoren und verschwanden, wie sie gekommen waren.

Also, Prabhawati, wenn du so viel Klugheit besitzt, dann geh ans Werk!«

FÜNFZIGSTE ERZÄHLUNG

Wie der Spieler Bhukkunda
dem drohenden Tod entgeht

Abermals begann Prabhawati den Papagei zu fragen. Der Vogel sprach: »Wenn du wie Bhukkunda den bevorstehenden Tod abzuwenden weißt, dann kannst du dein Verlangen erfüllen.«

Prabhawati sagte: »Wer war denn dieser Bhukkunda, und wie entging er dem Tode? Erzähle mir doch bitte seine Geschichte!«

Der Papagei erzählte ihr: »Hör zu, Prabhawati! Es gibt eine Stadt namens Sarwatobhadra. Dort wohnte ein Spieler mit Namen Bhukkunda, der sich immer nur mit Spielen die Zeit vertrieb. Eines Tages unterlag er seinen Gegnern beim Spiel. Da er nichts besaß, um ihnen den verabredeten Einsatz auszuzahlen, ging er aus, um etwas zu stehlen. Wie er gerade beim Stehlen war, packten ihn die Nachtwächter. Sie führten ihn vor das Angesicht des Königs. Da befahl dieser den Soldaten, ihn hinzurichten: ‚Führt ihn ab und setzt ihn auf den Pfahl!‘

Nun, Prabhawati, sage du mir, auf welche Weise er den drohenden Tod abwendete.«

Obgleich Prabhawati darüber nachdachte, wusste sie es nicht. Deshalb fragte sie den Papagei, und dieser sprach:

»Hör zu, Prabhawati! Der Dieb sprach zu den Umstehenden: ‚Der König ist entschlossen, mich zu töten. Weil das Gesetz, das die Bestrafung der Bösen vorsieht, gewahrt bleiben und gerade von den Königen verwirklicht werden muss, denkt der Landesherr darüber nach, was gut und was böse ist. Dadurch erwirbt er sich ein Verdienst, das ihm im Diesseits wie im Jenseits angerechnet wird. Aus diesem Grunde hat er auch über mich die Strafe verhängt. Er hat recht damit getan, aber ich habe noch eine Bitte. Ich möchte einen Vers aufsagen, den er sehr aufmerksam anhören sollte.

> Bhatti und Bharawi, beide sind tot;
> Bhikschu und Bhimasena sind tot;
> ich bin Bhukkunda und Bhupati du;
> um geht der Tod in der Reihe des Bha.‘

Der König sprach: ‚Nenne den Sinn dieser Strophe.'

Der Dieb antwortete ihm: ‚Diese Strophe steht im Bhawischjottarapurana. Ihr Sinn ist folgender: Der Anfangslaut dieser Namen ist Bha. In diese Namen ist der Tod dem Alphabet nach eingedrungen. Erst hat er den Bhattatscharja hinweggerafft, dann den Bharawi verschlungen, dann den Bhikschu und den Bhimasena hinweggerafft. Bhukkunda heiße ich, Bhupati heißt du. Wenn ich hingerichtet bin, bist du allein noch übrig. Solange ich aber noch vor dir stehe, brauchst du keine Angst vor dem Tod zu haben. Handle nun so, wie du es für richtig hältst!'

Der Herr der Männer hörte sich diese Worte an. Der Mann hat recht, dachte er bei sich, und ließ den Dieb laufen.

Also, Prabhawati, wenn auch du so außergewöhnlicher Listen fähig bist, dann führe dein heimliches Vorhaben aus!«

EINUND-FÜNFZIGSTE ERZÄHLUNG

Wie der Minister Dewascharman
einen gefährlichen Botendienst
ausführt und dem Tod entgeht

Abermals bedrängte Prabhawati am späten Abend den Vogel mit der Frage, ob sie zu Winajakandarpa gehen könne.

Der Papagei sprach: »Wenn du, Herrin, bei einem unerwarteten Zwischenfall in der Lage bist, wie Dewascharman zu antworten, dann gehe!«

Prabhawati fragte: »Wie überwand Dewascharman mit seiner geschickten Antwort den Zwischenfall? Erzähle mir das bitte!«

Auf ihre Frage erzählte der Papagei: »Prabhawati! In der Stadt Ela herrschte einst ein König namens Ela. Er hatte einen Minister von großem Verstand, der über Krieg und Frieden entschied. Dessen Sohn hieß Dewascharman.

Nach dem Tode seines Vaters hatte er nichts anderes im Sinn, als sich hemmungslos, ohne Rücksicht auf seinen ererbten Rang zu vergnügen. Er hörte nicht auf die Worte älterer Leute. Deshalb schätzte ihn Ela, der Landesherr, gering und ließ ihm nichts mehr zukommen. So wurde seine Familie von den Wucherern zugrunde gerichtet, und er geriet in große Not.

Da sprach ein anderer Minister zum König: ‚Majestät! Jener Dewascharman ist doch ein Minister Euer Exzellenz. Solltet Ihr Euch da nicht um ihn kümmern? Ihr solltet ihm irgendeinen außergewöhnlichen Auftrag geben. Wenn er diesen Auftrag gut ausführt, dann solltet Ihr ihn in aller Öffentlichkeit wieder aufnehmen und für seinen Lebensunterhalt sorgen.‘

Der König befolgte den Rat des Ministers und gab dem Dewascharman einen Auftrag, damit dieser selbst seinen Vorteil wahrnehmen könne. Vor den Augen jenes Ministers nahm er zwei Schalen, füllte sie mit Asche und drückte das königliche Siegel darauf. Dann ließ er Dewascharman kommen und sprach: ‚Geh zum Landesfürsten Schatrusudana und überreiche ihm diese beiden Schalen mit den Worten: ›Der König Ela schickt den jährlichen Tribut.‹ So sprach der König und händigte Dewascharman die beiden Schalen aus. ‚Wir leben mit diesem König in einem sehr freundlichen Verhältnis. Verhalte dich entsprechend!‘ Mit diesen Worten entließ der König Ela den Dewascharman.

Befehlsgemäß ging nun Dewascharman zum Landesfürsten Schatrusudana, stellte die beiden Schalen vor ihm nieder und sagte: ‚Das schickt der König Ela als jährlichen Tribut.'

Als nun der Landesfürst Schatrusudana das Siegel löste und die beiden Schalen besah, merkte er, dass sie mit Asche gefüllt waren. Er wurde sehr zornig und fasste den Entschluss, dem Gesandten den Kopf abschlagen zu lassen.

Nun, sage mir, Prabhawati, welchen Ausweg Dewascharman aus dieser Bedrängnis fand.«

Prabhawati hörte es wohl, aber obgleich sie einen klugen Kopf hatte, erkannte sie es nicht. Als die Nacht vorüber war, wandte sie sich an den Papagei.

Der Vogel sprach: »Dewascharman sagte: ‚Majestät! Unser König hat ein Opfer veranstaltet und die Asche von der Feuerstelle zu dir geschickt. Wo diese Asche hinkommt, werden sich ein glückliches Leben und erfolgreiche Herrschaft einstellen, die von Dämonen hervorgerufenen Qualen werden aufhören, Feinde werden zu Freunden, und die Lebenszeit wird sich verlängern. Weil der König Ela daran dachte, dass diese Asche so große Vorzüge besitzt, hat er sie Euch geschickt.'

Als Schatrusudana diese Rede des Gesandten gehört hatte, war er sehr zufrieden. Er begrüßte das Aschegeschenk und streute diese der Königin und ihren Kindern auf das Haupt. Den Dewascharman aber ehrte der König, wie es sich gehörte.

Also, Prabhawati, wenn auch du eine solche Antwort zu geben weißt, dann tu, was du dir wünschst.«

ZWEIUND-
FÜNFZIGSTE
ERZÄHLUNG

Wie der Kaufmann Sumati
sein Geld vor den Räubern
bewahrt

Abermals redete Prabhawati den Wolkensegler an. Der Papagei aber sprach: »Wenn du, Herrin, wie Sumati eine List weißt, um einer Gefahr zu entrinnen, dann kannst du zu deinem Stelldichein gehen.«

Prabhawati fragte nach dieser Geschichte, und der Papagei erzählte: »Hör zu, Herrin! In einem Dorf mit Namen Mangalapura lebte ein Kaufmann namens Sumati. Er war in eine fremde Gegend ausgezogen, um durch Handel Geld zu verdienen. Dort erwarb er ungeheuere Reichtümer. Als er mit dem Geld nach Hause zurückkehrte, traf er unterwegs auf Räuber.

Nun, Prabhawati, sage mir, was für eine List er da anwandte.«

Prabhawati überlegte, aber sie wusste es nicht. Am anderen Morgen fragte sie den Papagei, und dieser sprach:

»Hör aufmerksam zu, Herrin! Als er die Räuber erblickte, trat er in einen nahe gelegenen Ganescha-Tempel, stellte sich vor dem Götterbild auf, öffnete den Geldbehälter, nahm das Geld, das er enthielt, heraus und legte es in Reihen zu je fünf Stück auf. Dann nahm er den leeren Geldbehälter wieder an sich und sprach zu Ganapati: ,Göttliche Majestät! König der Hindernisse! Empfange hier dein Geld. Dieses Geld gehört dir wegen deiner großen Berühmtheit. Diese Einnahme habe ich erzielt. Vier Jahre sind es nun, dass ich dafür umherziehe und in deinem Dienst stehe. Und als dein Geschäftsführer habe ich in deinem Dienst Wahrheit und Unwahrheit kennengelernt. Mein Dienst ist dir geweiht.'

Als die Räuber solche Worte hörten, da sagten sie untereinander: ,Dieser Kaufmann handelt im Auftrag des Gottes. Wenn wir ihn nur scharf ansehen, dann wird der Gott uns ein Hindernis in den Weg legen, das uns alle zugrunde richtet.' So sprachen sie und ließen den Kaufmann laufen.

Wenn auch du, Prabhawati, so listig und erfahren bist, dann tu, was du begehrst.«

DREIUND-
FÜNFZIGSTE
ERZÄHLUNG

Wie Radschika zum Stelldichein
geht und bei ihrer Rückkehr
den wartenden Gemahl mit
Straßenstaub beschwichtigt

Am anderen Tag fragte Prabhawati den Papagei. Dieser sprach:

> »Gehe hin das Glück genießen,
> weißt Antwort du wie Radschika,
> die mit Staub den Gatten täuschte,
> als er grad beim Essen saß.«

Darauf fragte Prabhawati den Vogel nach der Geschichte der Radschika, und jener sprach:

»Es gibt einen Ort namens Nagapura. Dort wohnte ein Kaufmann, dessen Frau, Radschika mit Namen, war schön, führte aber einen liederlichen Lebenswandel. Der junge Kaufmann wusste jedoch nicht, dass sie an fremden Männern hing.

Eines Tages nun, als sich dieser gerade zum Essen niedergesetzt hatte, sah Radschika einen Liebhaber, mit dem sie verabredet war, die Straße entlangkommen. Als sie diesen erblickte, sprach sie: ‚Ich habe heute keine Schmelzbutter mehr im Hause‘, nahm von ihrem Mann Geld und verließ unter dem Vorwand, Schmelzbutter zu holen, das Haus. Draußen war sie lange Zeit mit ihrem Liebhaber zusammen, der Ehemann aber saß hungrig und zornig zu Hause. Die Frage lautet: Wie konnte sie danach ins Haus zurückkehren?«

Prabhawati überlegte die ganze Nacht, konnte aber die Frage nicht beantworten. Schließlich wandte sie sich an den Papagei, und dieser sprach:

»Da beschmutzte sie Hände, Füße und Gesicht mit Straßenstaub, mischte Staub unter das Geld und ging ins Haus zurück. Der Ehemann fragte sie mit vor Zorn geröteten Augen: ‚Was soll denn das bedeuten?‘

Sie aber jammerte und weinte, zeigte auf den Schmutz und sprach: ‚Dein Geld, um dessentwillen du zornig bist, ist in den Straßenstaub gefallen. Wirf ihn weg und nimm das Geld zurück!‘

Da sie so zu ihm sprach, wischte der beschämte Ehemann

ihre Glieder mit dem Saum seines Gewandes rein und beruhigte sie mit allerlei Liebkosungen.

Wenn du eine so kluge Antwort zu geben weißt, Prabhawati, dann gehe zu deinem Liebhaber.«

VIERUND-FÜNFZIGSTE ERZÄHLUNG

Wie Sundari ihrem Liebhaber zur Flucht verhilft

Am anderen Tag fragte Prabhawati den Papagei, ob sie gehen solle. Dieser sprach:

> »Gehe hin, du schöne Herrin,
> kannst wie Sundari du lügen,
> die zusammen mit dem Buhlen
> ward ertappt in ihrem Hause.«

Prabhawati fragte: »Wie war denn das?« Und der Papagei sprach:

»Es gibt ein Dorf namens Sihuli. Dort wohnte der Kaufmann Mahadhana. Seine Frau war Sundari. Zu ihr kam ständig ein Liebhaber namens Mohana ins Haus und vergnügte sich mit ihr.

Eines Tages traf ihr Mann ein, als sie gerade mit solchem Treiben beschäftigt war. Wie sollte sie sich da verhalten?«

Prabhawati überlegte die ganze Nacht, konnte aber die Frage nicht beantworten. Schließlich wandte sie sich an den Papagei, und dieser sprach:

»Als sie ihren Mann kommen sah, setzte sie den Liebhaber nackt auf das Hängebrett, lief mit gelöstem Haar aus dem Haus und rief von Weitem ihrem Mann zu: ‚In unserem Hause sitzt ein nackter Dämon. Er ist auf das Hängebrett geklettert. Geh und rufe Beschwörer herbei!'

Der Dummkopf folgte dieser Aufforderung und ging, um Beschwörer zu holen. In der Zwischenzeit nahm sie einen Feuerbrand in die Hand und jagte den Liebhaber hinaus. Als ihr Mann zurückkam, sagte sie, der Dämon sei bereits vor dem Feuerbrand geflohen.

Wenn du eine solche Ausflucht zu finden weißt, Prabhawati, dann gehe zu deinem Königssohn.«

FÜNFUND-
FÜNFZIGSTE
ERZÄHLUNG

Wie der Brahmane Prijamwada
seinen Ring zurückbekommt,
mit dem er sich die Liebe
der Kaufmannsfrau erkauft hat

Am anderen Tag fragte Prabhawati den Papagei zu nächtlicher Stunde, ob sie gehen solle. Der Papagei sprach:

>»Kein Verbot gilt je, du Schlanke,
> denen, die den Wünschen leben.
> Gehe, kannst wie der Brahmane,
> der Prijamwada, du handeln!«

Prabhawati fragte: »Wie war das?« Der Papagei erzählte: »Einstmals, Herrin, lebte ein wandernder Brahmane namens Prijamwada. Eines Tages kam er auf seiner Wanderung in das Haus eines Kaufmanns im Dorfe Sudarschana. Dieser hatte eine Frau, die sich fremden Männern hingab. Als der Brahmane sie erblickt hatte, erkannte er sogleich, dass er sich an einem sehr günstigen Ort niedergelassen hatte. In der Nacht warb er mit Leidenschaft um sie. Er gab ihr seinen Ring und genoss mit ihr die Freuden der Liebe, als der junge Kaufmann sich auf den Weg zum Markt begeben hatte. In der Frühe verlangte er den Ring zurück. Sie gab ihn aber nicht her. Nun lautet die Frage: Wie konnte er den Ring, den er ihr doch geschenkt hatte, zurückbekommen?«

Prabhawati überlegte die ganze Nacht, aber vergeblich. Schließlich fragte sie am Morgen den Papagei, und dieser sprach:

»Als sie den Ring trotz seiner Bitten nicht zurückgab, da brach dieser Brahmane ein Bein von der Bettstelle ab und ging damit zum Kaufmann. Er zeigte ihm das Bein und erhob ein lautes Geschrei.

Der Kaufmann sagte: ,Lieber Brahmane, was ist denn los?'

Dieser antwortete: ,Deine Frau hat mir meinen Ring weggenommen, weil ich dieses Bein hier abgebrochen habe.'

Als der Kaufmann diese Worte hörte, wurde er zornig und sprach zu seiner Frau: ,Wenn du so unfreundlich bist, wird kein einziger Wanderer mehr in unser Haus einkehren.'

So sprach er in barschem Ton, zog ihr den Ring vom Finger

und gab ihn dem Wanderbrahmanen zurück. Der ging davon, wie er gekommen war.

Wenn du so klug bist wie der Brahmane Prijamwada, Prabhawati, dann lass dich nicht länger aufhalten.«

SECHSUND-
FÜNFZIGSTE
ERZÄHLUNG

Wie Subuddhi die bösen Absichten
seines ungetreuen Freundes
zunichtemacht und seine
Frau behält

Am anderen Tag fragte Prabhawati den Papagei, ob sie gehen solle. Der Papagei sprach:

> »Angenehm ist es auf Erden
> seinen Lüsten nachzugehen;
> wenn du gehen willst, so gehe,
> kannst wie Subuddhi du reden.«

Prabhawati sprach: »Wie war denn das?«, und der Papagei erzählte:

»In einem Ort namens Nagara lebten zwei Freunde, die hießen Subuddhi und Kubuddhi. Jedermann kannte sie.

Eines Tages zog Subuddhi in die Fremde, Kubuddhi aber vergnügte sich indessen mit der Frau des Freundes. Als Subuddhi mit den erworbenen Gütern aus der Fremde zurückkehrte, täuschte Kubuddhi dem Subuddhi weiter seine Freundschaft vor. Subuddhi erwies ihm auch alle Ehren.

Kubuddhi aber sagte zu ihm: ‚Hast du irgendwo etwas Bemerkenswertes gesehen?‘

Subuddhi antwortete: ‚In einem Dorfe namens Manorama, das am Ufer der Saraswati gelegen ist, habe ich eine zur Unzeit gereifte Mangofrucht mitten in einem Brunnen schwimmen sehen.‘

Kubuddhi sagte: ‚Das ist eine Lüge!‘

Subuddhi sagte: ‚Das ist die Wahrheit!‘

Kubuddhi sagte: ‚Wenn es die Wahrheit ist, dann darfst du dir aus meinem Hause nehmen, was du mit beiden Händen greifen kannst, ist es aber eine Lüge, dann nehme ich mir aus deinem Hause dasselbe.‘

Nachdem er eine solche Vereinbarung getroffen hatte, stahl Kubuddhi bei Nacht die Frucht aus dem Brunnen. Weil nun die Frucht nicht mehr darinnen war, hatte Subuddhi verloren. Nun bestand Kubuddhi auf der Vereinbarung, weil er begierig war, die Frau des anderen zu bekommen.

Die Frage lautet also: Wie sollte Subuddhi jetzt seine Frau hüten?«

Prabhawati überlegte, doch ohne Erfolg. Da fragte sie den Vogel. Der Papagei gab zur Antwort:

»Da Subuddhi bemerkte, dass jener böse Absichten hatte, brachte er alle Gegenstände, die er in seinem Hause hatte, und auch seine Ehefrau ins Obergeschoss und legte die Leiter nieder.

Als Kubuddhi eintrat, sagte Subuddhi: ‚So nimm dir aus unserem Hause, woran du Gefallen findest!‘

Dieser ergriff nun mit beiden Händen die Leiter, um die Frau zu holen.

Da sagte Subuddhi: ‚Ich habe vorher gesagt, dass dir nur das gehören soll, was du mit beiden Händen greifst, sonst nichts.‘

Darauf ging Kubuddhi beschämt hinaus und wurde von den Leuten verspottet.

Wenn du so klug zu reden weißt wie Subuddhi, dann gehe.«

SIEBENUND-FÜNFZIGSTE ERZÄHLUNG

Wie Dewika ihrem Liebhaber eine Gelegenheit zur Flucht verschafft

Am anderen Tag fragte Prabhawati den Papagei, ob sie gehen solle. Der Papagei sprach:

> »Pisangschenklige, du, gehe!
> Kannst du wie die Frau des Schusters
> aus der Not den Ausweg finden,
> dann magst du getrost enteilen.«

Prabhawati fragte: »Wie war denn das?« Der Papagei sprach: »Am Ufer des Flusses Tscharmanwati liegt das Dorf Tscharmakuta. Dort lebte ein Schuster namens Dohada. Seine Frau Dewika hatte ihr Herz an fremde Männer gehängt.

Als der Schuster einmal ausgegangen war, um Leder einzukaufen, holte sie ihren Liebhaber herbei. Während sich beide nun drinnen der Lust hingaben, kam draußen, mit Leder beladen, der Gemahl heran. Was sollten sie und ihr Liebhaber da tun? Das ist die Frage.«

Prabhawati überlegte die ganze Nacht, konnte aber keine Antwort finden. Sie fragte daher den Papagei, und dieser sprach:

»Wie sie bemerkte, dass ihr Gemahl zurückkam, stürzte sie eilig aus dem Haus und stammelte unverständliche Worte vor sich hin. Als der Dummkopf diese Worte vernahm, lief er voller Furcht ins Dorf, um einen Beschwörer herbeizuholen. In der Zwischenzeit wurde der Liebhaber von ihr hinausgejagt und ging nach Hause.

Wenn du ebenso in der Not einen Ausweg zu finden weißt, dann gehe!«

ACHTUND-FÜNFZIGSTE ERZÄHLUNG

**Wie der Brahmane Schridhara
den Schuster Tschandana
um den verdienten Lohn prellt**

Am anderen Tag fragte Prabhawati zu nächtlicher Stunde den Papagei, ob sie gehen solle. Der Papagei sprach:

>»Pisangschenklige, du, gehe!
Es ist recht zu gehn, du Stolze,
kannst den Sieg davon du tragen
wie Schridhara, der Brahmane.«

Prabhawati sprach: »Wie war denn das?«, und der Vogel erzählte:

»In dem Dorfe Tscharmakuta lebte ein Brahmane namens Schridhara. Im gleichen Ort gab es auch einen Schuster, der Tschandana hieß. Bei diesem ließ sich Schridhara ein Paar Sandalen machen. Der Schuster verlangte dafür den üblichen Lohn, und der Brahmane sagte: ‚Ich werde dich zufriedenstellen.‘ So verging eine sehr lange Zeit. Eines Tages wurde der Brahmane vom Schuster festgehalten.

Die Frage lautet nun: Wie sollte dieser Brahmane ohne Geld freikommen? Sage mir das!«

Prabhawati überlegte, aber sie konnte die Frage nicht beantworten. Schließlich wandte sie sich an den Papagei. Der Papagei aber sprach:

»Inzwischen war im Hause des Königs, zu dessen Reich das Dorf gehörte, ein Sohn geboren worden. Da sagte der Brahmane arglistig: ‚Schuster, ich sagte damals, dass ich dich zufriedenstellen werde. Bist du nun durch die Geburt dieses Sohnes zufriedengestellt oder nicht?‘

Wenn dieser nun gesagt hätte, er sei nicht zufrieden, dann hätte ihn der König wohl gefangen gesetzt. Im anderen Falle hätte er den Lohn verloren.

Da sagte er: ‚Ich bin zufriedengestellt.‘

Daraufhin ging der Brahmane, der sich durch seine Arglist befreit hatte, davon.

Deshalb gehe, du Schöne, wenn du auf solche Weise den Sieg davontragen kannst.«

NEUNUND-FÜNFZIGSTE ERZÄHLUNG

Wie der Pandit Schubhankara
der Bestrafung entgeht und
obendrein die Königin zum
Geschenk erhält

Die junge Frau am Abend wieder
zum Luftdurchsegler also sprach:
»Ich will jetzt gehn, das Glück genießen,
das fremde Liebe mir verspricht.«

»Gehe, Herrin, kannst du reden,
wenn vom Gatten du ertappt wirst,
wie Schubhankara, der Kluge,
als der König ihn erkannte.«

Prabhawati sprach: »Wie war denn das?« Der Papagei antwortete: »In der Stadt Awanti regierte König Wikramarka.
Seine Hauptgemahlin hieß Tschandralekha. Sie war verliebt
in einen königlichen Pandit namens Schubhankara, und mit
Hilfe von Unterhändlerinnen und Sklavinnen gelang es ihr,
sich mit ihm zu treffen.

Beständig ging sie in sein Haus und vergnügte sich mit ihm
nach Herzenslust. Während Pandit und Königin nun so miteinander tändelten, kam die Regenzeit heran, von der es heißt:

Die Fürstin Regenzeit, sie naht –
der Pfauen Schrei weht ihr voran,
das Blitzgeprassel sind die Trommeln,
der Wolken Donner ihr Gesang.

Ungewitter, Schlamm und Blitze,
rauschend bricht die Flut hernieder,
wechselnd wie die Lieb der Frauen,
die nun zum Geliebten eilen.

Es heißt auch:

Warum gehest du, o Tochter,
die du einem andern dienest,
in das Haus des schlechten Menschen,
wenn dein Herz von Liebe voll ist?

In dieser Zeit bemerkte König Wikramarka, dass die Königin in der Nacht zum Hause des Schubhankara ging. Aus Neugier folgte er ihr einmal unbemerkt in dunkler Kleidung und mit einem Schwert in der Hand. Als Schubhankara nun die Königin auf seine Haustür zukommen sah, sprach er:

,Weil aus dem Harem des mächtigen Königs,
der doch ein Höllenfeuer für Feinde,
du hergeeilt bist zu einer Stunde,
da durch donnernde Wolken das Dunkel
grässlicher scheint, da der Himmel verhüllt ist,
da die Soldaten und Wächter laut lärmen;
deshalb, du Lotosäugige, glaub ich,
dass Frauenängste stets nur gespielt sind.'

Der König kehrte, nachdem er diesen Spruch vernommen hatte, in seinen Palast zurück, Schubhankara aber erfreute die Schöne durch freundliche Worte und Genüsse. Heißt es doch:

Er war Meister in der Liebe,
und die Schöne war ihm gleich.
Herrlich war ihr Bett bereitet.
Drei der Lager kennt die Lust.

Solche Männer lieben Frauen,
die den Herrn nicht spielen wolln,
ihre Launen stumm ertragen,
denn Tyrannen hassen sie.

Liebhaber gibt es dreierlei:
sehr gute, gute und auch schlechte;
den Männern gleichen da die Fraun,
und so verschieden sind die Lager.

Hier nun die Eigenschaften der Liebhaber:

Schlecht genannt wird der Geliebte,
der trotz vieler harter Worte
in die Spröde noch verliebt ist,
weil Gott Kama ihn versengte.

Mittelmäßig nun ist dieser,
der von liebeskranken Mädchen
immer wieder heiß geliebt wird,
ohne diese je zu lieben.

Sehr gut doch allein ist jener,
der die lieblich holde Schöne
ständig liebt und leidenschaftlich
auch geliebt wird dann von dieser.

Die drei Arten von Liebhaberinnen:

Die Geliebte gilt als sehr gut,
die auch zürnen kann, wenn nötig,
doch versöhnt, dem Liebsten folget,
die Genüsse kennt und Pflichten.

Mittelmäßig nun ist diese,
die oft zornig wird zu Unrecht
und auch schwer ist zu versöhnen,
die bald spröde und bald lieb ist.

Schlecht jedoch ist die Geliebte,
die stets frech ist und begierig,
Schlechtes redet, Unheil stiftet
und noch undankbar dazu ist.

Die drei Arten ihres Lagers:

Sehr gut ist ein solches Lager:
außen hoch und innen tiefer,

um dem Drängen jener beiden
bei der Liebe standzuhalten.

Mittelmäßig ist ein Lager,
dessen Boden grad und eben,
weil auf solchem beider Leiber
sich des Nachts sehr selten treffen.

Einem Feinde gleicht das Lager:
innen hoch und außen niedrig;
darauf kann nicht ohne Pause
selbst ein Meister brünstig lieben.

Dann am Morgen ging die Schöne,
als der Pandit sie genossen
auf dem nicht erhöhten Lager,
in ihr Haus zurück, befriedigt.

Am Morgen ließ der König nach Beendigung aller Geschäfte den Pandit und die Königin zu sich kommen. Er setzte
den Pandit auf den Thron und sprach, auf die Worte anspie-
lend, die dieser zur Königin gesagt hatte, mit einem Lächeln
zu Schubhankara: ‚Ich glaube, dass die Furcht der Frauen nur
gespielt ist.‘

Als der Pandit diese Worte hörte, war er sehr betroffen, weil
er ja gesündigt hatte.

Was sollte er tun, nachdem der König ihn durchschaut
hatte? Das ist die Frage. Denn:

Selbst im Hause eines Armen
wird die Sünde stets vergolten.
Wie kann man im Haus des Königs
eine Sünde dann vergeben?«

Prabhawati überlegte die ganze Nacht, konnte aber keine
Antwort finden. Sie fragte den Papagei, und dieser sprach:

»Da dachte der Kluge: Ich bin vom König durchschaut! und erhob seine Stimme:

> ,Eure Größe beschreitet die Meere,
> die von grausigen Haifischen voll sind,
> steht am Himmel, der ohne Stützen,
> und erklimmet die Gipfel der Berge.
>
> Ohne Begleitung geht sie zur Hölle,
> die von giftiger Schlangenbrut wimmelt.
> Deshalb, Abbild des Kamadung, glaub ich,
> dass Frauenängste stets nur gespielt sind.'

Als der König diesen Vers des Pandit gehört hatte, dachte er, während er den Klugen und die Königin betrachtete: So ein kluger Mann findet sich nicht leicht, Frauen dagegen sind leicht zu bekommen. Nach solchen Überlegungen nahm er die Königin bei der Hand und führte sie zu dem Gelehrten mit den Worten: ,Nimm diese Königin!'

Hochbeglückt sprach der Pandit: ,Das ist eine große Gnade!' Und es heißt:

> Kann ein Tor, ein unbelehrter,
> Gut und Böse unterscheiden?
> Hat die Fähigkeit ein Blinder,
> Schönheit und Gebrest zu sehen?

Durch die Gnade des Königs konnte der Pandit nun mit ihr zusammen beständig das Glück genießen.

Wenn auch du, Prabhawati, zur rechten Zeit so reden kannst, dann gehe! Andernfalls bleibe zu Hause!«

SECHZIGSTE ERZÄHLUNG

Wie die liebeshungrige Duchschila
von ihrem Gemahl aus einer
unangenehmen Situation befreit
wird

Am Abend des anderen Tages fragte Prabhawati den Papagei, ob sie ausgehen solle. Der Papagei sprach:

> »Geh zum Buhlen, Liebestolle,
> wenn du wie Duchschilas Gatte,
> der bestand vor Ganapati,
> in der Not dir weißt zu helfen!«

Prabhawati sprach: »Wie war denn das?«, und der Papagei erzählte:

»Es gibt eine Stadt namens Lohapuri. In dieser lebte ein Mann von niedriger Herkunft namens Radschada. Seine Frau, Duchschila mit Namen, war begierig nach fremden Männern.

Einmal zog Duchschila zusammen mit ihren Freundinnen in die Stadt Padmawati, um Garn zu kaufen. Bei dem Ganapati in der Nähe des Dorfes angelangt, sprach jede einzelne von ihnen einen Wunsch aus. Sie aber, die von großer Liebessehnsucht befallen war, wünschte sich Küsse. Ganescha erfüllte ihre Wünsche reichlich. Da brachten ihm alle Spenden dar. Jede gab von dem, was sie sich gewünscht hatte. Duchschila aber zog alle Kleider aus und gab ihm einen Kuss. Da hielt sie dieser Freund des Scherzes an der Lippe fest, so dass sie an ihm hing wie ein Huhn. Diesen Vorfall erzählten die Freundinnen kichernd ihrem Ehemann, damit er sie befreien sollte. Er hörte sie an und ging hin. Als er seine Frau in einer solchen Lage erblickte, überlegte er eine Weile.

Die Frage lautet nun: Wie konnte sie losgelöst werden?«

Prabhawati überlegte die ganze Nacht, doch sie fand keinen Ausweg. Schließlich wandte sie sich an den Vogel, und der Papagei sprach:

»Da er sie nun so hängen sah, erwachte die Begierde in ihm, und er begann sie so zu genießen wie der Esel die Eselin. Als Ganapati dieses seltsame Treiben sah, fing er an zu lachen. Beim Lachen lockerten sich seine Lippen, und sie wurde wieder frei. Sie verneigte sich, beschimpfte ihren Mann und ging nach Hause.

Herrin, er genoss die Liebe
wie der Umstand sie ihm darbot.
Und Duchschila ward erlöset
drauf vom Herrn der Hindernisse.

Wer gewandt ist, ist erfolgreich,
wer der Zeit entsprechend handelt,
wer die Lage richtig einschätzt,
der ist nachher überlegen.

Deshalb gehe, Prabhawati, wenn du in einer gegebenen Situation das Passende zu tun weißt.«

EINUND-
SECHZIGSTE
ERZÄHLUNG

Wie Rukmini ihren Liebhaber
vor den Augen ihres Gemahls
und doch unbemerkt genießt

Am Ende des anderen Tages fragte sie den Papagei, ob sie gehen solle. Der Papagei antwortete:

>Gehe, Herrin, und vollbringe
das, worauf du heimlich sinnst,
wenn wie Rukmini den Gatten
du, den stolzen, kannst betrügen.«

Prabhawati fragte: »Wie war denn das?« Der Papagei antwortete:

»Es gibt ein Dorf namens Sangama. Dort lebte ein jähzorniger Radschput mit Namen Rahada. Seine Frau hieß Rukmini.

Als er einmal mit ihr an einer Prozession teilnahm, bei der Götterbilder umhergefahren wurden, warf sie einem anderen Mann Seitenblicke zu. Der Radschput beobachtete sie und auch den Mann. Da glaubte er, weil er das Treiben der beiden sah, dass sie in ihn verliebt sei. Heißt es doch:

Im Dorf erkennen list'ge Leute
die Amme schon bei einem halben Blick
und den Geliebten eines Weibes,
auch wenn sie nie darüber spricht.

Als Rahada bemerkte, dass sie sich so gewandelt hatte, ging er nach Hause, schalt sie mit harten Worten und hielt sie im Hause gefangen.

Sie aber dachte: Meine Geburt, mein Leben und meine Jugend wären gesegnet, wenn ich vor seinen Augen dem Liebhaber beiwohnen könnte. Das nahm sie sich in ihrem Innern auch fest vor. Wie sollte sie nun ihren Vorsatz verwirklichen? Das ist die Frage.«

Prabhawati überlegte die ganze Nacht, aber sie fand keine Antwort. Sie fragte den Papagei, und dieser sprach:

»Da sah sie eines Tages den Mann, der in ihrem Herzen wohnte, an ihrem Hause vorbeigehen und sprach zu ihm:

,Auf unserem Hof steht ein Tamarindenbaum. An seinem Fuße befindet sich eine Grube, die dein Körper gerade ausfüllt. Dort lege dich heute Nacht mit aufgerichtetem Glied nieder.'

Er war sogleich einverstanden und lag nachts so da, wie sie gefordert hatte. Die Liebeshungrige, in allen Künsten Erfahrene, begab sich nun dorthin. Sie schickte ihren Gemahl auf den Boden des Hauses, legte sich im Schatten des Tamarindenbaums über das Glied ihres Liebhabers und rief ihrem Gemahl, der Pfeil und Bogen trug, zu:

> ,Bester aller Bogenschützen,
> der du in der Welt berühmt bist,
> sollst den Mond mir heute treffen;
> ich vertraue deinem Können.'

Der Dummkopf hörte ihre Worte, ergriff Pfeil und Bogen und zielte nach dem Mond. Er schoss einen Pfeil ab, doch dieser traf den am Himmel dahinziehenden Mond nicht, sondern verfehlte das Ziel und fiel herunter.

Weil der Gemahl nun nicht getroffen hatte, verspottete sie ihn, vom umgekehrten Liebesspiel ermüdet, mit frechen Versen, wobei sie in die Hände klatschte.

Rahada hörte ihren Spott. Er ging lange umher und suchte den Pfeil. Inzwischen genoss sie weiter nach Herzenslust das umgekehrte Liebesspiel. Schließlich sagte sie zu ihrem Gemahl:

> ,Ich hab heut vor deinen Augen
> recht nach Herzenslust geliebt;
> drum, du Dummkopf, will ich gehen,
> denn du bist ein schlechter Held nur.'

Nach diesen Worten bestieg sie das Pferd, das der Liebhaber mitgebracht hatte, und ritt davon.

Als Rahada sie wegreiten sah, schämte er sich und zog sich

scheu zurück; denn wer wird nicht zum Narren gehalten, wenn er den Frauen dient? Deshalb heißt es:

> Ja, selbst Schambhu tanzte einmal,
> und Gowinda ging im Reigen,
> sogar Brahman ward zum Tiere:
> Wer wird nicht durch Fraun zum Narren?

> Was für Glück solln Frauen bringen,
> da sie doch der Grund des Lebens,
> doch der Boden aller Sünden
> und des Kummers Blüt' und Frucht sind?

> Alles wurzelt in der Maja,
> deren Wurzel sind die Frauen,
> deren Wurzel ist die Liebe,
> die zu meiden uns nur Glück bringt.«

Prabhawati aber widersprach seinen Worten:

> »Die zarte Frau ist Grund des Werdens,
> die zarte Frau ist Grund des Wachsens,
> die zarte Frau ist Grund des Glückes,
> o Papagei, wie kann sie schlecht sein?

> Ohne sie gibt's keine Liebe,
> ohne sie gibt es kein Glück,
> ohne sie die Männer glauben,
> dass sie nicht ihr Ziel erreicht.

Heißt es doch:

> Oh, wer hat die Fraun geschaffen,
> diese Krüge voll des Nektars,
> diese Horte voller Freuden,
> diese Speicher süßer Lust?

Schön ist der Anblick der Geliebten,
weil selbst ein leidenschaftlich Herz
dann immer wieder ist zufrieden.
Was braucht man anderes zu sehn?«

Als der Papagei ihre Worte vernommen hatte, sprach er:

»Große Unterschiede findet
man bei Pferden, Elefanten,
Hölzern, Steinen und Metallen,
Kleidern, Frauen, Männern, Wassern.

Alles, was du gesagt hast, trifft auf treue Frauen zu, nicht auf
andere.«

Nach diesem Gespräch verließ Prabhawati den Papagei.

ZWEIUND-
SECHZIGSTE
ERZÄHLUNG

Wie der Gesandte Haridatta
eine schwierige Aufgabe löst

Am anderen Tag fragte Prabhawati den Papagei, ob sie gehen
solle, worauf der Papagei sprach:

>»Gehe, Herrin, bist du fähig,
wie der königliche Bote
in der Halle König Wiras
schwere Rätsel aufzulösen.«

Prabhawati sagte: »Wie war denn das?« Der Papagei erzählte:

>»Katschtschhas König, Herrin, hörte,
dass der Saal des Königs Wira,
edelsteingeschmückt und prächtig,
von den Göttern selbst erbaut sei.

Dies zu sehen, schickt' den Boten
Haridatta er, du Scheue,
hin mit tausendfachen Gaben,
edlen Pferden und Juwelen.

Nachdem der Abgesandte in die Stadt gekommen und vor
den König getreten war, sprach er: ,Mein Herr hat mich be-
auftragt, Euere Prunkhalle zu besichtigen.'

Da sprach der König: ,Morgen werde ich sie dir zeigen.'

Am nächsten Tag rief der König den Abgesandten herbei,
und dieser beeilte sich, hinzukommen. Als er die von tausen-
derlei Edelsteinen funkelnde Halle sah, vermochte er nicht zu
entscheiden, ob sie aus Wasser oder aus festem Material gebaut war. Wie sollte er dies herausfinden? So lautet die Frage!«

Prabhawati dachte lange darüber nach, konnte es aber nicht
entscheiden. Deshalb fragte sie den Papagei.

Der Papagei sprach: »Er warf eine Betelnuss dagegen, erkannte so, dass sie aus festem Material war, und ging nach
Hause.

Deshalb gehe, Prabhawati, wenn du solch einen schwierigen
Fall entscheiden kannst.«

DREIUND-SECHZIGSTE ERZÄHLUNG

Wie Tedschuka ihren argwöhnischen Gemahl überlistet und ihren Liebhaber als Arzt ins Haus holt

Am anderen Tag fragte sie den Papagei, ob sie gehen solle.
Der Papagei sprach:

> »Gehe, Herrin, kannst genießen
> du den langersehnten Buhlen,
> wenn du nun zu ihm gelangst,
> wie es Tedschuka vollbrachte.«

Prabhawati fragte: »Wie war denn das?« Der Papagei erzählte:

»Es gibt ein Dorf, das heißt Khorasama. Dort lebte ein Kaufmann namens Parschwanaga. Seine Frau war schön, lüstern und leichtsinnig. Sie hieß Tedschuka. Eines Tages ging sie mit ihren Freundinnen aus, um eine Prozession anzusehen, bei der Götterbilder umhergefahren wurden. Da entdeckte sie einen Mann von schöner Gestalt und überlegte, wie sie mit ihm zusammenkommen könnte.

Denn:

> Bei Hochzeit und bei Prozessionen,
> im Königshaus und in der Not,
> in fremden Häusern und beim Streite,
> o Herrin, kommt die Frau zu Fall.

Auch sagt man:

> Im Haus, im Walde und im Tempel,
> beim Opfer und am Wallfahrtsort,
> am Brunnen wie bei Fest und Hochzeit,
> auch bei der Kränzewinderin,
> bei Prozession, in Fraungesellschaft,
> wo Menschen und wo keine sind,
> in Stadt und Land und vor der Türe,
> dort ist das Weib stets zügellos.
> In Scheun und Feld und in der Fremde,
> auf Straßen und in Haus und Hof,

und wenn sie schaulustig umhergeht
bei einem königlichen Zug,
im Haus des Nachbarn, in der Öde,
bei Wäscherin und Näherin,
bei Tag und Nacht, zur Dämmerstunde,
bei schlechtem Wetter, auf dem Schlosshof,
bei Sorg und Unglück ihres Gatten,
da kommt das lose Weib zu Fall.

Als Tedschuka ihn entdeckt hatte, winkte sie ihn mit ihren Brauen herbei und sprach ihn an:

‚Ich habe mich in dich verliebt, aber mein Gemahl ist unverträglich und grausam, so dass ich nicht aus dem Haus gehen kann. Deshalb bleibt mir nichts anderes übrig, als an einem bestimmten Tag einen Skorpion freizulassen, den ich vorher an unserer Haustür in einen Krug geworfen habe. Von diesem Skorpion bin ich dann gestochen, und du musst an unsere Haustür kommen und dich als Arzt ausgeben.‘

Nachdem sie eine solche Verabredung getroffen hatten, gingen sie beide nach Hause. Er richtete sich auch nach ihrem Vorschlag.

Sie aber warf einen Krug auf das Kopfkissen ihres Lagers und schrie: ‚Hier ist ein Skorpion in dem Krug! Er hat mich gestochen!‘

Jener Mann trat nun als Arzt an ihre Haustür und sagte: ‚Man versetze ihr einen Schlag, reibe ihr den Bauch, entferne den stechenden Schmerz und beseitige das Gift!‘

Da sagte sie zu ihrem Gemahl:

‚Bringe Holz herbei, Gebieter,
denn ich werde sicher sterben,
oder rufe Arzt und Zaubrer,
dass sie mich gesunden lassen.‘

Da holte ihr Gemahl den Arzt herein, der draußen vor dem Hause stand. Der Arzt untersuchte sie und sprach zu ihrem

Gemahl: ‚Wenn sie am Leben bleiben sollte, obwohl sie von dem schwarzen Ungeheuer gestochen ist, dann hast du Glück, und ich werde berühmt.'

Der Kaufmann bat: ‚Lieber Arzt, bitte sei so gut und heile sie von dem Gift.'

Da bestrich der Arzt die Lippen der Geliebten mit einer bitteren Arzenei und sagte zu ihrem Gemahl: ‚Wohlan, Kaufmann, stärker als alle anderen Gifte ist das Menschengift, deshalb lecke du an ihrer Lippe und denke dabei daran, dass Gift das Heilmittel gegen Gift ist.'

Da schickte sich der Kaufmann an, die Aufforderung zu befolgen, doch im Nu wurde sein Mund bitter, als er die mit bitterer Arzenei bestrichenen Lippen berührte. Deshalb sagte der Kaufmann: ‚Lecke bitte du an ihrer Lippe!' Nach diesen Worten blieb er zunächst da, weil er aber Angst vor dem Gift bekam, ging er hinaus, und der Arzt genoss die Liebeshungrige, solange er wollte. Danach war die Hinterlistige wieder gesund und im gleichen Augenblick auch der Kaufmann. Er behandelte den Arzt zuvorkommend, berührte dessen Füße und versicherte: ‚Ich bin dein Diener!'

In der Folgezeit kam dieser angebliche Arzt stets dann ins Haus, wenn der Kaufmann ausgegangen war, und er genoss sie immer wieder.

Wenn du, Herrin, so zu handeln und zu reden weißt, dann gehe.

> Wer handeln und wer reden kann
> und listig ist, der soll genießen
> und sollte immer alles tun,
> was er sich einmal vorgenommen.«

VIERUND-
SECHZIGSTE
ERZÄHLUNG

**Wie der als Frau verkleidete
Jüngling von den Frauen
des Kuhana vor der Entdeckung
bewahrt wird**

Am anderen Tag fragte Prabhawati den Papagei, ob sie gehen solle. Der Papagei sprach:

>»Gehe, Herrin, zum Geliebten,
> nach dem du so sehr verlangst,
> wenn du in Verlegenheiten
> wie Kuhanas Frau kannst handeln.«

Prabhawati fragte: »Wie war denn das?« Der Papagei erzählte:

»Es gibt ein Dorf, das heißt Gambhira. Dort lebte ein Radschput namens Kuhana. Er war ein eifersüchtiger, tollkühner, aber etwas beschränkter Schürzenjäger, und man konnte schwer mit ihm auskommen. Seine zwei Frauen, die Schobhika und Tedschika hießen, waren lüstern, mannstoll und sehr schön. Ihr Gemahl hatte, um sie besser bewachen zu können, außerhalb des Dorfes am Flussufer ein Haus gebaut, wo er sie, ständig an der Tür stehend, bewachte.

Eines Tages sagten die Frauen zu ihm: ‚Es wäre gut, wenn ein Barbier zu uns käme.‘

Da schickte er einen umherwandernden Barbier, der ihnen hinter einem Vorhang die Nägel schneiden sollte. Während nun der Barbier ihre Füße reinigte, die sie unter dem Vorhang hervorstreckten, stand der Gemahl draußen nicht weit entfernt auf dem Wege. Die beiden Frauen aber gaben dem Barbier eine goldene Spange und sagten heimlich zu ihm: ‚Nimm dieses Gold und verschaffe uns beiden ein Stelldichein mit irgendeinem Mann!‘

Der Barbier stimmte zu, verabschiedete sich von dem Radschputen und ging weg.

Am anderen Tag steckte der Barbier seinen Freund, einen jungen und gewandten Burschen, dem noch kein Bart wuchs, in Frauenkleider, begab sich mit ihm zum Gemahl der beiden Frauen und sprach: ‚Das hier ist meine Frau. Ich will über Land gehen und kann sie nirgends anders lassen als in deinem Haus, denn in deinem Haus muss eine Frau ja beschützt sein.‘

Weil er so sprach, sagte der Radschput: ‚Lass sie hier!‘

Da ließ ihn der Tschandala dort, ging zu den beiden Frauen und sagte: ‚Nehmt euch diese hier!‘

Da erkannten sie, dass der Tschandala einen Mann herbeigebracht hatte, und erwiesen diesem viele Ehren. Am Tage war er eine Frau, in der Nacht aber war er ein Liebhaber und genoss die beiden Frauen des Radschputen abwechselnd.

Der liebestolle Radschput aber war ganz begierig nach einer Vereinigung mit der vermeintlichen Frau. Sooft er sie jedoch darum bat, lehnte sie ab. Da begann der Radschput daran zu zweifeln, dass sie eine Frau sei, und sprach, um diesen Zweifel zu beseitigen, zu seinen beiden Frauen: ‚Auf Anweisung der Dewi muss ich morgen ein großes Fest feiern. Dabei müsst ihr alle drei nackt tanzen.‘

Wie sollte der verkleidete Mann da tanzen? Das ist die Frage.«

Prabhawati überlegte die ganze Nacht, aber sie fand keine Antwort. Deshalb fragte sie den Papagei, und dieser sprach:

»Da umwickelten sie die Spitze seines Gliedes mit einem Faden und bogen es nach unten so zurück, dass es ganz wie eine weibliche Scham aussah.

Als der Gemahl herankam, tanzten alle und sangen unter Händeklatschen eine Strophe von einer Äffin, die ihn geäfft habe. Weil nun der Radschput nach dem Sinn der Strophe fragte, antworteten sie: ‚Die weibliche Scham wird Äffin genannt. Da diese zerstört ist, möge sich der Radschput eine andere Frau suchen. Das ist der Sinn.‘

Da war der törichte Radschput zufrieden und ließ die vermeintliche Frau in Ruhe. Der andere aber genoss in Frauenkleidern die beiden Frauen wie bisher.

> Wer handeln und wer reden kann
> bei einer drohenden Gefahr,
> der möge gehn, o Schöne, du,
> wohin und wann und wie er will.«

FÜNFUND-
SECHZIGSTE
ERZÄHLUNG

Wie Dewika dem Liebhaber
ihrer Freundin zur Flucht
verhilft

Am anderen Tag fragte Prabhawati den Papagei, und dieser sprach:

> »Gehe hin, du schlanke Herrin,
> kannst wie Dewika du handeln,
> die dem Buhlen ihrer Freundin
> in der Not den Fluchtweg zeigte.«

Prabhawati sprach: »Wie war denn das?«, und der Papagei erzählte:

»Es gibt ein Dorf, das heißt Kutapura. Dort lebte der Radschput Somaradscha. Seine Frau namens Manduka war schön von Angesicht und stets begierig nach anderen Männern. Auf dem Hof ihres Hauses vergnügte sie sich nachts mit einem Mann, der auf Verabredung ein Zeichen mit einer Kuhglocke gab.

Eines Tages hörte ihr Mann die Glocke klingen, nahm einen Knüppel und lief auf den Hof, weil er annahm, es sei ein entlaufener Stier.

Die Frage lautet nun: Wie sollte sich der Liebhaber verhalten, da man ihn für einen Stier gehalten hatte.«

Prabhawati überlegte die ganze Nacht, doch ohne Erfolg. Deshalb fragte sie am Morgen den Papagei. Der Papagei sprach:

»Eine Freundin namens Dewika sah, wie der Mann der Manduka dem Klange der Glocke nachging, und sagte zu diesem, wobei sie den Klöppel der Glocke des fliehenden Liebhabers mit der Hand festhielt: ‚Schwager, der Stier ist schon davongelaufen.‘

Da kehrte dieser um und erzählte seiner Frau von seiner Heldentat.

Gehe, Prabhawati, wenn du wie Dewika zu handeln weißt.«

SECHSUND-SECHZIGSTE ERZÄHLUNG

Wie der Schrawaka Schriwatsa
seinen Appetit auf Fleisch
verleugnet

Am anderen Tag fragte Prabhawati den Papagei, und dieser sprach:

> »Herrin, du magst zu ihm gehen,
> kannst, Prabhawati, du reden,
> wenn von Schande du bedroht bist,
> wie der Schrawaka Schriwatsa.«

Prabhawati sprach: »Wie war denn das?«, und der Papagei erzählte:

»Es gibt, Herrin, einen Ort namens Dschanasthana. Dort herrschte ein König Nandana, der mit Recht diesen Namen trug. In diesem Ort lebte ein Schrawaka namens Schriwatsa, der dem höchsten Gott sehr ergeben war.

Eines Tages machte er sich mit seinen Schülern nach der Stadt Benaras auf. Unterwegs schickte er einen Schüler aus, Fleisch zu besorgen. Dabei sahen ihn andere Schrawakas.

Die Frage lautet nun: Wie sollte er sich da verhalten?«

Prabhawati überlegte lange, konnte aber die Frage nicht beantworten. Schließlich wandte sie sich an den Papagei. Der Papagei sprach:

»Als die Schrawakas alle herangekommen waren, umringten sie ihn und stimmten ein lautes Gelächter an. Von allen gefragt, sprach er: ,So ist dieser Schüler nun. Ich habe gesagt: ›Kommt zu mir mit Fleiß!‹, und er versteht in seiner Dummheit: ›Kommt zu mir mit Fleisch!‹‘

Gehe also, Herrin, wenn du dich wie Schriwatsa herausreden kannst.«

SIEBENUND-
SECHZIGSTE
ERZÄHLUNG

Wie der Gänsekönig
Schankadhawala durch klugen
Rat seinen Angehörigen
das Leben rettet

Am anderen Tag fragte Prabhawati, die sich zum Ausgehen bereitet hatte, den Papagei, und der Papagei sprach:

>Gehe, Herrin, denn bei Dingen,
die so schön, soll man nicht zögern.
Geh, kannst in Gefahr du handeln
wie der kluge Gänsekönig.«

Prabhawati fragte: »Wie war denn das?« Und der Papagei antwortete:

>Einen Wald gibt es, o Herrin,
der sich schön und grasbewachsen
über zwanzig Meilen hinzieht
und von Vögeln gern bewohnt wird.

Dort stand am Ufer eines Teiches ein weit ausladender, kühlen Schatten spendender Feigenbaum, auf dem der König der Wildgänse namens Schankadhawala mit seiner Familie am Abend zu ruhen pflegte, nachdem er bei Tage das Land durchstreift hatte.

Als eines Tages die Wildgänse ausgeflogen waren, legte ein Jäger ein Netz aus.

Am Abend kamen die Gänse zurück und flogen alle hinein.

Die Frage lautet: Wie sollten sie sich da befreien?«

Prabhawati dachte angestrengt nach, aber sie wusste keine Antwort und fragte des Morgens den Vogel. Der Papagei sprach:

»Als Schankadhawala sah, dass seine ganze Familie gefangen war, da sprach er in der Nacht: ,Hört her, ihr Söhne! Wenn der Jäger morgen früh auf den Baum steigt und euch betrachtet, dann müsst ihr, ohne zu atmen, wie tot daliegen. Wenn er euch aber in der Meinung, ihr seid tot, alle auf die Erde wirft, dann müsst ihr auf und davon fliegen.'

Richtig kam am anderen Morgen der Jäger herbei. Er

glaubte, sie seien tot, und warf sie auf die Erde. Da erhoben sie sich und flogen, wohin sie wollten.

Gehe, Prabhawati, wenn du in Gefahr wie der König der Wildgänse zu handeln weißt.«

ACHTUND-
SECHZIGSTE
ERZÄHLUNG

**Wie der Affe Wanaprija
den Delphin überlistet und
sein Leben behält**

Am anderen Tag fragte Prabhawati den Papagei, weil sie nicht wusste, was sie tun sollte. Der Vogel antwortete:

> »Wenn du gehen willst, du Scheue,
> weil du liebeskrank bist, gehe,
> kannst du nachher wie der Affe
> auch zu deinen Gunsten sprechen.«

Prabhawati fragte nach dieser Geschichte, und der Papagei erzählte:

»Es gibt einen Wald mit Namen Puschpakara. Dort lebte ein Zwergaffe namens Wanaprija. Einst sah er, wie sich ein Delphin dicht am Meeresstrand im Wasser tummelte, und sagte: ,Lieber Freund, bist du denn lebensmüde, dass du heute so dicht ans Land kommst?‘

Als der Delphin diese Worte hörte, antwortete er:

> ,Nur an dem bestimmten Platze
> und an dem verdienten Lohne
> kann ein Herz sich wirklich freuen,
> Affe, und an keinem andern.

Und es heißt:

> Lanka, die aus Gold gebaute,
> will mir, Lakschman, nicht gefallen.
> Doch Ajodhja, Stadt der Ahnen,
> würd auch arm mich noch erfreuen.

> Heimatland, Verkehr mit Freunden,
> Leben, Hoffnung auf Gewinn,
> eine Liebste, die spät einschläft;
> diese gibt man nicht gern auf.

Meine Geburt ist gesegnet, weil ich dir heute begegnet bin. Heißt es doch:

Gute treffen ist ein Segen,
denn sie sind wie Wallfahrtsorte,
die uns langsam Hilfe bringen,
doch die Guten gleich uns helfen.

Reich ist die Schar der auf dem Lande wohnenden Lebewesen, wo es Tiere gibt, die so freundlich reden wie du.'

Auf diese Worte antwortete der Affe: ‚Wohlan, Delphin, du bist von nun an mein Freund, ich schätze dich mehr als mein Leben, denn du sprichst wirklich Worte der Freundschaft.'

Und es heißt:

Der Guten Freundschaft, Schöne, wird geschlossen
mit sieben Schritten, sagen die Gelehrten.

Und der Affe fuhr fort: ‚Lieber Freund, sei heute mein Gast!', und er gab ihm nektargleiche reife Früchte. Von nun an reichte er ihm Tag für Tag Bananen, und der Delphin brachte sie seiner Geliebten. Sie fragte den Gemahl, woher er die Früchte habe, und er erzählte ihr, wie sich alles zugetragen hatte.

Da überlegte sie, denn sie war schwanger: Der Affe, der immerzu solche Früchte verzehrt, muss selbst nektargleiches Fleisch haben. Nach dieser Überlegung sprach sie zu ihrem Herrn: ‚Weil ich schwanger bin, habe ich Verlangen nach dem Herzfleisch jenes Affen. Wenn du mein Verlangen stillst, werde ich am Leben bleiben. Wenn nicht, dann werde ich ohne Zweifel sterben.'

Der Delphin vernahm die Worte seiner Frau, und weil sie hartnäckig darauf bestand, schwamm er zum Meeresstrand und sprach zum Affen: ‚Lieber Freund, die Geliebte deines Bruders lädt dich ein, die Gastfreundschaft unseres Hauses kennenzulernen.'

Mit diesen Worten erweckte er sein Vertrauen, nahm ihn auf den Rücken und schwamm los. Unterwegs sagte der Affe voller Ungewissheit zu ihm: ‚Was soll ich tun, wenn ich dort bin?'

Als der Delphin seine Frage hörte, dachte er: Wie sollte der Affe, dessen Weg von mir bestimmt wird, von hier aus an den Strand kommen? Deshalb will ich reden! Und nach dieser Überlegung sagte er dem Affen, was er vorhatte.

Nun, Prabhawati, frage ich dich, durch welche List rettete der Affe sein Leben?«

Obwohl Prabhawati darüber nachdachte, konnte sie die List nicht finden. Sie fragte den Papagei, und der Vogel sprach:

»Der Affe sagte: ,Armer Delphin, dann trägst du mich umsonst dorthin, denn ich bin ohne Herz. Mein Herz ist nicht bei mir.'

Der Delphin fragte: ,Wo hast du es denn gelassen?'

Da antwortete der Affe: ,Lieber Freund, hast du noch nichts davon gehört?

> Mein Herz ist auf dem Udumbara
> und auf dem Wata-Baum die Seele,
> drum will ich hingehen, sie zu holen,
> und wieder dann zum Wasser kommen.'

Weil der Affe so zu ihm sprach, kehrte der dumme Delphin an das Ufer zurück. Der Affe aber sprang von seinem Rücken, kletterte auf einen Baum und rief dem Delphin zu: ,Verschwinde! Verschwinde! Wenn ich hier sitze, können mich Deinesgleichen nicht fangen.

> Einmal hat gesagt ein Weiser:
> Freundschaft ist doch nie beständig
> zwischen Tieren aus dem Wasser
> und den Tieren auf dem Lande!'

Als der Delphin mit solchen Worten vom Affen gescholten worden war, schwamm er nach Hause. Und es heißt:

Wer, wenn Klugheit ist geboten,
den Verstand sich kann bewahren,
der kommt glücklich aus der Klemme
wie der Affe aus dem Wasser.

Also, Prabhawati, wenn du das kannst, dann gehe!«

NEUNUND-SECHZIGSTE ERZÄHLUNG

Wie der Papagei Dhurtatschakora
sein Leben rettet

Abermals begann Prabhawati den Vogel zu fragen. Der Papagei aber sprach: »Wenn du durch deine Klugheit eine drohende Gefahr abwenden kannst, wie der Papagei Dhurtatschakora, dann sollst du gehen.«

Prabhawati bat: »Erzähle mir bitte diese Geschichte!« Und der Vogel begann:

»Der Papagei Dhurtatschakora hatte sich einmal die Feindschaft der Kupplerin Dewasena zugezogen und bat den Kaufmann Somadatta, ihn nicht zu ihr zu bringen. Er erzählte ihm die Geschichte einer Krähe, die sich das Vertrauen einer ganzen Schar von Eulen erwarb und alle durch Feuer vernichtete. ,Darum, Somadatta, wird es mir ebenso ergehen. Wer uns seit Langem feind ist, dem dürfen wir nicht trauen!'

Doch Somadatta nahm sich die von Dhurtatschakora vorgetragene Erzählung nicht zu Herzen, Herrin. Er überbrachte vielmehr jenen Dhurtatschakora mit seinem Käfig der Hetäre Kamasena. Kamasena erzählte der Dewasena, ihrer Kupplerin, davon.

Als diese es gehört hatte, sagte sie: ,Jetzt ist mir der Schweiß von der Stirne gewischt!'

Bevor die Kupplerin bei Tagesanbruch zum Palast des Königs ging, befahl sie der Kamasena: ,Töte diesen Papagei und koche mir sein wohlschmeckendes Fleisch!' Danach entfernte sie sich. Da ergriff die Hetäre den Papagei und begann ihm die Federn auszurupfen.

Nun sage mir, Prabhawati, auf welche Weise der Papagei sein Leben rettete.«

Prabhawati überlegte hin und her, aber sie wusste es nicht. Deshalb fragte sie den Papagei, und dieser fuhr fort:

»Hör zu, Prabhawati! Als die Hetäre den Papagei ergriff, um ihn zu töten, sprach er zu ihr: ,Du bist so edel und lebst stets nach der Moral. Deine Hände zögern, ein Lebewesen zu töten. Ich weiß etwas, was in der Zukunft liegt. Das will ich dir erst noch sagen, weil es dir nützen wird. Dann kannst du mich töten.'

Die Hetäre sagte: ,Wohlan, dann sage es mir!'

Der Vogel antwortete: ‚Du wirst inmitten dieses Fleisches sehr großes Glück finden. Ich will dir ein Mittel verraten, das dich schön macht. Danach werde ich mich deinem Willen unterwerfen. Hole also ein Blatt Basilienkraut und Kuscha-Gras herbei, streue das Kuscha-Gras auf den mit Kuhmist bestrichenen Boden, setze dich mit dem Basilienkraut in der Hand nieder und denke an irgendeinen Zauberspruch. Dann werde ich das Mittel hervorzaubern und dir den Rest meines Lebens überlassen. Läutere dich und komme zurück!‘

So sprach der Papagei. Die Hetäre wollte sehen, was er für ein Mittel hervorzaubern würde, und befolgte alles, was er gesagt hatte. Der Papagei beobachtete, wie die Hetäre hinausging, um das Blatt vom Basilienkraut und die anderen Dinge zu holen. Er bewegte sich ganz vorsichtig vorwärts und entwich durch den Abzugskanal des Badehauses. Dabei rief er: ‚Die Katze hat ihn geholt! Die Katze hat ihn geholt!‘ Immer wieder stieß er diesen Satz hervor und versteckte sich in einer Baumhöhle.

Als die Hetäre diese Worte hörte, kam sie eilig herbeigelaufen. Den Papagei aber sah sie nicht. Auch als sie ihre Blicke umherschweifen ließ, konnte sie ihn nicht entdecken. Da bekam sie Angst, weil der Papagei nicht mehr da war, tötete ein Rebhuhn und bereitete es als Speise für Dewasena zu.

Also, Prabhawati, wenn du entschlossen bist, so klug zu handeln, dann führe dein Vorhaben aus.«

SIEBZIGSTE ERZÄHLUNG

Wie der Papagei Dhurtatschakora
sich an der Kamasena für das
Ausrupfen seiner Federn rächt

Abermals richtete Prabhawati ihre Frage an den Geflügelten, und der Papagei sprach: »Wenn du so klug bist wie der Papagei Dhurtatschakora, dann gehe!«

Prabhawati sprach: »Erzähle mir doch diese Geschichte!« Da erzählte der Baumbewohner:

»Der Papagei, der ein paar Schwanzfedern eingebüßt hatte, war also davongeflogen und sann auf Rache.

Sage mir nun, Prabhawati, wie er an Kamasena Rache nahm.« Prabhawati überlegte hin und her, aber sie fand es nicht heraus. Deshalb fragte sie den Vogel, und der Papagei sprach:

»Montags pflegte die mondgesichtige Kamasena in einem Tempel jenes Gottes zu tanzen, der den Mond als Diadem trägt. Der Papagei flog vorher dorthin, versteckte sich nahe bei dem Linga in der Höhle eines Bilwa-Baumes, dessen Blätter von den Gläubigen mit den Händen eingesammelt wurden, und wartete.

Als der Tanz der Kamasena zu Ende war, drang aus dem Innern des Baumes, der an Form und Größe dem Linga des Schiwa glich, eine Stimme: ›Viele Tage sind vergangen, Kamasena, seit du in meinen Dienst getreten bist. Ich bin dir wohlgesonnen, weil ich bemerke, dass du mir ein Übermaß an Liebe entgegenbringst. Am nächsten Montag wirst du zur Zeit der ersten Wache vor aller Leute Augen einen Wünsche erfüllenden Himmelswagen besteigen und zu mir auf den Kailasa-Berg gelangen. Die zahlreichen Folgen der endlosen Not, die aus der Unfrömmigkeit einer früheren Geburt entsprang, fliehen durch deine große Hingabe in weite Ferne. Verteile also das ganze Vermögen, das du zusammengetragen hast und das unbeständig ist wie der Blitz, an bedürftige Menschen. Dann schere dir das Haar vom Kopf, weil das der wichtigste Teil jeglicher Sühne ist, und steige auf meines Tempels Spitze, um dort zu verweilen.

Wenn du die ersten vier Ghatis mit Tanz, Gesang und den anderen Zeremonien dort verbracht hast und deinen Sinn auf das Durchstehen zweier Wachen richtest, werden am Ende der ersten Wache zwei Himmelswagen zu dir herabfliegen.‹ Als Kamasena diese Worte aus dem Bilwa-Baum unter der staunenden Anteilnahme aller Männer und Frauen vernommen hatte, war sie außer sich vor Freude und bewegte sich so, als wandele sie bereits auf dem Wunderpfad. Ihr Herz quoll über, weil sie vor allen Leuten eine so außergewöhnliche Ehrung erfahren hatte, und sie pries, nachdem sie die wohlwollenden Worte des höchsten Herrn gehört hatte, immer wieder den Gemahl der Parwati. Sie glaubte fest daran, dass das Wort des Herrn keine Lüge war, und gab nach allerlei Vorbereitungen ihr ganzes Vermögen an Menschen, die es verdienten. Sie schor ihren Kopf kahl und zog ein braunrotes Gewand an. Ihr überschwänglicher Jubel äußerte sich in viel Lärm bei Gesang und Tanz sowie im fröhlichen Erklingen von Trommeln, Instrumentalmusik und anderem mehr. Ihr Inneres war von den wogenden Wellen höchster Lust beherrscht.

So erfüllte sie innerhalb von vier Ghatis die noch unerfüllten Pflichten. Sie brachte dem höchsten Herrscher große Verehrung dar und verneigte sich ungezählte Male vor ihm, die rechte Seite ihm zugewandt. Dann befolgte sie freudig den Befehl des höchsten Herrn und stieg zu der Spitze des Tempels hinauf.

Alle Welt ließ Essen, Schlafen und alle fleischlichen Genüsse sein und wartete voller Spannung.

Die sengenden Strahlen der Sonne brannten wie glühende Kohlen auf dem kahl geschorenen Kopf. Zwei Wachen gingen vorüber, aber es kamen keine Wagen.

Auf dem Bilwa-Baum saß ein Vogel. Es war der Papagei. Er erhob seine Stimme und sprach:

,So heißt es doch:
Bosheit vergelte mit Bosheit,
Freundlichkeit aber mit Freundlichkeit.
Du hast mir die Federn genommen,
ich habe das Haupt dir geschoren.'

Also, Prabhawati, wenn du so klug bist, dann kannst du jetzt gehen.«

WIE
DER PAPAGEI
FÜR SEINE
GUTEN DIENSTE
BELOHNT
WIRD

Nachdem Prabhawati so viele Geschichten gehört hatte, kam ihr Mann Madanasena aus der Fremde zurück, und sie war nach seiner Rückkehr ebenso liebevoll zu ihm wie vorher. Der Papagei aber sagte ganz langsam vor sich hin:

>Eitel ist die Lieb zu Frauen,
eitel gegen sie der Stolz.
Ich bin immer lieb zu dieser,
sie ist böse nur zu mir.«

Jedoch Madanasena hörte nicht. Da lachte der Papagei und sprach: »Wenn einer einen guten Ausspruch vernimmt und danach handelt, dann wird er überall sein Glück machen.« Als Madanasena immer wieder diese Worte hörte, fragte er, was sie bedeuten sollten. Da begann Prabhawati selbst voller Angst zu erzählen, denn es heißt ja:

Stolz sind die Reinen überall
auf ihrer guten Taten Macht,
die Bösen doch sind stets besorgt
aus Furcht vor ihrem schlechten Tun.

»Ehrwürdiger, du bist zu preisen, weil Triwikrama jenes Paar in dein Haus gebracht hat, denn dieser Papagei rät allen Menschen zu ihrem Besten und vertritt besonders bei mir die Stelle von Verwandten und Eltern.«

Je mehr sie den Papagei rühmte, umso mehr schämte sich dieser, denn es heißt ja:

Tötet einen Fisch der Reiher,
dann erhebt er laut sein Schreien;
schlägt der Löw den Elefanten,
braucht er lautlos seine Krallen.

Madanasena hörte ihre Worte und sagte darauf: »Wie hat dir der Papagei beigestanden? Was sind denn seine besonderen Vorzüge?«

Sie fuhr fort: »Gebieter, selten wird man einen finden, der ein wahres Wort ausspricht, und ebenso selten einen, der es anhört. Denn es heißt:

> Zahlreich sind die Männer, König,
> die nur Angenehmes reden;
> aber selten ist ein solcher,
> der gern Schlechtes hört und spräche.

> Wenn man sagt, die Frau sei lieblos,
> leichten Sinns und ohne Tugend,
> Schlechtes denkend, unverständig,
> dann ist das die reine Wahrheit.

> Sie achtet niemals eine Wohltat,
> sie liebt auch Mann und Kinder nicht;
> am Anfang ist sie weich und zärtlich,
> doch hart, hat sie ihr Ziel erreicht.

Und es heißt weiter:

> Nur anfangs erweisen sie Liebesdienste,
> bis ihnen der Mann ganz ergeben ist.
> Ist er erst mit Liebesbanden gefesselt,
> ziehen sie ihn aufs Trockne wie einen Fisch.

> Unstet wie die Meereswoge ist der Frauen Sinn,
> kurz nur wie die Abendröte im Gewölk die Liebe.
> Wenn sie nur ihr Ziel erreichten, lassen sie den
>   Mann
> wie die ausgepresste Lacklaus, weil er nutzlos,
>   liegen.

Was tun sie nicht, die mit den schönen Augen,
wenn sie ins weiche Herz der Männer drangen:
sie spotten, sie betören und berauschen,
entzücken, drohn und bringen zur Verzweiflung.

Mein Gebieter, als du auf Reisen warst, habe ich einige Zeit die Trennung von dir ertragen. Danach aber hatte ich Umgang mit schlechten Freundinnen. Ich wollte einem fremden Manne meine Liebe schenken und habe die Predigerkrähe, die mich am Gehen hindern wollte, beinahe getötet. Dieser Papagei aber hat mich durch die Mannigfaltigkeit seiner Reden siebzig Tage festgehalten. So habe ich durch mein Handeln keinen Frevel verübt, nur in meinen Gedanken habe ich gesündigt. Du musst nun entscheiden, ob ich leben oder sterben soll.«

Als Madanasena das gehört hatte, fragte er den Papagei. Dieser sprach:

»Niemals darf ein Kluger sprechen,
kennt er nicht den Grund der Sache,
auch wenn er den Grund erkannte,
muss das Schicksal er bedenken.

Freundschaft, Leben, Geld, Getreide,
Lob der Guten, Schimpf der Bösen;
alles das kann man erlangen,
weil das Schicksal es so will.

Herr, wenn es sich auch nicht schickt, es zu sagen, so höre trotzdem:

Edle Menschen, die geduldig,
rechnen es den Toren, Trinkern,
Frauen, Kranken und Verliebten
wie den Müden und Erzürnten,
den Betrunknen, Blöden, Scheuen

und auch denen, die da hungern,
niemals an, dass sie die Wohltat,
die erwiesene, nicht vergelten.

Es heißt auch im Mahabharata:

Zehn, die das Gesetz nicht achten,
Dhritaraschtra, sollst du kennen:
wer betrunken, lässig, blöde,
wer ermüdet, zornig, hungrig,
wer erschrocken, eilig, gierig,
wer verliebt ist – diese zehn.

Vergib ihr ihren Fehltritt. Eigentlich hat sie daran gar keine
Schuld. Es kam durch den Umgang mit schlechten Freundinnen. Und es heißt doch:

In Gemeinschaft mit den Schlechten
ändern sich wie Bhischma Gute,
welcher auszog Rinder stehlen,
weil Durjodschana er folgte.

Einst nahm sich ein Widjadhara
listig eines Königs Tochter.
Oft genoss er ihre Liebe,
doch der Gatte sprach sie schuldlos.«

Und der Papagei erzählte Madanasena eine Geschichte:
»Es gibt auf der Erde einen Berg namens Malaja. Auf sei-
nem Gipfel liegt eine Gandharwenstadt, genannt Manohara.
Dort lebten ein Gandharwe mit Namen Madana und seine
Frau Ratnawali. Sie hatten eine Tochter Madanamandschari.
Ob Gott oder Dämon, wer immer ihre reiche Schönheit er-
blickte, der fiel in Ohnmacht und mit dem Gesicht auf die
Erde. Es fand sich so kein ebenbürtiger Freier, dem man sie
hätte geben können.

Eines Tages kam Narada vorbei. Auch er wurde beim Anblick ihrer Schönheit ohnmächtig vor Liebe. Als der Weise die Besinnung wiedererlangt hatte, verfluchte er sie. Heißt es doch:

Wo bleibt der Sieg, wenn die Zarte, die Feine,
die in der Wollust so reizend Erregte,
die immer Glück spendend, herrlich Berauschte,
wenn sie, die Schöne, im Herzen uns wohnt?

‚Weil ich beim Anblick ihrer Schönheit in Liebesglut verfallen bin, soll sie an ihrem Rufe Schaden erleiden.‘

Da verbeugte sich der Gandharwenkönig und sprach: ‚Sei milde, Herr, und lass Gnade walten!‘

Narada antwortete: ‚Wenn sie auch an ihrem Rufe Schaden leidet, so soll sie damit doch keine Schuld auf sich laden und von ihrem Gemahl nicht getrennt werden. In der Stadt Wipula auf dem Berg Meru lebt ein Gandharwe namens Kanakaprabha. Er soll der Freier deiner Tochter sein.‘ Nach diesen Worten entfernte sich Narada.

Wie der Muni es bestimmt hatte, heiratete sie der Gandharwe. Eines Tages verließ er sie und begab sich nach dem Kailasa-Berg. Sie aber saß ohne Kleider auf einer Steinbank und krümmte sich in großen Schmerzen über die Trennung. Da erblickte ein Widjadhara ihre außergewöhnliche Schönheit und bat sie, ihm ihre Liebe zu schenken. Sie wollte ihn aber nicht. Darauf nahm er die Gandharwengestalt ihres Gemahls an und genoss sie.

Als einige Zeit vergangen war, kehrte ihr Gemahl nach Hause zurück. Er sah, dass sie von den Freuden der Liebe befriedigt war, und weil er meinte, ein anderer habe ihren Körper besessen, hielt er sie für schlecht. Deshalb nahm er sich fest vor, sie umzubringen, und begab sich mit ihr zum Tempel der Tschandika.

Als er sich nun anschickte, seine Frau vor dem Standbild der Göttin zu töten, da schrie sie laut auf: ‚Herrin, du hast mir verheißen, dass ich einen Gandharwenkönig zum Sohn haben werde. Warum soll ich zugrunde gehen, ohne das Gesicht meines Sohnes gesehen zu haben?'

Weil sie vor ihr so klagte, stand die Göttin ihr bei und sagte: ,Halt, du tapferer Gandharwe! Sie hat keine Schuld, denn sie ist in heimtückischer Weise von einem Widjadhara in deiner Gestalt genommen worden. Weil sie nichts ahnte, hat sie auch keine Schuld. Es bewirkte der Fluch eines Weisen, dass solches geschah.'

Nun erzählte die Göttin die Geschichte des Fluches und fuhr fort: ,Nach dem Wort des Weisen ist sie also schuldlos, und du solltest sie wieder bei dir aufnehmen!'

Als er die Worte der Gauri vernommen hatte, ging er beruhigt mit ihr nach Hause und war glücklich wie zuvor.

Deshalb, Kaufmannssohn, solltest du, wenn mein Wort etwas gilt, gnädig zu ihr sein, denn sie ist nicht schlecht.«

Weil der Papagei so sprach, nahm Madanasena seine Frau wieder freundlich auf. Haradatta aber veranstaltete aus Freude über die Rückkehr seines Sohnes ein großes Fest.

Während dieses Festes fiel ein Kranz vom Himmel herab. Als der Papagei, die Predigerkrähe und Triwikrama ihn erblickten, waren sie von ihrem Fluch erlöst und kehrten in den Himmel zurück.

Madanasena aber lebte zusammen mit seiner geliebten Prabhawati in Glück und Freuden.

NACHWORT

Von Wolfgang Morgenroth

Märchen und Fabeln wurden in Indien früher erzählt als in vielen anderen Ländern. In den übrigen Teilen Asiens, in Europa und selbst in Afrika finden wir Märchen, Fabeln oder Motive, deren Heimat Indien ist. Viele Anklänge an das »Papageienbuch« entdecken wir in Boccaccios »Dekameron«, und die Fabel von Molières Posse »Arzt wider Willen« hat ihre Vorlage in der sechsundfünfzigsten Erzählung unseres Werkes. Es ließe sich eine große Anzahl von thematischen Einflüssen belegen. Nicht nur einzelne Geschichten, sondern ganze Bücher aus Indien sind schon vor Jahrhunderten durch Übersetzungen zum Gemeingut der Völker geworden.

Das »Papageienbuch« (Schukasaptati) gehört zu den berühmtesten Erzählbüchern der Inder. Es steht würdig neben dem »Pantschatantra«, der »Großen Erzählung« (Brihatkatha) und den »Fünfundzwanzig Erzählungen des Dämons« (Wetalapantschawinschati). Weil es so beliebt war, wurden die siebzig Geschichten immer wieder neu erzählt und dabei im Laufe der Jahrhunderte mehrfach abgewandelt: Man änderte, kürzte und ergänzte. Es gibt heute eine ganze Reihe von »Papageienbüchern«, in verschiedenen Sprachen und mit teilweise unterschiedlichem Inhalt. Das Original jedoch ist verloren gegangen. Dieses Schicksal teilt das »Papageienbuch« mit vielen alten Erzählwerken Indiens, denn in dem feuchtwarmen Klima des Landes zerfielen die Manuskripte nach wenigen Generationen. Über die ursprüngliche Form und den ursprünglichen Inhalt der erwähnten Bücher können wir deshalb keine sicheren Aussagen machen. Weder kennen wir ihre Verfasser, noch wissen wir genau, wann und wo sie entstanden.

Während das »Pantschatantra« wahrscheinlich aus dem 4. oder 5. Jahrhundert stammt und bereits im 6. Jahrhundert ins Mittelpersische und Syrische übersetzt wurde, während die »Große Erzählung« schon im 6. Jahrhundert existierte und die »Fünfundzwanzig Erzählungen des Dämons« etwa genauso alt oder nur wenig jünger sind, sprechen inhaltliche Gründe dafür, dass das »Papageienbuch« erst gegen Ende des ersten Jahrtausends geschaffen wurde: In keinem der älteren indischen Erzählwerke spielt nämlich die Liebe eine so große Rolle wie im »Papageienbuch«, sie trat erst später als ein Hauptthema hervor.

Die älteste Nachricht über das »Papageienbuch« verdanken wir einem indischen Kommentar aus dem 12. Jahrhundert. Er erwähnt einen Papagei, der von einer Katze gefressen wurde, nachdem er siebzig Geschichten erzählt hatte. Es ist möglich, dass die Rahmenerzählung, die damit angedeutet wird, älter ist als die unseres Buches, in der der Vogel am Ende in seine himmlische Heimat zurückkehrt. Sicher zu beweisen ist das aber nicht. Für uns sind vor allem die beiden ältesten erhaltenen Fassungen des »Papageienbuchs« von Bedeutung.

Diese beiden Fassungen sind in Sanskrit, der Literatursprache Altindiens, abgefasst. Sie stellen nach unserer Ansicht unterschiedliche Bearbeitungen einer gemeinsamen Vorlage dar, die aller Wahrscheinlichkeit nach mit dem Original schon nicht mehr identisch war. Die eine Version ist außerordentlich kurz, in ihr sind die Geschichten teilweise bis zur Unverständlichkeit verstümmelt. Sie ist als Auszug aus dem »Papageienbuch« bezeichnet. In ihr ist aber wohl der Gesamtplan der Vorlage besser erhalten als in der anderen Fassung, die viel ausführlicher ist, am Ende jedoch stark verderbt zu sein scheint. In dieser zweiten Fassung ist der Text der Vorlage erweitert und ausgeschmückt, steht ihr aber wohl doch näher als die kürzere. Da sie nachweislich ein Werk benutzt, das erst im Jahre 1199 vollendet wurde, können wir ihre Entstehungszeit im 13. Jahrhundert vermuten. Der Auszug ist wohl etwas früher angefertigt worden. Da er aber teilweise mit Versen überladen ist und einzelne Geschichten für einen Auszug zu umfangreich sind, dürfte er später noch einmal bearbeitet worden und in der uns vorliegenden Form jünger als die ausführlichere Fassung sein. Wir haben versucht, durch Vereinigung der beiden Fassungen einen Text herzustellen, der dem der gemeinsamen Vorlage näher kommt als jede der beiden Versionen und der bis auf zwei Ausnahmen alle Geschichten enthält, die in den Sanskrittexten überliefert werden.

Das »Papageienbuch« ist oft in neuindische Sprachen übersetzt und zugleich immer aufs Neue umgeformt worden. Besonders bekannt sind die Übersetzungen in das Marathi (Sprache der Bewohner des Staates Bombay), Hindusthani (Umgangssprache in weiten Teilen Nordindiens) und Radschasthani (Sprache der Bewohner des Staates Radschasthan in Nordwestindien). Bereits im 14. Jahrhundert gab es auch eine persische Bearbeitung, die allerdings roh und schwerfällig war. Der Dichter Nachschabi, ein Zeitgenosse des Hafis und des Sa'di, hat diese Übersetzung 1330 zu einem Kunstwerk umgestaltet. In seinem »Tuti-Nameh« ersetzte er aus inhaltlichen Gründen eine Reihe von Geschichten durch andere, die er zum Teil aus den »Fünfundzwanzig Erzählungen des Dämons« übernahm, und gab den Geschichten ein persisches Kolorit. Die Stimmung von »Tausendundeiner Nacht«, die über seinem Werk liegt, ist dem indischen Original fremd. Das »Tuti-Nameh« wurde im 15. Jahrhundert ins Türkische übertragen und im 17. Jahrhundert von dem persischen Dichter Kadiri erneut bearbeitet.

In der türkischen und in den beiden persischen Fassungen sind die Geschichten des »Papageienbuchs« in Vorderasien und in Europa zuerst bekannt geworden. Goethe lernte Kadiris persische Bearbeitung in der 1822 veröffentlichten deutschen Übersetzung von C. J. L. Iken kennen und begrüßte sie mit begeisterten Worten: »Meine Bewunderung jener Märchen, besonders der nach der älteren Redaktion, wovon Kosegarten in dem Anhange uns Beispiele gab, erhöhte sich, oder vielmehr, sie frischte sich an …« Die indische Vorform der Geschichten war Goethe noch nicht zugänglich. Sie wurde erst gegen Ende des 19. Jahrhunderts durch die Textausgaben und Übersetzungen Richard Schmidts in Europa bekannt.

Das »Papageienbuch« trägt unverkennbar indisches Kolorit. Zwar enthält es keine ausgedehnten Naturbeschreibungen, doch finden wir darin die Pflanzen und Tiere des indischen Subkontinents. Es sind jedoch vor allem die indischen Menschen, ihre sozialen Verhältnisse und ihre religiösen Anschauungen, ihre gesamte Lebensweise, die dem Buch das Gepräge geben. Die meisten auftretenden Gestalten sind Hindus. Der Hinduismus ist keine Religion, die wie der Buddhismus oder der Dschinismus über bestimmte Glaubensregeln verfügt und auf einen Stifter zurückgeführt werden kann. Er ist vielmehr ein soziales System, das eine Fülle oft widerspruchsvoller Riten und Anschauungen einschließt. Grundlage dieses Systems ist die Kastenordnung und die damit verbundene Vormachtstellung der Priester, der Brahmanen. Die Gesellschaft gliedert sich in vier Stände: in Brahmanen, Kschatrijas, Waischjas und Schudras. Von ihnen ist in unseren Geschichten die Rede. Die weitere Unterteilung der Stände in eine Vielzahl von kleinen sozialen Gruppen (Kasten) kann deshalb unbeachtet bleiben. Die Brahmanen erscheinen als Priester, die den Tempeldienst verrichten, die man als Astrologen an das Bett des Neugeborenen holt, die als Minister den Königen zur Seite stehen und die Regierungsgeschäfte leiten. Den Kschatrijas gehören die Könige, Fürsten und Soldaten an. Zu den Waischjas zählen die Kaufleute, die von Land zu Land reisen, um ihre Geschäfte abzuwickeln, und die Großbauern, die eine geachtete Stellung im Dorf einnehmen. Die Schudras schließlich sind kleine Handwerker oder arme Landpächter. Diese vier Stände verkörpern vier Stufen auf der sozialen Stufenleiter. Nur die ersten drei Stände dürfen die heiligen Bücher studieren. In dieser so patriarchalisch geordneten Gesellschaft waren außerdem alle Frauen von diesem Studium ausgeschlossen.

So groß die Unterschiede in der Wertung der einzelnen Stände auch sind – zum Beispiel darf kein Brahmane eine

Speise essen, die ein Nicht-Brahmane gekocht hat, kein Kschatrija darf eine Speise essen, die ein Waischja oder Schudra gekocht hat und so weiter –, sie sind geringfügig gegenüber der Kluft, die alle Hindus, das heißt alle Angehörigen der vier Stände, von den Unberührbaren, den Tschandalas – wie sie in unserem Text oft genannt werden –, trennt. Zu den Unberührbaren werden alle Nachkommen der Ureinwohner Indiens gerechnet, die nicht zu den Hindukasten gehören und, wie teilweise heute noch, in Stammesgruppen zusammenleben, ferner die Kinder von Eltern verschiedenen Standes und jeder, der die soziale Ordnung der Hindus nicht anerkennt oder dagegen verstoßen hat. Jeglicher Umgang mit solchen Menschen war dem Hindu verboten. In mehreren Geschichten des »Papageienbuchs« macht sich der Held diesen Umstand zunutze; erinnert sei hier nur an den Brahmanen Gunadhja (Erzählung Nr. 14), der der betrogenen Kupplerin entkommt, indem er sich als Tschandala ausgibt.

Religiösen Anschauungen lässt der Hinduismus einen weiten Spielraum. Es gibt eine Vielzahl von Naturkräften, Geistern, heiligen Menschen der Vorzeit, heiligen Tieren und Göttern, zu denen der Hindu betet. Den Göttern Schiwa, Wischnu, Durga, Ganescha und Surja soll der orthodoxe Hindu täglich seine Verehrung bezeigen. Er kann eine von diesen oder eine beliebige andere Gottheit zu seinem Lieblingsgott, seiner Hausgottheit, machen, ohne dass für ihn dadurch dieser Hausgott zum Herrn der anderen Götter aufsteigt.

Neben dem orthodoxen Hinduismus gibt es auch starke monotheistische Tendenzen, die in verschiedenen Sekten zum Ausdruck kommen. Die Schiwaiten preisen den Gott Schiwa, die Wischnuiten den Gott Wischnu und die Schaktas die Göttin Durga als das höchste Prinzip, dem alles untergeordnet ist. In der zweiten Erzählung zum Beispiel gibt sich Jaschoda deutlich als Schiwaitin aus. Es ist jedoch gleichgültig, welche Gottheit man verehrt: Solange man die Standes- und Kastenunterschiede achtet und die vielzähligen vorgeschriebenen Riten erfüllt, ist man ein Hindu. So gibt es bestimmte

Riten für die Namensgebung, die erste Reisspeisung, das erste Haarschneiden, die Schülerweihe, die Hochzeit und die Bestattung. Es gibt außerdem viele Festtage im Jahr und viele Tage, an denen bestimmte Götter im Tempel zu verehren sind. Aber selbst der Ablauf eines normalen Alltags erfordert die Erfüllung ritueller Pflichten, die umso umfangreicher sind, je höher man im sozialen System des Hinduismus steht.

Alle siebzig Geschichten des »Papageienbuchs« haben ein gemeinsames Motiv: Die Hauptgestalt weiß sich mit List aus einer schwierigen Situation zu befreien, in die sie, meist durch eigene Schuld, geraten ist. Ohne Zweifel handeln die meisten Helden dabei gegen die Gesetze der Moral. Die Rahmenerzählung stellt jedoch den Bericht ihrer Unmoral in den Dienst einer guten Sache. Die Predigerkrähe, die versucht hatte, die schöne Prabhawati durch Vorhaltungen vom Besuch ihres Liebhabers abzubringen, entging nur mit Mühe dem Tode. Der Papagei aber ist klüger: Er billigt scheinbar das unmoralische Verhalten der jungen Frau und gibt sich besorgt um ihr Wohl. So gelingt es ihm, siebzig Nächte lang den geplanten Ehebruch zu verhindern, bis der Gemahl zurückkehrt. Sehr geschickt treibt der Papagei die Erzählungen jeweils bis zu dem Punkt vor, an dem die Hauptgestalt vor einer schwierigen Situation steht. Erst am Morgen teilt er der Zuhörerin die Antwort auf seine Frage nach dem rettenden Ausweg mit. Nun ist es für Prabhawati zu spät, den Geliebten zu besuchen, und sie muss auf den nächsten Abend warten, an dem der Vogel dann wieder nach seinem bewährten Rezept verfährt und sie am Ausgehen hindert. Gerade Geschichten, die von Untreue und Ehebruch handeln, mussten Prabhawati fesseln.

Das »Papageienbuch« ist ein Spiegel der Lebensklugheit aus dem alten Indien, kein simples Lehrbuch der Moral. Die Sympathie des Erzählers gilt deutlich nur dann dem Guten, wenn er auch der Klügere ist. Wer dumm ist, hat nichts anderes verdient, als betrogen zu werden. Im Leben kommt es darauf an, sich zu behaupten. Hierin stimmt das Werk mit den Lehrbüchern der Politik und Lebensführung überein, die in der damaligen Zeit für die Könige und Prinzen geschrieben wurden. Das »Pantschatantra« und der Kunstroman »Die Abenteuer der zehn Prinzen« zum Beispiel sind geschaffen worden, um den Königssöhnen in unterhaltender Form solche Kenntnisse zu vermitteln. Den Königen war es durchaus erlaubt, gegen Recht und Moral zu verstoßen, wo es ihr eigenes oder des Reiches Wohl verlangte. Unser Buch wendet sich vor allem an die anderen Stände: Was den Königen recht ist, sollte ihnen billig sein. Sicher hat diese Haltung viel zum Erfolg des Buches beigetragen.

Gewiss hat das »Papageienbuch« nicht die Absicht, bewusste Gesellschaftskritik von der Position eines Standes zu üben. Das sehen wir schon daran, dass kein Stand ungeschoren bleibt. Sicher ist es auch keine Schmähschrift gegen die liebestollen Frauen, denn es geht in den Geschichten in erster Linie um den Nachweis der Klugheit, und hierin sind die meisten Frauen ihren Männern überlegen. Wenn wir die Frage stellen, wie die Männer im Verhältnis zu den Frauen und in welchem Lichte die einzelnen Stände dargestellt sind, dann fällt zunächst bei einem Vergleich mit Erzählwerken derselben Zeit auf, dass in unserem Buch relativ viele Gestalten der unteren Schichten vorkommen. Freilich sind die Brahmanen am häufigsten vertreten. Sie handeln stets klug und werden nicht ein einziges Mal von ihren Frauen überlistet. Sie sind jedoch alles andere als nur tugendhaft, die Mehrzahl sind Schwindler und Betrüger, die nicht einmal davor zurückschrecken, einen armen Schuster um seinen wohlverdienten Lohn zu prellen (58). Unter den Kriegern ist im »Papageienbuch« nur einer, der ein kluges Urteil fällt (3). Die übrigen Könige und Radschputen sind gehörnte Ehemänner. Im Gegensatz zu ihnen erscheinen die Kaufleute als recht kluge, ja gerissene Leute, die einander ständig zu übervorteilen suchen. Ihren Frauen sind sie allerdings ebenso wenig gewachsen. Es ist leicht einzusehen, dass ihre oft ausgedehnten Reisen die Untreue der Frauen begünstigten. Auch unter den Leuten niederen Standes sind die Frauen klüger als die Männer. Verstand bei Männern galt wohl als ein Privileg der gehobenen Schichten.

Aus dem Vorangegangenen lassen sich einige Schlussfolgerungen über den Verfasser des Buches ziehen. Wie die meisten Dichter der damaligen Zeit war er wohl ein Brahmane, betrachtet er doch auch die Brahmanen als die Klügsten, die von niemandem überlistet werden können. Brahmanen sind aber mehr als jeder andere Stand verpflichtet, nach den Gesetzen der Moral zu leben. Dass der Verfasser in dieser Beziehung seinen Stand nicht geschont hat, war zu seiner Zeit kühn.

Auch die Haltung des Verfassers gegenüber der Religion verdient Beachtung. Zwar enthält die Rahmenerzählung religiöse Elemente, verkörpert vor allem in der Gestalt des Jägers, doch tritt in den Geschichten das Religiöse im Vergleich zu den älteren epischen Werken weit zurück. Trotz einzelner phantastischer und märchenhafter Züge, die mit dem Glauben verbunden sind, ist die Darstellung oft fast naturalistisch. Der Dichter beschreibt, dass die Riten den Regeln gemäß vollzogen werden und dass sich die Menschen religiös geben, aber eine rechte religiöse Lebenshaltung wird nicht spürbar; er enthüllt vielmehr, dass die Religion oft zu schändlichem Betrug genutzt wird. In den Geschichten des »Papageienbuchs« geht es eben weniger um Moral und Religion als um ein sehr irdisches Glück. Von den drei indischen Lebenszielen herrscht nicht Dharma, die Erfüllung der religiösen Pflicht, sondern es triumphieren Artha, das Streben nach Besitztümern, und Kama, die Befriedigung der Sinnenlust. Der Sinn des Dichters für das praktische Leben offenbart sich auch in dem Humor, der viele Erzählungen durchzieht.

Das »Papageienbuch« ist uns als Prosawerk überliefert. Die von manchen vertretene Ansicht, dass es ursprünglich in Versen abgefasst war, ist bisher unbewiesen. Charakteristisch für die indische Erzählkunst ist, dass die Prosa von Zeit zu Zeit durch eingestreute Verse unterbrochen wird. Sie stammen teilweise aus anderen literarischen Werken, teilweise handelt es sich um alte Sprüche, um alte Volksweisheiten, die in Indien sehr beliebt und weit verbreitet sind. Es ist ein alter Brauch, solche Sprüche gewissermaßen als eine Bekräftigung in die Geschichten einzufügen. Die Abschreiber schoben gern weitere Verse ein, so dass sich im Laufe der Zeit oft umfangreiche Verspassagen in einer Erzählung ansammelten.

Über den Entstehungsort unseres Buches lässt sich nichts mit Sicherheit sagen. Soweit die Geschichten zu lokalisieren sind, spielen sie in Nordindien, und zwar überwiegend im nordwestlichen Teil.

Abschließend noch einige Bemerkungen zu unserer Textgrundlage. Wie wir bereits oben kurz angedeutet haben, beruht das vorliegende Buch auf den beiden ältesten überlieferten Fassungen des Werks, die wir für unterschiedliche Bearbeitungen einer Vorlage halten, von der wir nicht wissen, ob sie das Original war oder nicht.

Von der Rahmenerzählung stimmt nur die Einleitung in beiden Fassungen überein. Der Schluss der längeren Version ist zweifellos nicht der ursprüngliche. Die Einleitung fordert nämlich einen Ausgang, bei dem Papagei und Predigerkrähe wieder in ihre himmlische Heimat zurückkehren, aus der sie der Fluch Indras vertrieb. Die Kurzfassung hat also den Schluss der Vorlage bewahrt.

In die fünfte Erzählung der kürzeren Version sind drei Ermahnungen eingeschaltet, in die der längeren dagegen elf. Nach der Vereinbarung, die der König mit den Ministern und Gelehrten traf, musste die Antwort auf seine Frage spätestens am fünften Tag gegeben werden; auch hier hat die Kurzfassung die Form der Vorlage besser bewahrt.

Die Rahmenerzählung verlangt, dass die Ermahnungen, die ja ganz offensichtlich Schalterzählungen in einer einheitlichen Geschichte sind, alle an einem Abend vom Papagei vorgetragen werden. Trotzdem zählen beide Versionen die Schalterzählungen mit. Durch die unterschiedliche Anzahl der eingeschalteten Geschichten wird etwas verdeckt, was die Verwandtschaft der beiden Fassungen meines Erachtens nachdrücklich unterstreicht: Die Reihenfolge der Geschichten stimmt in beiden Versionen über weite Strecken überein. Das gilt bis zur vierundsechzigsten Erzählung der längeren Fassung, der also in der Kurzform die sechsundfünfzigste Erzählung entspricht. Die Reihenfolge ist im Übrigen nur durch geringfügige Verstellungen gestört, die bei der Vielzahl der Berührungspunkte zwischen den Geschichten leicht vorkommen konnten und deren Ursachen meist leicht erkennbar sind.

Die letzten Erzählungen beider Versionen stimmen allerdings gar nicht mehr überein. Die längere Fassung hat nach Geschichte vierundsechzig eine Lücke. Die Erzählungen achtundsechzig bis siebzig sind nur notdürftig in die Rahmenerzählung einbezogen und kamen der gemeinsamen Vorlage gewiss nicht zu. Man hat sicherlich mit ihnen eine bereits vorhandene Unvollständigkeit zu beheben gesucht. Auch hier hat die Kurzfassung den Plan der Vorlage besser bewahrt als die ausführlichere Version. Am Ende der Vorlage müssen etwa die Geschichten gestanden haben, die im Auszug dort stehen und in der längeren Fassung fehlen.

Dennoch spricht einiges dagegen, die Kurzfassung einer Übersetzung des »Papageienbuchs« zugrunde zu legen. Im Auszug sind die Geschichten nämlich zum großen Teil so stark gekürzt, dass sie unverständlich geworden sind oder doch zumindest ihre Pointe verloren haben. Der Text der ausführlicheren Fassung steht trotz der darin enthaltenen Erweiterungen dem der Vorlage wohl näher.

Wir haben aus diesem Grunde die siebenundvierzig Geschichten und drei Ermahnungen, die in beiden Versionen überliefert sind, in der ausführlichen Fassung wiedergegeben. Diesen Erzählungen haben wir sechzehn Geschichten hinzugefügt, die nur in der kürzeren Version vorkommen und in ihrer Mehrzahl wohl am Schluss der Vorlage gestanden haben. Weggeblieben sind nur die völlig fragmentarische Erzählung dreiundsechzig und die ebenfalls verstümmelte Geschichte neunundvierzig, die überdies ein Abklatsch der achtundvierzigsten ist.

Weil wir die Ermahnungen als Bestandteile der fünften Geschichte auffassen und sie im Gegensatz zur Vorlage der überlieferten Versionen nicht als selbständige Abschnitte zählen, konnten wir auch die Geschichten aufnehmen, die nur in der ausführlichen Fassung überliefert sind. Bei ihnen ist die Wahrscheinlichkeit geringer, dass sie der gemeinsamen Vorlage angehört haben. Ausgeschlossen ist das bei der einen oder anderen Erzählung jedoch nicht.

In unserem Buch sind also bis auf zwei wertlose Ausnahmen (Kurzfassung Nr. 49 und 63) erstmals alle Geschichten vereint, die in den beiden Sanskritfassungen des »Papageienbuchs« überliefert sind. Die Geschichten sind in der Reihenfolge gegeben, die sie in der ausführlicheren Fassung haben. Die Erzählungen der Kurzfassung sind in die große Lücke eingefügt, die die ausführliche Version gegen Ende aufweist.

Unsere Übersetzung beruht im Wesentlichen auf den kritischen Ausgaben des Sanskrittextes von Richard Schmidt, doch haben wir zu den Erzählungen der kürzeren Fassung auch indische Drucke herangezogen. Für die ausführlichere Version standen uns solche nicht zur Verfügung.

Im Interesse besserer Lesbarkeit und größerer Einheitlichkeit des Buches haben wir die Zwischentexte der aus der Kurzfassung übernommenen Geschichten etwas erweitert und ihnen die Form gegeben, die sie in der längeren Version haben. Dass dies die ältere Form ist, geht aus einigen Wendungen der Kurzform mit Sicherheit hervor. Eine ähnliche Ergänzung war in der fünften und der neunundsechzigsten Erzählung notwendig.

Nachfolgende synoptische Zusammenstellung gibt die
Herkunft unserer Geschichten an.

1. (1 : 1)	16. (28:19)	43. (55:45)
2. (2 : 2)	17. (29:20)	44. (56:46)
3. (3 : 3)	18. (30:21)	45. (57:47)
4. (4 : 4)	19. (31: –)	46. (58:48)
5. (5 : 5)	20. (32:32)	47. (59:50)
1. (6 : 6)	21. (33:22)	48. (60:52)
2. (7 : 7)	22. (34:23)	49. (61:51)
3. (8 : 8)	23. (35:26)	50. (62: –)
4. (9 : –)	24. (36:27)	51. (63:54)
5. (10: –)	25. (37:28)	52. (64:56)
6. (11: –)	26. (38:24)	53. (– :13)
7. (12: –)	27. (39:25)	54. (– :29)
8. (13: –)	28. (40:31)	55. (– :38)
9. (14: –)	29. (41: –)	56. (– :40)
10. (15: –)	30. (42:30)	57. (– :53)
11. (16: –)	31. (43:33)	58. (– :55)
5. (17: 9)	32. (44:34)	59. (– :57)
6. (18:10)	33. (45:35)	60. (– :58)
7. (19:11)	34. (46:36)	61. (– :59)
8. (20:12)	35. (47:37)	62. (– :60)
9. (21:68)	36. (48:39)	63. (– :61)
10. (22:69)	37. (49:41)	64. (– :62)
11. (23:14)	38. (50: –)	65. (– :64)
12. (24:15)	39. (51: –)	66. (– :65)
13. (25:16)	40. (52:42)	67. (– :66)
14. (26:17)	41. (53:43)	68. (– :67)
15. (27:18)	42. (54:44)	69. (68/69: –)
		70. (70: –)

Die Zahl vor der Klammer bezieht sich auf unseren Text, die
erste Zahl in der Klammer auf die ausführlichere und die
zweite Zahl in der Klammer auf die kürzere Fassung.

ANMERKUNGEN

Seite 9

Lob und Preis dem erhabenen Ganescha – Alle älteren indischen Bücher beginnen mit der Anrufung eines Gottes.

Ganescha – (sanskr.) Herr des Gefolges. Sohn des Gottes Schiwa und Anführer einer Schar von Geistern, die dem Schiwa dienstbar sind. Er wird dargestellt als kleiner korpulenter Mann mit roter Hautfarbe und einem Elefantenkopf, an dem ein Stoßzahn fehlt. In seinen Händen hält er gewöhnlich einen Strick, einen Stachelstock, den abgebrochenen Stoßzahn und eine Schüssel mit Reispudding. Er sitzt auf einer Lotosblume oder reitet auf einer Ratte. Er gilt als Gott der Klugheit, als Beseitiger aller Hindernisse und Schutzpatron der Wissenschaft. Seine Frauen heißen Siddhi (sanskr.: Erfolg) und Riddhi (sanskr.: Wohlfahrt).

Seite 10

die Rechte euch zugewandt – Gilt als Zeichen der Ehrerbietung und ist auch bei sakralen Handlungen von Bedeutung.

Brihaspati – (sanskr.) Herr der Rede. Lehrer der Götter. Er wird in alter Zeit als Gott, später als heiliger Seher aufgefasst.

Fünf der Männer liebte Kunti – Im Volksepos »Mahabharata« ist Kunti eine der beiden Frauen des Königs Pandu. Nach dessen und der zweiten Frau Tod lebt sie mit ihren drei leiblichen und ihren zwei Stiefsöhnen zusammen. – Das »Mahabharata« ist in den Jahrhunderten um die Zeitenwende entstanden. Es schildert den Kampf der Söhne Pandus gegen ihre Vettern um die Herrschaft im Lande.

fünf liebte die Frau ihrer Söhne – Alle fünf Söhne Pandus heirateten die Königstochter Draupadi. Diese Gruppenehe wird als Brauch der königlichen Familie bezeichnet. Hier ist ein archaischer Zug der Sage erhalten, denn die altindischen Gesetzbücher lassen nur die Polygamie, nicht aber die Polyandrie zu.

der höchste Gott – Gemeint ist Schiwa, eine Gottheit der Hindus. – Der Hinduismus ist in erster Linie ein soziales System, das das Leben seiner Anhänger von der Geburt bis zum Tod durch rituelle Vorschriften regelt. Religiösen Anschauungen wird darin breiter Spielraum gelassen. Es gibt eine Vielzahl von Naturkräften, Geistern, heiligen Menschen, heiligen Tieren und Göttern, zu denen der Hindu betet. Den Göttern Wischnu, Schiwa, Durga (Gemahlin Schiwas), Ganescha und Surja soll der orthodoxe Hindu jeden Tag seine Verehrung bezeigen. Er kann einen von ihnen oder eine beliebige andere Gottheit zu seinem Lieblingsgott, seiner Hausgottheit, machen, ohne dass damit eine Unterordnung der anderen Götter verbunden wäre.

Schiwa – (sanskr.) der Gnädige. Er vereint mehrere alte indische Götter in sich, die nun als unterschiedliche Seiten eines Gottes erscheinen und ihm viele Beinamen eintrugen. Schiwa gilt entgegen seinem Namen in erster Linie als Gott der Zerstörung, der Furcht und Schrecken über die Menschen bringt und dereinst durch den Weltuntergangstanz das Ende der Welt herbeiführen wird. Außerdem ist er der große Asket. Die Bilder zeigen ihn halb nackt, nur mit einem Schurz aus Elefantenhaut bekleidet, eine Kette von Menschenschädeln um den blauschwarzen Hals geschlungen, den Leib mit Asche beschmiert und die Haare nach Büßerart geflochten. Um seinen Nacken ringelt sich eine Schlange, über seinem Haupt (manchmal wird er auch mit fünf Häuptern dargestellt) strahlt die Mondsichel, durch seine Haare fließt der Ganges, auf seiner Stirn glänzt ein drittes Auge. In seinen vier Armen trägt er Dreizack, Bogen, Trommel, Strick und Keule. In Meditation versunken, sitzt er, das Vorbild aller Büßer, auf einem Tigerfell und beherrscht durch die Macht seiner Gedanken das All. Schiwa gilt aber auch als lebenspendender Zeugungsgott. Mit Hilfe des Liebesgottes, der dabei sein Leben opferte, haben die anderen Götter ihn einst durch die Tochter des Himalajagebirges, Parwati, für einige Zeit von der Askese abgehalten; auf vielen Bildern sehen wir Schiwa eng umschlungen mit seiner Gattin Parwati; die Liebesbande sind dann so eng, dass ihre beiden Körper zu einem Zwitter verschmelzen. Als Zeugungsgott wird Schiwa von vielen seiner Anhänger auch unter dem Symbol des Linga (Phallus) verehrt. Schiwa wohnt mit seinem zahlreichen Gefolge auf dem Berg Kailasa. Sein Reittier ist der Stier Nandi, der ihn bedient und gleichzeitig bei seinem Tanz musiziert.

Wirupaschka – (sanskr.) unförmige Augen besitzend. Beiname Schiwas, der sich auf dessen hässliches Äußeres bezieht.

Seite 11

mannigfache Spenden – Den Brahmanen, den indischen Priestern, mussten Spenden dargebracht werden, da sie im Alter ihren Besitz aufgaben und vom Betteln lebten.

Rudra – (sanskr.) Vermutlich: der Schreckliche. Beiname Schiwas.

brachte Opfer dar – Gemeint ist dem Schiwa.

Wjatipata – Seltene Konstellation von Sonne und Mond. Beide müssen in der Zeit, in der sie entgegengesetzt laufen, dieselbe Deklination (Breite) haben, und die Summe ihrer Längen muss 180 Grad betragen.

Sankranti – (sanskr.) der Eintritt. Übergang der Sonne in ein neues Sternbild.

Grahana – (sanskr.) das Ergreifen. Sonnen- und Mondfinsternisse werden von dem Dämon Rahu (sanskr.: der Ergreifer) hervorgerufen, der Sonne und Mond packt. Grahana bedeutet hier Sonnen- und Mondfinsternis. Die Sage berichtet, dass Rahu einst vom Unsterblichkeitstrank der Götter naschte, wofür ihm Wischnu den Kopf abschlug. Der unsterblich gewordene Kopf Rahus aber rächt sich an Sonne und Mond, die ihn verrieten, indem er sie von Zeit zu Zeit verschluckt.

die Planeten erreichen günstige Positionen – Im indischen Text liegt hier ein Wortspiel vor: Die Ergreifer werden zu guten Ergreifern. Als Ergreifer werden die Planeten bezeichnet, weil sie den Menschen magisch ergreifen, sein Schicksal bestimmen.

rief Haradatta die Astrologen herbei – Die Astrologen, Brahmanen einer bestimmten Kaste, sind bei der Geburt eines Kindes die wichtigsten Personen. Das Horoskop des Neugeborenen wird später häufig befragt. Man stellt das Horoskop so, dass man den zum Zeitpunkt der Geburt aufgehenden Punkt der Ekliptik berechnet und von diesem aus den Tierkreis in zwölf Himmelshäuser teilt. Die in diesen Häusern befindlichen Sterne geben Auskunft über bestimmte Zustände (1. Haus: allgemeiner Verlauf des Lebens; 2. Haus: Besitz und Reichtum; 3.–7. Haus: Verwandte, Freunde, Kinder, Feinde, Ehegatten; 8. Haus: Tod; 9. Haus: religiöse Verhältnisse; 10. Haus: zu vollbringende Taten; 11. Haus: zu empfangende Wohltaten; 12. Haus: Verluste und Unglücksfälle). Dabei unterscheidet die altindische Astrologie neun »Planeten«: Saturn, Jupiter, Mars, Venus, Merkur; Sonne, Mond; Rahu und Ketu (aufsteigender und absteigender Knoten). Jedem Planeten werden bestimmte Eigenschaften zugeschrieben: Jupiter und Venus sind stets gut, Saturn und Mars stets schlecht, die übrigen je nach Position gut oder schlecht. Die Stellung der Planeten innerhalb der zwölf Himmelshäuser sowie innerhalb der einzelnen Tierkreiszeichen, denen ebenfalls besondere Wirkungen beigelegt werden, und auch die Aspekte, in denen sie zueinander stehen, modifizieren und präzisieren die Wirksamkeit der Planeten.

die bei einer Geburt übliche Zeremonie – Sie zerfällt bei einem Knaben in vier Teile: Belebung, Weckung des Verstandes, Darreichung der Mutterbrust, Namensgebung. Nach den altindischen Lehrbüchern geht die Zeremonie folgendermaßen vor sich: Der Vater beatmet zunächst das Kind (das heißt, er atmet mehrfach über dem Kind aus und ein) und wünscht ihm mit verschiedenen Sprüchen ein langes Leben. Dann flüstert er dem Knaben Sprüche ins Ohr, die ihm Klugheit geben sollen. Dabei flößt er ihm aus einem Goldgefäß ein Gemisch aus zerlassener Butter, Honig, Milch und Wasser ein. Erst jetzt wird die Nabelschnur durchgeschnitten, das Kind gebadet und der Mutter zunächst an die gewaschene rechte, danach an die linke Brust gelegt. Noch am selben Tag erhält das Kind seinen meist astrologisch bestimmten Geheimnamen und am zehnten oder zwölften Tag, dem Tag, an dem sich die Mutter vom Wochenbett erhebt, den Rufnamen. – In diesem Falle ist Madanasena der Rufname.

die Zeremonie der ersten Reisspeisung – Im sechsten Monat nach der Geburt erhält das Kind die erste feste Speise. Auch damit sind sakrale Handlungen verbunden: Nachdem der Vater geopfert und den Brahmanen ein Essen gegeben hat, reicht er dem Knaben dreimal saure Milch, Honig und Butter und danach Geflügelfleisch, Reis mit zerlassener Butter und andere Speisen.

die Zeremonie … des Haarschneidens – Diese Zeremonie muss, gewöhnlich im dritten Lebensjahr, bei zunehmendem Mond und unter einem glückbringenden Sternbild durchgeführt werden: Vor dem Haus wird auf einer mit Kuhmist bestrichenen Fläche ein Feuer angezündet. Vor das Feuer werden Schalen gestellt, die der Reihe nach mit Reis, Gerste, Bohnen und Sesam gefüllt sind. Die Mutter sitzt hinter dem Feuer und hat das sauber gekleidete Kind auf dem Schoß. Dann werden die Haare mit lauwarmem Wasser aus einem Bronzegefäß befeuchtet, eingeteilt und von rechts nach links geschnitten. Alle Handlungen werden bei Knaben unter Aufsagen heiliger Sprüche vorgenommen. Zuletzt werden die Haare nach dem Brauch der Familie geordnet. Der Brahmane, der die Sprüche aufsagt, erhält als Lohn eine Kuh, der Barbier die Schüsseln mit den Samenkörnern.

die Zeremonie … des Anlegens der heiligen Schnur – Durch diese ursprünglich drei Tage dauernde, später aber abgekürzte Zeremonie erfolgt die Aufnahme des Knaben in den heiligen Unterricht. Die Handlung symbolisiert die geistige Neugeburt. Die Träger der heiligen Schnur heißen Zweimalgeborene. Sie müssen einem der drei obersten Stände (Brahmanen, Kschatrijas, Waischjas) angehören. Angehörige des vierten Standes (Schudras) und Frauen aller Stände sind nicht zur Schülerweihe zugelassen. Bei einem Brahmanen muss diese zwischen dem 8. und dem 16. Lebensjahr, bei einem Kschatrija zwischen dem 11. und 22. und bei einem Waischja wie Madanasena zwischen dem 12. und 24. Lebensjahr erfolgen. Die Aufnahmezeremonie erfolgt bei zunehmendem Mond unter einem glückbringenden Sternbild. Lehrer und Schüler stehen sich an einem Feuer gegenüber, wobei der Lehrer nach Osten, der Schüler nach Westen blickt. Nach einem einfachen Spendenopfer lässt der Lehrer den Schüler auf einen Stein steigen und sagt: »Sei fest wie ein Stein!« Danach bekleidet er ihn je nach dessen Stand mit einem roten, krapproten oder gelben Gewand, mit einem Gürtel aus Mundschagras, Kuschagras oder Hanf sowie mit dem Fell einer schwarzen Antilope, eines Ruruhirsches oder einer Kuh und hängt ihm die heilige Schnur um. Danach lehrt der Lehrer den Schüler das heiligste der Gebete, die sogenannte Sawitri, einen Vers aus dem ältesten heiligen Buch, dem »Rigweda«, wobei jeder Stand einen anderen Vers als Sawitri hat. Zuletzt empfängt der Schüler, der von nun an im Hause seines Lehrers lebt, einen mannshohen Stab aus Palascha-, Njagrodha- oder Udumbaraholz.

Wanga – Bezeichnung für Bengalen, Gebiet im Nordosten Indiens.

sie beherrschte alle Künste – Das Lehrbuch der Liebe nennt vierundsechzig Künste, die die Frau in der Einsamkeit und allein üben soll. Dazu gehören unter anderem: Gesang, Tanz, Spielen von Instrumenten; Rezitieren, Mimen, Versemachen; Anfertigen von Einlegearbeiten, Zeichnen, Modellieren; Blumenstreuen, Kranzwinden; Anlegen von Schmuck; Färben der Zähne; Massieren, Frottieren, Frisieren; Mischen von Parfüms; Zubereiten verschiedener Speisen und Getränke; Weben, Flechten, Pflanzen; Bereiten des Lagers; Beherrschen vieler Künste in der Liebe und beim Zaubern; Erfahrung in der Verkleidung; Veranstalten von Tierkämpfen; Beherrschen von Sprachen und Geheimsprachen; Kenntnis der Vorzeichen; Beherrschen des guten Tones; Kenntnis der Regeln der Gymnastik.

Vergnügt dienten sie dem dritten Lebensziel – Die drei Ziele, nach denen man im Leben streben soll, sind Dharma (sanskr.: Rechtschaffenheit), Artha (sanskr.: Reichtum) und Kama (sanskr.: Liebe). Dabei ist Artha wichtiger als Kama, weil Liebe erst durch Reichtum möglich wird, und Dharma wichtiger als Artha, weil Reichtum nur durch Erfüllung der religiösen und moralischen Pflichten erlangt werden kann. Auf der anderen Seite erscheint Kama als Gipfel des Erstrebten, und die Erfüllung der beiden anderen sind nur notwendige Voraussetzungen, das dritte Lebensziel zu erreichen. Die Wege, auf denen man die drei Lebensziele am besten erreicht, sind in alten Lehrbüchern genau beschrieben. Zu diesen drei Lebenszielen gehört als viertes noch Mokscha (sanskr.: Erlösung), doch spielt dieses meist erst im Alter eine Rolle.

Saraswati – (sanskr.) die Stromreiche. Göttin der Beredsamkeit, Gemahlin des Schöpfergottes Brahma, später auch mit Schiwas Gemahlin Durga identifiziert. Sie war im »Rigweda« die Personifizierung eines kleinen Flusses, an dem viele religiöse Zeremonien stattfanden.

Lakschmi – (sanskr.) Glück. Göttin des Glücks und des Reichtums, Gemahlin Wischnus. Sie wird dargestellt mit vier Armen, in den Händen Lotosblumen oder Diskus, Lotos, Muschel und Keule. Zwischen Lakschmi und Saraswati besteht Hass, da Reichtum und Gelehrsamkeit selten zusammen auftreten. Wer die Gaben beider Göttinnen erhält, dem geht es besonders gut.

Seite 13

Schankara – (sanskr.) der Wohltätige. Euphemistischer Beiname Schiwas.

Kinderlosigkeit und Fresssucht / lassen Reichtum schnell versiegen – Wer keine Kinder hat, hat im Alter niemanden, der für seinen Unterhalt sorgt.

Sita – Gemahlin Ramas, dessen Lebenslauf im Epos »Ramajana« besungen wird. Rama wird als Inkarnation des Gottes Wischnu aufgefasst, Sita mit dessen Gemahlin Lakschmi identifiziert. Sita (sanskr.: Ackerfurche) entsprang der Erde, als ihr Vater das Land pflügte. Wegen ihrer großen Schönheit wurde sie vom Dämon Rawana geraubt. Sie widersetzte sich seinen Werbungen, wurde aber nach ihrer Befreiung durch Rama von diesem verstoßen, weil die Leute ihre Unschuld anzweifelten. Zuletzt kehrte sie in den Schoß der Erde zurück.

Rawana – (sanskr.) der Klagenerzeuger. Zehnköpfiger Fürst der Dämonen und Herr der Insel Lanka (Ceylon). Nach schweren Bußübungen erhielt Rawana vom Gott Brahma die Zusicherung, dass er weder durch Götter noch durch Dämonen getötet werden könne. Dieses Versprechen machte ihn so übermütig, dass die Götter durch seine wiederholten Schandtaten in großen Schrecken versetzt wurden. Schließlich nahm Wischnu als Rama menschliche Gestalt an und tötete den Dämon, der ihm seine Frau Sita geraubt hatte. Vor Menschen hatte sich Rawana in seinem Hochmut nicht schützen lassen.

Bali – (sanskr.) Spende. Ein Dämon, der die Herrschaft über die drei Welten (Erde, Luftraum, Himmel) erlangt hatte. Seine Freigebigkeit wurde ihm zum Verhängnis: Er versprach dem als Zwerg verkleideten Wischnu so viel Land, wie dieser mit drei Schritten ausmessen würde. Wischnu aber machte sich riesengroß und durchmaß mit drei Schritten alle drei Welten. Bali aber verbannte er in die Unterwelt.

Seite 15

die vier Kategorien – Das Waischeschika-System, in den ersten Jahrhunderten unserer Zeitrechnung eines der führenden philosophischen Systeme in Indien, erweiterte seine drei Kategorien (Substanzen, Eigenschaften, Bewegung) durch eine weitere, die Gemeinsamkeit, zunächst auf vier. Später traten noch zwei andere hinzu (Besonderheit, Inhärenz).

Jogis, Siddhas und Sadhakas – Verschiedene Arten von Zauberern.

Bei Geburt raubt er die Gattin – Die Liebe der Frau gilt nun mehr dem Kind als dem Gemahl.

und beim Sterben gar das Leben – In diesem Fall ist niemand da, der dem Vater nach dessen Tod die Totenopfer bringt, von deren Spenden die Seele bis zur nächsten Geburt leben muss.

Gunasagara – (sanskr.) Ozean der Tugend.

Predigerkrähe – Der in Indien als Scharika, Sarika oder Maina bezeichnete sprechende Vogel Eulabes religiosa L., auch Meino, Mainate, Atzel genannt, kommt in der Literatur sehr häufig als Frau des Papageis vor. Das Gefieder des Vogels ist tiefschwarz. Die Predigerkrähe gewöhnt sich sehr schnell an ihren Herrn und wird oft gezähmt. Sie fliegt in indischen Häusern frei umher, sucht sich den größten Teil ihres Futters selbst, befreundet sich mit den Haustieren und ergötzt jeden durch ihr heiteres Wesen, ihre Gelehrigkeit und ihre Nachahmungsgabe. Sie lernt nicht nur den Ton der menschlichen Stimme, sondern spricht ganze Zeilen nach, lernt Lieder pfeifen, ja sogar singen.

den Fluch eines Muni – In der indischen Literatur gibt es zahllose Beispiele für die Unabwendbarkeit eines Fluches, der von einem heiligen Mann ausgesprochen wird. Selbst der, der den Fluch ausgesprochen hat, kann ihn nicht völlig zurücknehmen, sondern höchstens mildern.

Muni – Asket, der ein besonders schweres Gelübde auf sich genommen hat, meist das Gelübde des Schweigens.

Seite 16

Waischjas – Angehörige des dritten Standes, meist Kaufleute, aber auch reiche Bauern und geachtete Handwerker.

Jodschana – Eine bestimmte Wegstrecke, deren Länge nicht genau bestimmbar ist; möglicherweise fünfzehn Kilometer, vielleicht aber auch nur fünf Kilometer.

Manasa – Heiliger See, nördlich des Himalaja im tibetanischen Quellgebiet von Brahmaputra und Indus gelegen.

Mangobaum – Ein Baum mit kugelförmiger, weit ausladender Krone, lanzettförmigen Blättern, großen Blütenrispen und gelben birnenförmigen Früchten von beträchtlichem Gewicht.

Gandharwen – Halbgötter, himmlische Sänger im Gefolge Indras, des Fürsten der Götter.

Seite 17

Herr der heiligen Parwati – Schiwa. Parwati (sanskr.: vom Gebirge stammend) ist die Herkunftsbezeichnung der Durga, der Gemahlin Schiwas, die als Tochter des Himalajagebirges gilt.

Bändiger des Paka – Gemeint ist Indra. Paka war einer der vielen Dämonen, die Indra bezwungen hat. Indra ist der göttliche Repräsentant der Kriegerkaste, der Herr des Firmaments, der über Donner und Blitz gebietet und das erfrischende Gewitter herbeiführt. Er hat jedoch nicht mehr die Bedeutung wie in früheren Zeiten und tritt hinter Wischnu und Schiwa zurück. Dargestellt wird er als rot gekleideter weißer Mann, der auf einem weißen Elefanten reitet und als Waffe den Donnerkeil mit sich führt.

Schatakratu – (sanskr.) der hundertfach Mächtige. Beiname Indras, des Fürsten der Götter.

wozu Asche, Haarschopf, Kutte – Die indischen Bettelmönche, das sind Brahmanen, die nach dem vierten Lebensziel, der Erlösung, streben, tragen meist braungelbe Kutten. Die Haut beschmieren sie zum Schutz gegen Dämonen (in Wirklichkeit vermutlich gegen Insekten) mit Asche, die sie durch ein zusammengefaltetes Seidentuch reiben, so dass ein feiner Puder entsteht. Die Haare tragen sie entweder geflochten und gewickelt auf dem vorderen Teil des Kopfes, oder sie lassen sie ungeordnet um den Kopf flattern.

Seite 18

Wjasa – Mythischer Dichter, der als Verfasser vieler Texte (darunter des »Mahabharata«) gilt.

Wasawa – (sanskr.) zu den Wasus gehörend. Beiname Indras, der in alter Zeit als Haupt der Wasus gilt, zu denen acht Götter gezählt werden. Später gibt er seine Führerrolle an Wischnu ab.

Seite 19

Suparna-Spruch – (sanskr.) Vogelspruch. Ein Zauberspruch.

Seite 20

der betteln geht für ein heiliges Opfer – Nach den Rituallehrbüchern darf man nicht um Opfergaben betteln; einem Brahmanen ist es aber erlaubt, den Angehörigen niedrigerer Stände gewaltsam Opfergaben zu entwenden.

Sesam opfert für einen Fremden – Die öligen Samen der krautigen Sesampflanze mit fingerhutförmigen Blüten und vierkammerigen, oben aufspringenden Kapselfrüchten spielen bei den täglichen kleinen Opfern eine große Rolle.

Malawa – Heute Malwa, das Trapp-Plateau nördlich des Windjagebirges im Westen Indiens. Die alte Hauptstadt dieser Gegend ist Udschdschajini.

Seite 21

Meru-Tempel – Eine Tempelgattung.

Lotosstellung – Die Lotosstellung gehört zu den Posituren, die die Jogis einnehmen, um konzentrierter über die Vereinigung ihrer Individualseele mit der Weltseele meditieren zu können. Von den 8 400 000 Stellungen, die Schiwa gelehrt haben soll, gelten 84 als gut und 32 (darunter die Lotosstellung) als besonders wirksam. Die Posituren werden vielfach für die Bettelei missbraucht. Bei der Lotosstellung soll man den rechten Fuß vor dem Körper auf den linken Schenkel und den linken Fuß auf den rechten Schenkel legen. Dann soll man mit beiden Händen die großen Zehen ergreifen, das Kinn auf die Herzgegend legen und die Nasenspitze betrachten.

Adinarajana – Beiname Wischnus. Wischnu (sanskr.: Durchdringer) gehört mit Brahma und Schiwa zur hinduistischen Göttertrinität, in der Brahma kaum noch praktische Bedeutung hat. Wischnu wird gewöhnlich als Jüngling von dunkelblauer Farbe dargestellt; in den vier Armen trägt er die vier Attribute (Muschel, Diskus, Keule und Lotosblume), auf dem Kopf ein Diadem und auf der Brust den leuchtenden Diamanten Kaustubha. Er sitzt entweder auf einer Lotosblume oder auf seinem Reittier, dem Vogel Garuda, der sein eifrigster Verehrer ist. Oft ruht Wischnu auch mit seiner Gemahlin Lakschmi auf der im Ozean schwimmenden Weltschlange, deren erhobene Köpfe eine Art Baldachin über seinem Haupt bilden. Wischnu ist im Gegensatz zu dem Zerstörer Schiwa der gütige Erhalter, der Schützer der Gläubigen, der wiederholt vom Himmel herabstieg, um die Guten zu belohnen und die Bösen zu bestrafen. Von seinen Inkarnationen sind Rama und Krischna die wichtigsten.

Schri – (sanskr.) Glück. Gemahlin Wischnus und Göttin des Reichtums, identisch mit Lakschmi.

Garuda – Mythisches Wesen, halb Mensch, halb Vogel, das als Reittier Wischnus göttliche Verehrung genießt.

Jogi – Asket, Anhänger der Joga-Philosophie, der unter Verwendung praktischer Hilfen (z. B. Posituren) die Vereinigung seiner Individualseele mit der Weltseele erstrebt.

Seite 22

Waiwaswata – (sanskr.) von der Sonne stammend. Bezeichung des Totengottes Jama. Jama hat eine grüne Hautfarbe und trägt rote Gewänder. Seine Waffen sind Keule und Netz. Sein Reittier ist der Büffel, er wird von zwei furchtbaren Hunden begleitet.

Waitarani – (sanskr.) die Hinüberleitende. Name des Höllenflusses.

die wünschegewährende Kuh – Die himmlische Wunschkuh gilt als das Vorbild aller Kühe; sie spendet alles, was gewünscht wird, angefangen von Milch bis zu gewaltigen Kriegsheeren. Sie entstand neben vielen anderen Dingen, als Götter und Dämonen im ersten Weltalter das Milchmeer quirlten, um den Unsterblichkeitstrank zu gewinnen.

Nandana – (sanskr.) der Erfreuende. Name von Indras Götterhain.

Zustand der Zweiheit – Das Bewusstsein der Trennung der Individualseele von der Weltseele.

Ein Gebet bleibt stets erfolglos – Beim Gebet werden die Handflächen, also die Finger in ihrer ganzen Länge, aneinandergelegt. Außerdem werden oft die Finger anstatt eines Rosenkranzes benutzt; das Überspringen eines Fingers würde die Auslassung eines Gebetes oder eines Gebetsteiles bedeuten.

Seite 24

Benares – Die heiligste Stadt der Hindus und das Ziel ungezählter Pilgerfahrten. Wer dort stirbt und an den Ufern des Ganges verbrannt wird, ist aus dem Geburtenkreislauf erlöst.

Jäger – Die Jäger gehören, da sie Tiere töten und verspeisen, zu den Unreinen, die außerhalb der hinduistischen Gesellschaft stehen. Die Verehrung der Eltern wird also sehr hoch eingeschätzt, wenn ein solcher Jäger sogar zum Lehrer des religiösen Rechts wird.

die Stadt Wischwanathas – Gemeint ist Benares, die Stadt des (sanskr.) »alles Beherrschenden«, das heißt die Stadt Schiwas.

heiliger Badeplatz – Das Baden in Teichen und Flüssen ist für den Hindu religiöse Pflicht. Neben dem Ganges gibt es in Benares noch viele andere Badeplätze: die Teiche in den Tempelanlagen.

mit aneinandergelegten Händen – Als Zeichen der Demut und Verehrung nimmt man die Hände vor die Brust und legt die Handflächen hohl aneinander, so dass die Fingerspitzen nach vorn zeigen.

Seite 25

ehrwürdig dieser den anderen Kasten – Gemeint sind die drei unter den Brahmanen stehenden Stände der Kschatrijas (Krieger), Waischjas (Kaufleute, reiche Bauern und geachtete Handwerker) und Schudras (niedere Handwerker), die genauso wie der Brahmanenstand in eine Vielzahl eigentlicher Kasten zerfallen.

Tschandala – Kastenmischling, Sohn eines Schudra und einer Brahmanin, gehört weder zur Kaste der Mutter noch zu der des Vaters, sondern zu den Kastenlosen, den Ausgestoßenen, die als unrein gelten. – In unserem Text wird die Bezeichnung oft ganz allgemein für Kastenlose verwendet.

Seite 26

Bhagirathi – (sanskr.) zu Bhagiratha in Beziehung stehend. Beiname des Ganges. Bhagiratha ist der Name eines mythischen Königssohns, der mit Schiwas Hilfe den Ganges (die Milchstraße) vom Himmel zur Erde und dort zum Meer geführt haben soll.

Pandarapura – (sanskr.) weiße Stadt. Es gibt heute keinen bedeutenden Wallfahrtsort dieses Namens mehr. Falls die Angabe des Flusses stimmt, liegt diese Stadt nicht im Süden, sondern im Nordosten von Dwaraka.

Damit übte er eine so gewaltige Askese – Es gibt viele Geschichten von Asketen, die durch ihre Bußübung so viel Hitze und Kraft in sich gespeichert haben, dass die Götter auf ihrem Thron davor erzittern. Sie wissen sich dann nur dadurch zu helfen, dass sie eine himmlische Schöne auf die Erde senden, die den Asketen von seiner Buße ablenkt.

Dwaraka – (sanskr.) Tor (des Himmels). Dwaraka ist der Name der Residenz Wischnus, in der er als Krischna auf der Erde lebte. Es ist eine der sieben heiligen Städte Indiens, sie liegt im Nordwesten der Halbinsel Kathiawar im Staate Gudscherat und ist noch heute ein bedeutender Wallfahrtsort.

willkommen wie ein himmlischer Wagen – Wie ein Götterwagen, der ihn in den Himmel holt.

Seite 27

Kinschuka – Rote Blüte des Palascha-Baumes, dessen Holz besonders heilig ist. Es wird zum Beispiel für die Reibhölzer verwendet, mit denen man das heilige Feuer entzündet.

Grammatik – In Indien gibt es eine sehr alte grammatische Tradition. Der bekannteste Grammatiker ist Panini (vermutlich 4. Jh. v.u.Z.).

Weden – Die drei Weden sind die ältesten heiligen Schriften der Inder. Das Wort Weda bedeutet »Wissen«. Man unterscheidet den »Rigweda«, dessen älteste Teile in das zweite Jahrtausend v.u.Z. reichen, den »Samaweda« und den »Jadschurweda«. Der »Rigweda« enthält über tausend Preislieder auf verschiedene Götter, der »Samaweda« überliefert die dazugehörenden Melodien, und der »Jadschurweda« ist eine Sammlung von Opfersprüchen. Zu diesen drei Weden rechnet man gewöhnlich noch als vierten den »Atharwaweda«, der als Sammlung wohl jünger ist, aber sehr alte Zaubersprüche enthält.

Was soll man mit einer Kuh tun – Die Kuh (Zebu, weißes Buckelrind) liefert dem Hindu als Haustier fünf Produkte: Milch, Sauermilch, Butter, Urin und Dung. Die ersten drei sind geschätzte Nahrungsmittel, Kuhdung ist das wichtigste Brennmaterial, alle fünf Produkte aber sind, da sie von der heiligen Kuh stammen, Mittel zur rituellen Reinigung: Eine Mixtur daraus wird zum Besprengen und sogar als Getränk benutzt, auch werden Götterbilder damit gesalbt. Der Fußboden wird oft mit Dung bestrichen. Wenn eine Kuh keine Milch mehr gibt, darf sie nicht geschlachtet werden. Auf Tötung einer Kuh steht die Todesstrafe. Man kann eine als Haustier nutzlose Kuh nur freilassen, damit sie sich ihr Futter selbst sucht.

Gemahlin Schiwas – Hier erscheint sie in der Gestalt der Durga (sanskr.: die Unzugängliche), die als grausam gilt.

Lakschantara – Entfernung von 100 000 Jodschanas (s. Anm. zu S. 16).

Da schickte er Botinnen zu Prabhawati – Botinnen spielen in der indischen Liebe eine sehr große Rolle. Fremde Frauen mit feinfühligem Wesen sollen durch Botinnen und nicht durch eigenes Handeln gewonnen werden, rät das Lehrbuch der Liebe. Diese Botinnen sollen die Frau mit Geschichten erfreuen und ihren Gemahl herabsetzen. Sie sollen von den Schwächen des Mannes reden, über die sich die Frau selbst besonders ärgert. Als Botinnen sind Witwen, Wahrsagerinnen, Sklavinnen, Bettelnonnen und Künstlerinnen besonders geeignet, weil sie schnell Zutritt erlangen. Man kann auch die eigene Frau als Botin benutzen, damit sie, ohne selbst etwas zu merken, der anderen Frau von den Vorzügen ihres Gemahls erzählt und so deren Verlangen weckt.

das höchste Wesen – der höchste Gott. Hier vermutlich Schiwa.

Schruti – (sanskr.) das Hören. Bezeichnung für die unantastbare heilige Überlieferung, zu der auch die Weden gehören. Diese Texte sind nicht von Menschen erfunden, sondern den Göttern abgelauscht und später aufgeschrieben worden.

Ghi – (Hindi) Schmelzbutter.

im ewigen Kreislauf der Geburten – Alle indischen Religionen enthalten den Glauben an die Seelenwanderung, bei der die Art der Wiedergeburt von den Taten in den vorausgegangenen Existenzen abhängt. Schlechte Taten führen zu einem Absinken, gute zum Aufstieg. Die Religionen Indiens wollen jedoch aus diesem Kreislauf herausführen. Im Gegensatz zum Christentum streben sie nach Auflösung der Individualität, weil jeder Geburt ein neuer Tod und damit neues Leid folgt.

Gunaschalini – (sanskr.) die Tugendhafte.

Purna – (sanskr.) die (mit Ränken) Angefüllte.

Krischna – (sanskr.) der Schwarze. Er gilt als Inkarnation Wischnus. Viele Legenden erzählen von seinem Leben. Sein Vater vertauschte ihn gleich nach seiner Geburt mit einem Hirtenkind, um ihn vor den Anschlägen des bösen Königs Kansa zu bewahren. Unter den Hirten und Hirtinnen führte Krischna ein fröhliches Leben mit Spielen und Tänzen. Er war den Mädchen sehr zugetan, vollbrachte aber auch Heldentaten, die denen des Griechen Herakles nicht nachstehen. Unter anderem tötete er zwei Ringkämpfer, die ihm König Kansa entgegenstellte.

Seite 41

Tripundra-Zeichen – Drei waagerechte breite Striche aus weißer Asche quer über der Stirn sind das Kennzeichen der schiwaitischen Anhänger des Reformators Schankara (8. Jh.). – Die Anhänger Wischnus tragen das Triphala-Zeichen, drei senkrechte Striche über der Nasenwurzel, von denen der mittlere entweder rot oder schwarz ist, die beiden äußeren aber mit weißem Ton aus dem Teich von Wischnus Residenz Dwaraka gemalt werden.

Kette aus Rudrakscha-Beeren – Sie dient den Anhängern Schiwas als Rosenkranz. (Die Wischnuiten verwenden Basilienholzkügelchen.) Die Kette enthält meist 32 oder 64 Beeren (bei Wischnuiten gewöhnlich 108 Kügelchen), doch soll es auch Rosenkränze mit 108 Beeren geben. Die rauen Beeren des Rudrakscha-Baumes heißen übersetzt »Augen Rudras« (d.h.: die Augen Schiwas).

Somanatha in Suraschtra – Die Stadt (das heutige Somnath) liegt im Süden der Halbinsel Kathiawar im Staate Gudscherat und ist ein berühmter Wallfahrtsort für Schiwaiten und Wischnuiten.

Dann bestrich sie sich … mit Kuhmist – Kuhmist ist ein Mittel zur rituellen Reinigung, weil er von der heiligen Kuh stammt.

verehrte die Hündin – Dieses Verhalten ist sehr auffällig, denn im Gegensatz zu anderen Tieren (Kühen, Affen, Schlangen) wird der Hund nicht verehrt, sondern verachtet.

Seite 42

Früher lebten wir drei – Anspielung auf eine frühere Existenz.

Seite 44

Wimala – (sanskr.) der Lautere.

Seite 45

Skanda – (sanskr.) der Angreifer. Heerführer der Götter. Er gilt als Sohn Schiwas und soll ewig jung sein. Er wird teilweise mit sechs Köpfen und zwölf Armen dargestellt. Sein Reittier ist der Pfau, seine Waffen sind Pfeil und Bogen. Skanda gilt auch als Gott der Diebe.

Kutila – (sanskr.) der Krumme.

sechzehn verschiedene Arten der Anbetung – Zuerst muss man sich andächtig in den Gott vertiefen (1), ihn herbeiführen (2) und ihm einen Sitz anbieten (3). Wenn man seine Füße mit Wasser gewaschen hat (4), bringt man ihm Ehrengaben wie Wohlgerüche, Blumen und geröstete Gerste dar (5). Nun reicht man dem Gott Wasser zum Mundspülen (6), dann eine Honigspeise (7) und lässt ihn abermals den Mund spülen (8). Danach mischt man Milch, Sauermilch, Schmelzbutter, Honig und Zuckersaft (9) und badet das Götterbild darin (10). Hierauf hängt man ihm zwei Gewänder (11), die Opferschnur (12) sowie allerlei Schmuck um (13) und salbt sein Gesicht mit Sandelpaste (14). Schließlich spendet man ihm geröstete Gerste, die mit Safranblütenstaub gepudert ist (15), und Blumen (16). Bei diesen Handlungen werden heilige Sprüche aufgesagt.

Seite 46
Otterköpfchen – Die kleinste Münze.

Seite 50
unglückverheißende Male – Die zweiunddreißig Körpermale, von denen in der Literatur oft die Rede ist, sind Schönheitszeichen, die als glückverheißend gelten, weil in Indien schön und gut identisch sind: Was schön ist, ist auch gut. – Die Idealfrau hat langes, weiches, schwarzes Haar, ein rundes Gesicht, geschwungene Brauen, die in der Mitte deutlich getrennt sind (durchgehende Brauen bedeuten Unglück), und dunkle, längliche Augen mit roten Winkeln. Ihre Lippen sind voll und rot, ihre Zähne regelmäßig, spitz und weiß. Sie ist gebeugt von der Last ihrer schwellenden Brüste, zwischen denen kein Raum frei ist. Sie hat einen schönen, tief liegenden Nabel und eine so schmale Taille, dass man sie mit den Händen umspannen kann. Ihre Hüften dagegen sind breit, das Gesäß groß und schwer und ihre Schenkel prall und stark. Sie hat unbehaarte runde Beine. Ihre Hände und Füße sind feingliedrig, die abgerundeten Nägel, die Handflächen und Fußsohlen sind rot. – Diese Körpermerkmale spielen bei der Auswahl der Braut eine große Rolle. Wenn man sie nicht feststellen kann, darf man auch ein Orakel befragen: Man lässt das Mädchen aus acht bis neun Lehmklößen einen auswählen und kann aus der Art ihrer Wahl die gleichen Schlüsse ziehen wie aus ihren Körpermerkmalen.

Seite 53
Balasaraswati – (sanskr.) kindliche Beredsamkeit.

Seite 54
Udschdschajini – Residenzstadt des Kaisers Aschoka (3. Jh. v.u.Z.) in der Landschaft Malawa nördlich des Windjagebirges im Westen Indiens. Eine der sieben heiligen Städte. Heute Udschdschain im Staat Madhja Pradesch.
drei Welten – Erde, Luftraum, Himmel.
Kamakalika – (sanskr.) die Lüsterne.

Sie ließ es sich gefallen – Als Zeichen der Untertänigkeit warf sie sich vor dem König nieder, und dieser setzte den Fuß auf ihren gebeugten Nacken.

Sie legte … zu Füßen des Gemahls Basilienkraut nieder – Sie verehrte ihn wie einen Gott. Basilienkraut ist eine Würzpflanze mit rötlich weißen Blüten, die dem Wischnu heilig ist. Im Hof seines Hauses lässt der Hindu eine solche Pflanze wachsen und verehrt sie durch feierliches Herumgehen.

Seite 55

Hari – (sanskr.) der Blasse. Beiname Wischnus.

religiöse Reinigung – Um sich vor Zauber zu schützen, unterzog er sich der religiösen Reinigung.

Betel – Betelkauen dient ebenfalls der rituellen Reinigung und ist noch heute in Indien weit verbreitet. In das tütenförmig zusammengerollte Blatt des Betelpfeffers legt man ein Stück Arekanuss (Samen der Betelnusspalme), dazu Ätzkalk und Gewürze. Das Ganze wird mit etwas Butter bestrichen und langsam gekaut. Dabei wird der Gaumen heftig gereizt. Betel färbt Lippen und Speichel braunrot, die Zähne werden allmählich schwarz. Sein Genuss gilt als erfrischend.

Seite 57

Frühlingsgewitter – Normalerweise sind Gewitter in Indien an die Regenzeit gebunden, die Ende Juni / Anfang Juli beginnt und zwei bis drei Monate dauert.

Manu – Er gilt als Urvater der Menschheit und als Schöpfer der gesellschaftlichen Ordnung. Das ihm zugeschriebene Gesetzbuch (»Manawa-Dharmaschastra«, entstanden zwischen dem 2. Jh. v. u. Z. und dem 2. Jh. u. Z.) genießt unter den altindischen Rechtsbüchern die größte Autorität. In der späteren Chronologie werden vierzehn Manus angenommen (s. Anm. zu S. 74).

Maja des Wischnu – Die Wunderkraft des Gottes Wischnu.

Seite 58

der Schatz seiner verdienstvollen Werke – Jedem Menschen ergeht es nach hinduistischer Anschauung so, wie er es verdient. Hat er einen Schatz guter Werke angehäuft, so geht es ihm gut, und er erlangt eine gute Wiedergeburt; überwiegen die bösen Taten, dann tritt das Gegenteil ein.

Seite 59

Ganapati – (sanskr.) Herr des Gefolges. Ein anderer Name für Ganescha.

Schmelzbutter – Unter tropischen Bedingungen kann die Butter nur aufbewahrt werden, nachdem sie zerlassen worden ist.

Kieselzucker – Stark gekörnter Rohrzucker. Die Inder unterscheiden Zuckersaft, Melasse, Weichzucker, Brockenzucker und Kieselzucker.

Paulastja – (sanskr.) von Pulastja stammend. Beiname des Ganescha. Pulastja (sanskr.: schlichtes Haupthaar tragend) wird als Beiname Schiwas gebraucht.

Seite 60
Dschagannatha – (sanskr.) Weltbeschützer. Beiname Wischnus. Im Prosatext ist von Ganescha die Rede. Die Strophe stammt aus einer anderen Geschichte.

Seite 61
Winajaka – (sanskr.) Führer. Beiname Ganeschas.
Lambodara – (sanskr.) einen Hängebauch habend. Beiname Ganeschas.
Wighnanaschana – (sanskr.) Beseitiger der Hindernisse. Beiname Ganeschas.

Seite 62
in einer besonderen Stellung – Wenn es sich um einen Jogi handelt, ist eine der Posituren gemeint.

Seite 63
deren Ursprung wohlbekannt ist – Offensichtlich wird hier Schripura (sanskr.: Stadt der Schri) mit Schri, der Gemahlin Wischnus, in Zusammenhang gebracht.
Hetäre – Die Hetären galten im alten Indien als gebildete Frauen. In den Dramen reden sie wie Könige und Priester in der heiligen Sanskritsprache, während selbst die Königinnen weniger angesehene Volkssprachen benutzen. Das Lehrbuch der Liebe des Watsjajana beschreibt in einem ganzen Kapitel die Rechte und Pflichten der Hetären und gibt ihnen Ratschläge für richtiges Verhalten.

Seite 65
Verzehrer des Opfers – Das Feuer. Beim Feueropfer werden die Opferspenden in das Feuer geworfen, welches sie mit dem Rauch zu den Göttern aufsteigen lässt.

Seite 66
Ranabahubala – (sanskr.) gewaltiger Kämpfer.

Seite 67
durch die Fußsohlen von sechsunddreißig Königen gezeichnet – Er hat sechsunddreißig Königen gestattet, ihren Fuß auf seinen gebeugten Nacken zu setzen, d.h., er hat ihnen gedient.

Seite 68

Schakal Der Schakal spielt in der indischen Fabelliteratur die gleiche Rolle wie der Fuchs in der europäischen.

Esel eines Wäschers – Der Esel gehört in Indien zum Wäscher, wie er früher bei uns zum Müller gehörte. Da die Wäscher zu den verachteten armen Leuten gehören, haben ihre Esel ein schweres Los.

Seite 69

Durwa-Gras – Eine bei uns als »Hundezahn« bekannte Grasart, die als Pferdefutter geschätzt wird.

Tamala-Baum – Ein großer Baum, der wegen seiner schwarzen Rinde düster aussieht.

Seite 73

am Hofe seine Kunst zu betreiben – Wir wissen von vielen Fürsten, dass sie Künstler an ihrem Hofe versammelten.

Haube – Es handelt sich bei der Schlange um eine Kobra, eine Brillenschlange, die durch Spreizen ihrer Halswirbel eine flache Haube bildet. Sie ist eine der gefürchtetsten Giftschlangen Indiens.

Seite 74

Kschemankara – (sanskr.) Ruhespender.

Festtage – Die hier aufgezählten Festtage verlangen Fasten und geschlechtliche Enthaltsamkeit.

Neumond … Vollmond – Die Mondwechseltage spielen in der indischen Zeitrechnung eine große Rolle. Dieser liegt ein Mondjahr mit zwölf Monaten zugrunde, das durch regelmäßiges Einschalten eines dreizehnten Monats mit dem Sonnenjahr in Übereinstimmung gebracht wird. Die zwölf Mondmonate zerfallen jeweils in eine helle (Neumond bis Vollmond) und in eine dunkle (Vollmond bis Neumond) Hälfte.

Waidhrita – Seltene Konstellation von Sonne und Mond: Beide müssen in der Zeit, in der sie in gleicher Richtung laufen, in ihrer Deklination (Breite) übereinstimmen, und die Summe ihrer Längen muss 360 Grad betragen.

Achter – Auch die achten Tage jeder Monatshälfte (Halbmondtage) gelten als Mondwechseltage, die zu feiern sind. Darüber hinaus wird am achten dunklen Tag des Monats Schrawana (Juli/August) oder des Monats Bhadrapada (August/September) – das Datum ist regional verschieden – Wischnus Geburt als Krischna durch Fasten und Darbringen von Speisen gefeiert.

Elfter – Am elften Tag jeder Monatshälfte muss ein frommer Hindu fasten. Von diesen vierundzwanzig Fasttagen des Jahres ist der elfte Tag der hellen

Monatshälfte des Monats Margaschirscha (November/Dezember) besonders heilig.

Vierzehnter – Am vierzehnten dunklen Tag des Monats Magha (Dezember/Januar) feiern die Schiwa-Anhänger die »Nacht Schiwas«. Am Tage fasten sie, und in der Nacht verehren sie den Gott im Tempel.

Juga-Beginn – Trotz großer Unterschiede in den einzelnen Darstellungen kann man das indische Weltbild so skizzieren: Aus der ungeschaffenen und unvergänglichen Materie entstehen durch Mischung die fünf Elemente (Erde, Wasser, Feuer, Luft, Äther). Aus ihnen formt der Schöpfergott Brahma die Welt, die so lange besteht, wie er lebt. Danach verbrennt die Welt, und die Stoffe bilden sich zur Urmaterie zurück. Es folgt eine lange Zeit der Ruhe, dann wird ein neuer Brahma geboren, der wiederum als Weltschöpfer fungiert usw. Das Leben Brahmas dauert 311 040 Milliarden Jahre. Es umfasst 36 000 »Tage« und ebenso viele Nächte. Ein Tag (Kalpa) Brahmas währt also 4320 Millionen Jahre. Jeder Tag umfasst 1000 Weltalter. Jedes Weltalter dauert mithin 4 320 000 Jahre. Es zerfällt in vier Weltperioden (Jugas), denen jeweils eine Periode der Dämmerung vorausgeht und folgt:

	Dämmerung		Dämmerung
1. Krita-Juga:	144 000 Jahre +	1 440 000 Jahre +	144 000 Jahre
2. Treta-Juga:	108 000 Jahre +	1 080 000 Jahre +	108 000 Jahre
3. Dwapara-Juga:	72 000 Jahre +	720 000 Jahre +	72 000 Jahre
4. Kali-Juga:	36 000 Jahre +	360 000 Jahre +	36 000 Jahre
	360 000 Jahre +	3 600 000 Jahre +	360 000 Jahre

Zusammen: 4 320 000 Jahre = 1 Weltalter
= 1/1000 Kalpa (Tag Brahmas)

Während das Krita-Juga stets ein goldenes Zeitalter ist, stellt das Kali-Juga stets einen Tiefpunkt der Entwicklung dar. Wir befinden uns gegenwärtig in der Morgendämmerung des Kali-Juga des 457. Weltalters von Brahmas 18 001. Tag. Am dritten hellen Tag des Monats Waischakha (Mai/Juni) feiern die Inder den Beginn des Krita-Juga, des längst vergangenen, aber in ferner Zukunft wiederkehrenden goldenen Zeitalters.

Anfang der Manu-Periode – Jeder Tag Brahmas (Kalpa) zerfällt in 14 Manu-Perioden, das sind Zeiträume, denen ein besonderes göttliches Wesen, Manu genannt, mit seinen Göttern und mit seinen sieben Rischis (Weisen) vorsteht. Am gegenwärtigen 18 001. Tag Brahmas sind sechs Manu-Perioden bereits verflossen. In der gegenwärtig andauernden siebenten Periode herrscht Manu Waiwaswata.

Majawati – (sanskr.) die Zauberkundige. Die als Göttin personifizierte Zauberkunst wird hier wohl als Gemahlin Kuberas, des Gottes des Reichtums, aufgefasst.

Alaka – Götterstadt im Himalaja, Residenz Kuberas und seines großen Gefolges.

mit Baden und Andacht die Mittagsfeier abhalten – Der Alltag eines orthodoxen Brahmanen kennt drei Feiern, die Morgen-, die Mittags- und die Abendfeier. Morgenfeier: Reinigung: Zähneputzen, Baden, Kämmen. – Andacht: Wasser schlürfen, Atemübungen machen, heilige Sprüche unter bestimmten Gesten aufsagen, den Göttern, Heiligen und Totengeistern Wasser spenden. – Verehrung der fünf Hausidole: Vor fünf verschiedenen Steinen, die die Hauptgötter Wischnu, Schiwa, Durga, Ganescha, Surja (Sonne) symbolisieren, heilige Sprüche aufsagen und Wohlgerüche, Reiskörner und Blumen als Gaben darbringen. – Mittagsfeier: Reinigung und Andacht wie zur Morgenfeier. – Verehrung aller Götter. Unter dem Aufsagen heiliger Sprüche werden Teile des Essens in geweihtes Feuer geworfen und dadurch allen Göttern dargebracht. Danach werden kleine Mengen von gekochtem Reis an verschiedenen Stellen innerhalb und außerhalb des Hauses für Götter, Geister und Tiere niedergelegt. (Erst wenn das geschehen ist, darf der Mann unter Beachtung bestimmter Vorschriften sein Essen einnehmen. Die Frau muss essen, was übrig bleibt.) – Abendfeier: Reinigung, Andacht, Verehrung der fünf Idole wie zur Morgenfeier. – Die Morgen-, Mittags- und Abendandacht darf nur ein Träger der heiligen Schnur ausführen. Die Verehrung der fünf Idole und das Allgötteropfer dürfen auch Frauen und Kinder vornehmen.

Gadaparwapurana – (sanskr.) die Erzählung der Episode vom Keulenkampf. Es handelt sich um einen Ausschnitt aus dem »Mahabharata«, der den Keulenkampf der feindlichen Vettern Bhimasena und Durjodschana schildert, welcher mit dem Tod des Letzteren endet.

Scharwa – (sanskr.) Pfeilträger. Beiname Schiwas, der mit Pfeilen tötet.

Apsaras – Himmlische Schöne in Indras Gefolge.

Widaudscha – (sanskr.) der durch Wissen Mächtige. Beiname Indras.

Puruhuta – (sanskr.) der Vielgerufene. Beiname Indras.

in der Zeit der ersten Nachtwache – In den ersten drei Stunden nach Sonnenuntergang.

Herstellung von Indigo-Farbe – Der knapp meterhohe Indigostrauch mit rosa-grünen Schmetterlingsblüten erlaubt drei bis vier Ernten jährlich. Die Blütenzweige wurden früher abgeschnitten und in Wasser gelegt, bis sie verwesten. Die so entstandene schlammig trübe Masse füllte man in große Gefäße und bearbeitete sie mit Rutenschlägen, bis sich der an den verwesten Pflanzenresten haftende Farbstoff abgelöst und gesetzt hatte. Der Bodensatz wurde dann filtriert und getrocknet.

Tschintamani – (sanskr.) Stein der Weisen.

Aschmantaka-Baum – Ein Baum mit großen zweilappigen Blättern.

Ardschuna – Einer der Haupthelden des »Mahabharata«; der fromme Sohn des Königs Pandu, dem Wischnu in seiner Gestalt als Krischna das berühmte philosophische Gedicht »Bhagawadgita« (sanskr.: Gesang des Hohen) vorträgt. Aus diesem Grund wird er von den Wischnuiten verehrt. Aber auch die Schiwaiten beten ihn an. Die Sage berichtet, dass er einstmals tapfer mit einem Bergbewohner kämpfte. Als er erkannte, dass Schiwa sein Gegner war, pries er ihn mit einem Hymnus, der dem Gott so gut gefiel, dass dieser ihm eine göttliche Waffe schenkte, mit der er jeden Feind überwinden konnte.

Mennige – Gelbrotes bis dunkelorangerotes, wasserunlösliches Pulver, das man durch Erhitzen von Bleioxyd gewann. Man stellte daraus eine Ölfarbe zum Schminken und zum Bemalen der Götterbilder her.

Wikramaditja – (sanskr.) Sonne der Tapferkeit. Beliebter Titel für indische Könige.

Puschpahasa – (sanskr.) Blumenlacher.

Schringarawati – (sanskr.) die Verliebte.

Subhaga – (sanskr.) die Schöne.

Bogenkunde des Königs mit den fünf Pfeilen – Gemeint ist die Liebe. Der König mit den fünf Pfeilen ist der Liebesgott Kama. Er wird als schöner Jüngling dargestellt, der auf einem Papagei reitet. Als Waffe trägt er einen Bogen aus Zuckerrohr, dessen Sehne von einem Bienenschwarm gebildet wird. Die Pfeile, die er verschießt, sind Blumen. Seine Gemahlin ist Rati (sanskr.: Lust), sein Freund Wasanta (sanskr.: Frühling).

Seite 94
Madanawati – (sanskr.) die Verliebte.

Seite 95
Dhurdschati – (sanskr.) Haarflechten tragend. Beiname Schiwas, der seine Haare nach Büßerart geflochten trägt.
Bhawa – (sanskr.) Ursprung. Beiname Schiwas.
Träger der Elefantenhaut – Schiwa trägt einen Lendenschurz aus Elefantenhaut, die von einem getöteten Elefantendämon stammt.

Seite 96
der Sohn einer Schwester meiner Mutter – Die Verwandten väterlicher- und mütterlicherseits werden auch in der Sprache unterschieden. Sie haben unterschiedliche Rechte und Pflichten.
Dhawala – (sanskr.) der Weiße. Anspielung auf seine angebliche Trauer, bei der man in Indien weiße Kleidung trägt.

Seite 97
Paschupatis fanatischster Anhänger – Keuschheitsapostel. Paschupati (sanskr.: Herr der Tiere) ist ein Beiname Schiwas, der hier als Gott der Asketen gesehen wird.

Seite 98
die Milchspeise … um das Feuer des Liebesgottes anzufachen – »Wer Zuckerrohrwurzeln«, so heißt es im Lehrbuch der Liebe, »Trapa bispinosa, Scirpus krysoor und Bassia latifolia zerreibt, daraus mit gezuckerter Milch und Schmelzbutter bei langsamem Feuer eine süße Speise kocht und davon isst, der kann ungezählte Frauen besuchen.« Und weiter: »Wenn man aus Reis, den man mit dem Saft aus dem Ei eines Sperlings angerichtet hat, eine Milchspeise kocht, diese mit Honig und zerlassener Butter übergießt und davon isst, dann ist es ebenso.«

Seite 99
Kantimati – (sanskr.) die Lüsterne.

Seite 100
Töpfer – Der Töpfer gehört zum angeseheneren Teil der Schudras.
Mandabuddhi – (sanskr.) von geringem Verstand.

Seite 101

Witarka – (sanskr.) der Denkende.

Seite 102

Brahmanenlehre – Das Studium der heiligen Texte betreibt man unter Anleitung eines Brahmanen, in dessen Haus man als Schüler lebt. Die Methode ist einfach: Der Lehrer spricht vor, der Schüler spricht nach. Das Studium beginnt mit dem Anlegen der heiligen Schnur und dauert sehr lange: nach den alten Quellen sechsunddreißig oder achtundvierzig Jahre.

biss er sie in die Unterlippe – Das Beißen in die Unterlippe spielt in der indischen Liebeskunst beim Küssen eine große Rolle. In die Oberlippe zu beißen ist verboten.

was so klingt wie küssen – Das Sanskritwort tschutschumba (ich habe geküsst) ist lautmalend.

Seite 105

Radschput – (Hindi) Königssohn. Angehöriger einer Kriegerkaste, die über ganz Indien verbreitet ist, insbesondere aber im Nordwesten des Landes (Radschputana).

Seite 108

Stadien der Verliebtheit – Nach dem Lehrbuch der Liebe gibt es zehn Stadien: Augenliebe, Gedenken im Herzen, Entstehen von Vorsätzen, Schlaflosigkeit, Abmagern, Abwenden von der übrigen Sinnenwelt, Aufhören des Schamgefühls, Wahnsinn, Ohnmacht, Tod.

Seite 109

Mahala-Lampen – Öllämpchen.

fünf Elemente – Erde, Wasser, Feuer, Luft (= Wind), Äther (= feiner, unsichtbarer Stoff, Träger des Schalls).

Seite 111

Anangasena – (sanskr.) dem Gliederlosen ergeben. Ananga (sanskr.: der Gliederlose) ist ein Beiname des Liebesgottes Kama, weil dieser einst von Schiwa, den er im Auftrag der anderen Götter von seiner furchtbaren Askese abbringen sollte, mit einem einzigen Blick aus dessen drittem Auge zu einem Häufchen Asche verbrannt wurde.

Seite 112

Gunagaurawa – (sanskr.) der Tugendhafte.

Mugdhika – (sanskr.) die Missratene.

Gunadhja – (sanskr.) der Tugendreiche. Hier ironisch gemeint.

Kupplerin – Kupplerinnen dieser Art sind meist die Mütter der Hetären, die in jungen Jahren selbst diesem Gewerbe nachgingen.

fremdartige Wörter – Er benutzt Wörter, die zu nichtindischen Sprachen gehören, welche von sehr niedrig stehenden, zu den Unberührbaren gehörenden Gruppen gesprochen werden.

wird er uns bestrafen – Das Strafmaß ist unterschiedlich. Im Lehrbuch der Regierungskunst des Kautilja heißt es: »Geht ein Tschandala zu einer Angehörigen der vier oberen Kasten, dann trifft ihn der Tod, und der Frau werden Ohren und Nase abgeschnitten.«

Matanga – Der Rischi Matanga wurde durch einen Fluch zur Existenz als kastenloser Jäger verurteilt. Deshalb nennt man die außerhalb des hinduistischen Kastensystems stehenden Gebirgsstämme, die sich von der Jagd ernähren, Matangas. Sie gelten als unrein.

richtet ihn hin – Nicht jeder Diebstahl wurde mit dem Tod bestraft, nur Einbruchsdiebstahl, wiederholter Taschendiebstahl, Menschenraub, Entwenden von Kühen, Pferden oder Elefanten, von großen Getreidemengen und kostbaren Edelsteinen. Der Wert des geraubten Gutes und der Stand des Räubers spielten beim Strafmaß eine Rolle. Wo ein Brahmane nur mit Geld büßte, bezahlte der Schudra oft mit seinem Leben.

Schantikadewi – (sanskr.) Göttin der Abwehr des Unheils.

Jakschini – Weibliches Wesen im Gefolge Kuberas, gewöhnlich mit roten Augen und einem dunklen Körper dargestellt. Die Jakschinis bewachen zusammen mit ihren Männern, den Jakschas, die in der Erde vergrabenen Schätze des Gottes.

rings um das Gotteshaus – Die größeren Tempel bestehen aus einem von Säulenhallen umschlossenen Hof, in dessen Mitte das Hauptgebäude mit dem Götterbild liegt. Dieses Haus wurde umstellt. Deshalb sind die Wächter trotzdem im Tempel.

das Fasten nicht brechen – Wenn man sein Fastengelübde erfüllt hat, dann beendet man das Fasten mit der Zeremonie des Fastenbrechens, bei der ein großes Essen für Brahmanen und andere Leute gegeben wird. Die Einladung der Wächter zu einem solchen Fest, bei dem es sehr reichlich zu essen gibt, ist Bestechung.

die Strafe erhalten, die für ein solches Vergehen vorgesehen ist – Die Angaben über das Strafmaß für verbotene Liebe sind unterschiedlich. In diesem Fall hätte den Kaufmann, da die Frau nicht bewacht war und nicht gezwungen wurde, wohl eine Geldstrafe erwartet, außerdem vielleicht das Scheren der Haare und das Begießen des Kopfes mit Kuhurin (zur rituellen Reinigung von seinem Vergehen).

Seite 128

Kelika – (sanskr.) die mit der Liebe Spielende.

Seite 129

Siddheschwara – (sanskr.) Herr der Glückseligen. Beiname Schiwas. Die Glückseligen sind die Halbgötter seines Gefolges.

Seite 132

Da holte Makarandadanschtra die Fahne nieder – Um anzuzeigen, dass sie über den Verbleib des Pfaus eine Aussage machen wollte.

Seite 138

Manohara – (sanskr.) die Verständige.

Seite 139

getrocknete Kuhfladen – Trockener Kuhmist dient in Indien als wertvolles Heizmaterial.

Seite 144

Dhurtamaja – (sanskr.) listige Betrügerin.

Seite 145

Hastinapura – (sanskr.) Elefantenstadt. Sie liegt sechsundfünfzig Meilen nordöstlich von Delhi und gilt als ehemalige Residenz der Helden des »Mahabharata«.

Kalawati – (sanskr.) die in den Künsten Erfahrene.

Seite 148

Morgensängerin – Sängerin, die den anbrechenden Tag mit Gesang begrüßt.

Seite 149

Ratanadewi – (sanskr.) Göttin der Lust.

Seite 150

Wikramasingha – (sanskr.) Löwe der Tapferkeit.

Seite 151

Suparwan – (sanskr.) der Schöngliedrige. Name eines zu den Allgöttern gehörenden göttlichen Wesens, das im Hause des Radschputen besonders verehrt wurde.

Seite 153

Suratasundari – (sanskr.) die durch Liebe Schöne.

Seite 154

Büffelkalb – Kalb des Wasserbüffels. Wegen der überaus fetten Milch ist der Wasserbüffel ein geschätztes Haustier und lebt oft mit seinen Besitzern in einem Raum.

Seite 156

Buddhimati – (sanskr.) die Kluge.

Seite 159

Madanawati – (sanskr.) die Verliebte.

Seite 160

Stellmacher – Der Stellmacher gehört zum angeseheneren Teil der Schudras.

Seite 162

Schwetambara – (sanskr.) der Weißgekleidete. Bezeichnet einen Dschainamönch, den Angehörigen einer Sekte, deren Mitglieder weiße Kleidung tragen und die Anhänger der von Mahawira gegründeten Religion des Dschinismus sind. Mahawira (gest. 467 v.u.Z.) führte den Beinamen Dschina (sanskr.: Sieger), von dem der Name Dschaina abgeleitet ist. Der Dschinismus hat heute noch etwa anderthalb Millionen Anhänger, vornehmlich in Nordwestindien. Es existiert eine strenge Gliederung in Laien und Mönche: die Laien, meist reiche Kaufleute, ernähren die Mönche, die nach Erlösung aus dem Kreislauf der Geburten streben. Vorbedingung für diese ist eine völlige Weltentsagung und die Einhaltung von fünf Gelübden: nicht töten, nicht stehlen, nicht lügen, nicht mit Frauen verkehren, nicht nach Besitz streben. Weil sie nicht töten dürfen, sind Dschainas strenge Vegetarier, Dschainamönche sieht man oft mit einem Besen einhergehen; sie kehren damit ihren Weg, um Käfer und

Ameisen nicht zu zertreten. Die Dschainas erkennen die heiligen Schriften der Hindus nicht an, sie haben eine eigene umfangreiche Literatur.

Narendra – (sanskr.) der Beste unter den Männern.

Seite 163

Digambara – (sanskr.) der mit Luft Bekleidete, der Nackte. Ein Dschaina-mönch, Angehöriger einer Sekte, deren Mitglieder früher unbekleidet gingen.

Kschapanaka – (sanskr.) der Wartende. Ein nackter Dschainamönch (Digambara), der als Bettler auf eine Gabe wartet.

Schrawaka – (sanskr.) Hörer. Anhänger des Dschina, hier im Besonderen die Schüler des Schwetambara.

Seite 170

Bahubuddhi – (sanskr.) der Verständige. Hier ironisch gemeint.

Tripurasundari – (sanskr.) die Schöne der drei Städte. Name einer Dämo-nin. Die drei Dämonen-Städte hat der Dämonen-Architekt Maja (sanskr.: Schöpfer) gebaut: eine goldene im Himmel, eine silberne in der Luft und eine eiserne auf der Erde. Schiwa hat sie schließlich mit einem einzigen Pfeilschuss zerstört.

Seite 173

Muladewa – (sanskr.) der Fromme.

Seite 174

Mahakala – Heiligtum des Schiwa, vielleicht ein Bestattungsplatz der Lingajats, einer schiwaitischen Sekte, die ihre Toten nicht wie die anderen Hindus verbrennt und die Knochenreste ins Wasser wirft, sondern bestattet. Die Anhänger dieser Sekte verehren Schiwa unter dem Symbol des Phallus (Linga).

Schatmati-Baum – Wollbaum; ein hoher Baum mit Dornen und roten Blüten, dessen Samenkapseln in Wollfasern eingehüllt sind.

Pischatschas – Böse Geister, Dämonen mit schrecklichem Äußeren, die Menschenfleisch fressen. Sie wohnen auf Bäumen oder in Höhlen und schweifen nachts umher. Sie sind erbitterte Gegner der Götter, deren Opfer sie zu stören suchen. Sie werden auch Rakschasas oder Bhutas genannt.

Karala – (sanskr.) der Grausige.

Wikarala – (sanskr.) der überaus Grausige.

Dumawati – (sanskr.) die Dampfende.

Karkascha – (sanskr.) die Grausame.

Pandit – Gelehrter; ein Titel.

Seite 176
Ratilila – (sanskr.) die mit der Liebe Spielende.

Seite 177
Kranzwinder – Blumenkränze werden zu allen festlichen Anlässen in Indien getragen. Der Kranzwinder ist ein Schudra.
Mahalaja-Fest – Tag der Ahnenverehrung.

Seite 179
Ahnenopfer – Es besteht im Darbringen von Reisklößen für die Manen, in der Bewirtung der Angehörigen des Toten und der als Vertreter der Vorfahren erschienenen Brahmanen. Das Ahnenopfer wird spätestens einen Monat nach der Verbrennung des Toten dargebracht und danach mehrmals in kleinerem Maßstab wiederholt. Das Ahnenopfer soll verhindern, dass die Geister der Verstorbenen zurückkommen und Unheil stiften. Von den Opfergaben ernähren sich die Geister der Toten bis zum Eintritt in eine neue Existenz. Nur ein Sohn darf das Ahnenopfer darbringen.

Seite 181
Dwarawati – (sanskr.) die Torbesitzende. Ein anderer Name für Dwaraka.

Seite 182
der junge Hase – Die Inder erkennen im Mond keinen Mann, sondern einen Hasen.
Madhubezwinger – Wischnu erschlug den Dämon Madhu, als dieser zusammen mit einem anderen den Gott Brahma töten wollte.
Oberherr von Dwarawati – Gemeint ist Wischnu in seiner Inkarnation als Krischna.
Linga – Phallus, Kultsymbol Schiwas in seiner Funktion als Zeugungsgott.

Seite 183
Pferdeopfer – Das Pferdeopfer war im alten Indien das vornehmste Opfer. Es durfte nur von einem König vollzogen werden. Das Opfertier, das besondere Merkmale aufweisen musste, wurde feierlich gebadet und geweiht, dann ließ man es unter dem Schutz einer Schar junger Leute ein Jahr lang frei durch das Land streifen. Nach dieser Zeit wurde das Pferd mit großem Pomp getötet und den Göttern dargebracht. Beim Pferdeopfer waren Hunderte von Brahmanen beteiligt. Das Totenopfer (Ahnenopfer) erforderte viel weniger Aufwand und verhieß deshalb normalerweise auch geringeren Lohn.

Sie trug schwer an der Last ihres üppigen Gesäßes – Das entspricht dem indischen Schönheitsideal und gilt außerdem als Merkmal besonders liebeshungriger Frauen.

der Ungleichpfeilige – Der Liebesgott, der fünf verschiedene Blumen als Pfeile im Köcher hat.

malte sich mit Sandelpaste ein Zeichen auf die Stirn – Vermutlich ein Sektenzeichen. Bestimmte Anhänger der Durga malen sich mit Sandelpaste einen senkrechten Strich auf die Stirn. Sandelpaste gewinnt man aus dem ölhaltigen Holz der roten und weißen Sandelbaumgewächse. Sie riecht wie auch das Holz und das daraus gewonnene Öl angenehm.

Kalita – (sanskr.) der Gezwungene.

Halapala – (sanskr.) Hüter des Pfluges.

Purnapala – (sanskr.) Hüter des ganzen Hofes.

vierte Nachtwache – Eine Nachtwache hat drei Stunden. Es gibt vier Nachtwachen. Die vierte dauert von drei bis sechs Uhr morgens. Auf die vierte folgt die erste Tagwache. Er muss also vor Tagesanbruch aufstehen.

da sprang … ein Gelenk heraus – Der Knecht täuscht eine Verrenkung der Hüfte vor. Die altindische Medizin kennt zweihundertzehn Gelenke, von denen aber nur ein Teil beweglich ist. Pressen und Massieren spielen bei der Behandlung von Verrenkungen eine große Rolle.

Prijamwada – (sanskr.) der freundlich Redende.

Mantrasara – (sanskr.) der Zauberkundige.

Dieser Karbunkel ist unheilbar! – Große, harte, bewegliche, am Hals oder am Bauch sitzende Furunkel sind nach den altindischen Medizinbüchern nicht heilbar.

dann schiebst du die Schuld auf das Alter des Mädchens – Gemeint sind die Entwicklungsjahre, die oft unreine Haut mit sich bringen.

Darbha-Gras – Buschgras; Bezeichnung verschiedener Gräser, die bei Zeremonien als Streu, als Wische usw. verwendet werden, insbesondere das Kuschagras.

Zauberspruch – Der Glaube an die Wirksamkeit von Zaubersprüchen spielt in Indien eine große Rolle. Ein Zauberspruch ist ein bestimmter unveränderlicher Lautkomplex, der besondere Wirkungen hervorruft, wenn er mit dem richtigen Rhythmus, der richtigen Tonhöhe und der richtigen Konzentration vorgetragen wird. Ein Zauberspruch kann sinnvolle Worte, heilige Silben mit symbolischer Bedeutung oder beides enthalten.

Om – Die heiligste Silbe der Inder. Sie gilt als Symbol für die Weden, die Tageszeiten, die drei Götter Brahma, Wischnu, Schiwa und vieles andere mehr.

Tschamunda – Ehrenname der Gemahlin Schiwas, die von ihren zahlreichen Anhängern unter sehr verschiedenen Namen angerufen wird: Während sie als Parwati (sanskr.: die vom Himalaja Stammende), Uma (sanskr.: Flachs) und Annapurna (sanskr.: die Speisereiche) ein Musterbild weiblicher Tugend ist, entfaltet sie als Durga (sanskr.: die Schwerzugängliche), Tschandi (sanskr.: die Wilde) und Kali (sanskr.: die Schwarze) kriegerische Tapferkeit, Blutdurst und Grausamkeit. Über die Entstehung des Ehrennamens Tschamunda berichtet die Sage Folgendes: Einst wurden die Götter von den Dämonen bedrängt und baten die Tochter des Himalaja um Hilfe. Diese ließ aus ihrem Körper die Tschandi, eine hübsche Frau, hervorgehen. Weil diese die Hand des Dämonenfürsten ausschlug, sandte er ein Heer gegen sie. Da entsprang der vor Zorn gerunzelten Stirn der Tschandi die Kali, ein Wesen von schrecklichem Aussehen, den schwarzen, ausgemergelten Leib in ein Tigerfell gehüllt, eine Kette von Totenschädeln um den Hals, Schwert, Stock und Schlinge in den knochigen Händen. Kali erfüllte die Luft mit schrecklichem Geheul und erhielt den Ehrennamen Tschamunda, weil sie die Heerführer der Dämonen, Tschanda und Munda, tötete.

Tschandala-Brahmanin – Gemeine, minderwertige Brahmanin.

Seite 203

Tempeldiener – Brahmane, der den Tempeldienst (Gottesdienst) verrichtet. Einmal oder mehrmals am Tage muss er das Götterbild verehren, indem er das Idol unter Rezitation heiliger Sprüche mit Farbe anstreicht, mit Blumen schmückt und mit Gangeswasser besprengt. In großen Tempeln, in denen mehrere Brahmanen Dienst tun, geht das mit großem Gepränge, mit Musik, Weihrauchkerzen und Lampenschwingen vor sich. Das Götterbild wird oft wie ein vornehmer Herr behandelt: Es wird morgens geweckt, gebadet, gesalbt, bekleidet, geschmückt; es bekommt Frühstück und Mittagessen; es hält Mittagsschlaf, nimmt ein Abendbrot ein und wird darauf zu Bett gebracht. Die von den Gläubigen gespendeten Speisen werden, soweit sie nicht von den Priestern gegessen werden, verteilt oder verkauft.

Seite 207

Kokila – (sanskr.) Kuckuck. Der Kuckuck gilt in Indien wie bei uns die Nachtigall als bester Sänger.

Seite 208

Rühr mich nicht an! – Durch den vermeintlichen Verkehr mit einer kastenlosen Frau hielt sich der König für unrein.

Seite 210

Kalahaprija – (sanskr.) die Zänkische.

Seite 221

Bilwa-Baum – Ein kleiner dorniger Baum mit dreizackigen Blättern und apfelgroßen essbaren Früchten. Er gilt als heilig, und seine dreizackigen Blätter symbolisieren die Götter Brahma, Wischnu und Schiwa. Bilwa-Blätter sind Schiwas liebste Opfergabe.

Seite 222

Prijadschalpaka – (sanskr.) der freundlich Schwatzende.

Seite 223

Karkascha – (sanskr.) die Zänkische.

Pippala-Baum – Ein Feigenbaum. Er gilt als Brahmane unter den Bäumen und wird deshalb mit der heiligen Schnur umkleidet und mit roten und gelben Sandelstrichen bemalt. Bei Hochzeiten und anderen Zeremonien umwandelt man ihn feierlich und bringt ihm Spenden dar. Der Pippala-Baum hat im Gegensatz zum indischen Feigenbaum keine Luftwurzeln.

Brahmanen-Dämon – Der Geist eines verstorbenen Brahmanen gilt als besonders mächtig, weil Brahmanen schon zu Lebzeiten viel Macht besitzen. Es soll vorgekommen sein, dass Brahmanen Selbstmord verübten, um als Geister ihren Feinden großen Schaden zufügen zu können.

Seite 224
Kreis der vierundsechzig Hexen – Er ruft die vierundsechzig Hexen herbei, die auch sonst in der Literatur erwähnt werden, damit sie ihm bei der Austreibung des Dämons helfen. Dieses Herbeizitieren geschieht durch das Ziehen eines Kreises.

Seite 229
Schakalata – (sanskr.) der Unterscheider.

Seite 232
Dharmabuddhi – (sanskr.) der Frommgesinnte.

Seite 233
Duschtabuddhi – (sanskr.) der Bösgesinnte.
Bodhi-Baum – Ein anderer Name für den heiligen Pippala-Baum. Die Legende berichtet, dass Buddha (sanskr.: der Erleuchtete) seine Erleuchtung (sanskr.: Bodhi) bekam, als er meditierend unter einem solchen Baum saß.

Seite 238
Smara – (sanskr.) Erinnerung, Liebe. Beiname des Liebesgottes.

Seite 239
Budhara – (sanskr.) der den Platz Behauptende.

Seite 241
Spieler – Gemeint ist ein Würfelspieler. Das Würfelspiel gilt als ein Laster, die Spieler werden oft mit Verbrechern gleichgesetzt. Nach den Gesetzbüchern durfte man nur an bestimmten Plätzen (Spielhallen) unter Aufsicht eines Spielleiters würfeln.

Seite 242
Bhatti – Abkürzung für Bhattatscharja (sanskr.: berühmter Lehrer), Beiname des Kumarilabhatta (8. Jh.); er war einer der Führer der gegen den Buddhismus gerichteten brahmanischen Gegenreformation.
Bharawi – Berühmter Kunstdichter (Mitte des ersten Jahrtausends), Verfasser des Epos »Kiratardschunaja«, das den Kampf des heiligen Ardschuna mit dem als Kirata (Bergbewohner) verkleideten Schiwa schildert.
Bhikschu – Dichter eines Hymnus aus dem »Rigweda« (um 1000 – 500 v. u. Z.).
Bhimasena – Held des »Mahabharata«, der wie seine Brüder am Ende der Welt entsagt und als Gott in den Himmel einzieht.

Reihe des Bha – Das indische Alphabet hat kurze und lange Vokale: a, ā, i, ī, u, ū. Wenn nun Bhatti, Bharawi, Bhikschu und Bhīmasena schon tot sind, steht im Alphabet vor dem Namen des Königs Bhūpati (mit langem u) nur noch Bhukkunda (mit kurzem u). Allerdings ist dem Verfasser des Verses ein Fehler unterlaufen: Die zeitliche Aufeinanderfolge der Verstorbenen stimmt nicht.

Seite 243
Bhawischjottarapurana – Handbuch religiöser Riten mit eingestreuten Legenden, das etwa in der zweiten Hälfte des ersten Jahrtausends oder später entstand.

Seite 245
ist doch ein Minister – Der Ministerposten ist erblich.

Seite 247
Sumati – (sanskr.) der Kluge.

Seite 249
Radschika – (sanskr.) die Bestaubte.

Seite 252
Sundari – (sanskr.) die Schöne.

Seite 253
Mahadhana – (sanskr.) der Reiche.
Mohana – (sanskr.) der Verführer.
Hängebrett – Ein an vier Seilen von der Decke hängendes Brett dient der Aufbewahrung von Nahrungsmitteln, Kleidern usw., die vor Ungeziefer geschützt werden sollen.

Seite 257
Subuddhi – (sanskr.) der Kluge.

Seite 258
Kubuddhi – (sanskr.) der Dumme.

Seite 261
Pisang – Mehlbananenbaum. Die Schenkel einer schönen Frau sollen weich und glatt sein wie der Stamm dieses Baumes.
Schuster – Er gehört zu den niedrigeren Schudras und wird als unrein betrachtet, weil er mit Tierhäuten umgeht.
Dohada – (sanskr.) der Einkäufer.

Seite 262

Tschandana (sanskr.) Sandelbaum. Sandelholz wurde auch zur Herstellung von Sandalen verwendet.

Seite 265

Tschandralekha – (sanskr.) Abbild des Mondes. Dem Mond zu gleichen gilt als schön.

königlicher Pandit – Gelehrter in königlichem Dienst, ein Brahmane.

der Pfauen Schrei weht ihr voran – Der Pfau liebt vor allem das Wasser. Seine Balzzeit fällt in manchen indischen Gegenden mit dem Beginn der Regenzeit zusammen.

Seite 266

Liebhaber gibt es dreierlei – Die Inder haben einen starken Drang zur Systematisierung. – Die nachfolgenden Strophen, die den Gang der Handlung unterbrechen, sind erst nachträglich in den Text gekommen.

Seite 270

Duchschila – (sanskr.) die Sittenlose.

Seite 274

Prozession – Die in den Tempeln aufbewahrten Götterbilder werden an bestimmten Festtagen unter großem Gepränge umhergefahren. Die hohen Prunkwagen werden von Tausenden von Pilgern gezogen.

Seite 275

Tamarindenbaum – Ein Johannisbrotgewächs mit länglichen braunen Früchten, deren säuerliches Mark als Soßengewürz verwendet wird.

Seite 276

Schambhu – (sanskr.) der Wohltätige. Beiname Schiwas. Er tanzte für seine Geliebte Parwati, die ihn für einige Zeit von seiner Askese ablenkte.

Gowinda – (sanskr.) Rinderhirt. Beiname Wischnus in seiner Inkarnation als Krischna. Er führte mit den Hirtenmädchen fröhliche Tänze auf.

Brahman – Personifizierung der Weltseele; als Schöpfergott bildet er mit Wischnu und Schiwa die göttliche Trinität des Hinduismus. Trotz seiner großen Bedeutung ist er nicht sehr populär und wird nur in zwei Tempeln verehrt. Statuen zeigen ihn als bärtigen Mann mit vier Köpfen und vier Armen. Hier wird auf eine Sage angespielt, in der sich Brahman in ein Tier verwandelt, um eine Frau zu erlangen.

Was für Glück solln Frauen bringen – Als Mutter ermöglichen die Frauen die Wiedergeburt, was der Verfasser des Verses bedauert, weil er nach Erlösung aus dem Kreislauf der Geburten strebt.

Alles wurzelt in der Maja – »Die ganze Welt ist nur ein Schein«, lehrt die Wedanta-Philosophie, deren Hauptvertreter Schankara (8. Jh.) ist. Nach ihm existiert in Wahrheit nur die absolute, ewige Weltseele (das Brahma). Die ganze materielle Welt mit ihrer Vielheit von Individualseelen ist eine Illusion, hervorgerufen durch eine geheimnisvolle Zauberkraft, die Maja. Solange die Maja die einheitliche Weltseele verhüllt, erscheint diese als die vielheitliche Welt, so wie einem in der Dunkelheit ein Strick als Schlange erscheint.

Seite 282

Skorpion – Der Stich des gewöhnlichen, rötlichbraunen kleinen Skorpions verursacht heftige Schmerzen und eine starke Geschwulst. Der Stich des großen, schwarzen Skorpions kann tödlich sein.

Bringe Holz herbei – Für den Scheiterhaufen zum Verbrennen ihres Leichnams.

Seite 284

Kuhana – (sanskr.) der Eifersüchtige.

Seite 285

Schobhika – (sanskr.) die Schöne.

Tedschika – (sanskr.) die Scharfe.

Seite 286

Dewi – (sanskr.) Göttin. Bezeichnung der Gemahlin Schiwas, die für ihre Anhänger die allmächtige Muttergöttin ist.

Seite 290

Kommt zu mir mit Fleiß! – Der Sanskrittext lautet: Man samwartata (Kommt zu mir!) und ist nur durch die Worttrennung von Mansam wartata (Holt Fleisch!) unterschieden.

Seite 294

Wanaprija – (sanskr.) Freund des Waldes.

Seite 295

Lanka – Hauptstadt der gleichnamigen Insel (Ceylon) und Residenz des Dämons Rawana.

Lakschman – Bruder und Kampfgefährte Ramas. Der Vers stammt aus dem »Ramajana« und wird dort von Rama gesprochen.

Ajodhja – Geburtsort Ramas, des Helden des »Ramajana«. Ajodhja ist eine der sieben heiligen Städte. Heute ist es ein Ruinenfeld. Eine in der Nähe gelegene kleine Stadt ist seit ungefähr zweihundert Jahren wieder das Zentrum des Ramakultes.

Udumbara – Ein Feigenbaum mit doldenförmig angeordneten Früchten.

Wata-Baum – Der gewöhnliche indische Feigenbaum, auch Banyan-Baum genannt, der sich durch Luftwurzeln vermehrt und dadurch oft einen ganzen Hain bildet.

Kuscha-Gras – Ein mittelhohes Rispengras.

der den Mond als Diadem trägt – Gemeint ist Schiwa.

Kailasa-Berg – Heiliger Berg (6774 m) in der Ryderkette des Sven-Hedin-Gebirges (Tibet). Er gilt als Wohnsitz Schiwas und seines Gefolges.

Ghati – Zeitraum von vierundzwanzig Minuten.

erste Wache – Sie dauert von sechs Uhr bis neun Uhr morgens.

wie die ausgepresste Lacklaus – Aus dem scharlachroten Körpersaft der Koschenillenschildlaus gewann man roten Lack, den man zum Schminken der Lippen benutzte.

Dhritaraschtra – (sanskr.) der Herrschende. Gestalt aus dem »Mahabharata«, Vater der Kaurawas. Ein Hofsänger berichtet ihm den Kampfverlauf der großen Schlacht. Die Strophe stammt aus diesem Bericht.

wie Bhischma … welcher auszog – Episode aus dem »Mahabharata«. Bhischma war der fromme Großonkel der feindlichen Vettern. Durjodschana war der Älteste der Kaurawas.

Widjadhara – (sanskr.) der Zauberkundige. Bezeichnung für Geister, die den Menschen im Aussehen gleichen, vielfach mit ihnen verkehren und in besonderen Städten auf hohen Bergen wohnen. Sie besitzen große Zauberkräfte, die es ihnen ermöglichen, sich beliebig zu verwandeln.

Madanamandschari – (sanskr.) Blütenknospe der Liebe.

Narada – Einer der sieben Heiligen, der den Göttern als Bote dient.

Meru – Der goldene Mittelpunkt der Welt, um den sich Sonne, Mond und Erde drehen, soll nördlich des Himalaja in Tibet liegen. Der Meru bildet den Mittelpunkt eines kreisförmigen Kontinents, der durch Gebirgszüge in sieben Zonen geteilt wird. Dieser Kontinent, auf dem wir wohnen, ist von einem Salzmeerring umschlossen. Auf diesen Wasserring folgt wieder ein Landring, dann wieder ein Wasserring und so fort, bis sieben Kontinente und Meere erreicht sind. Dann schließt das ebenfalls ringförmige »Welt-Nichtwelt-Gebirge« die Erde ab, die ihrerseits den Mittelpunkt der Welt bildet. Unter ihr liegen in sieben Stockwerken die Paläste der Schlangen und Dämonen und noch tiefer die zahlreichen Höllen, in denen Übeltäter ihre Strafen abbüßen, bevor sie wiedergeboren werden. Über ihr liegen die sieben Himmel, die von Göttern und Weisen bewohnt werden.

Tschandika – (sanskr.) die Wilde. Beiname der Gemahlin Schiwas.

Seite 311

Gauri – (sanskr.) die Schöne. Beiname der Gemahlin Schiwas.

fiel ein Kranz vom Himmel herab – Das war das Zeichen, dass die Kraft des Fluches gebrochen war.

MITWIRKENDE

Wolfgang Morgenroth (1930–2021) war Professor der Indologie an der Humboldt-Universität zu Berlin. Er ist Verfasser des Standardwerkes »Lehrbuch des Sanskrit« und hat große Werke der indischen Literatur herausgegeben und übersetzt, darunter »Das Papageienbuch. Liebesgeschichten und Fabeln aus dem alten Indien« und »Das Schlangenopfer. Geschichten aus dem Mahābhārata«.

Krisha Kops, geboren 1986 in einer deutsch-indischen Familie, ist Schriftsteller und Philosoph. Er arbeitet als freiberuflicher Journalist in Indien und Deutschland. Seine Vorträge zu indischer Philosophie sind gekennzeichnet von seiner interkulturellen Perspektive auf Politik, Kultur und Gesellschaft. Für seinen Debütroman »Das ewige Rauschen« (2022) erhielt er zahlreiche Auszeichnungen.

INHALT

⚘

✦

DIE ANDERE BIBLIOTHEK wird herausgegeben
von JULIA FRANCK und RAINER WIELAND.

DAS PAPAGEIENBUCH
ist im November 2023 als vierhundertsiebenundsechzigster Band
der ANDEREN BIBLIOTHEK erschienen.

Der Originaltitel der im Indien des ersten Jahrtausends entstandenen
Geschichtensammlung lautet SCHUKASAPTATI. Die ursprüngliche
Niederschrift hat sich nicht erhalten, es haben sich in der Folge
verschiedene Textvarianten entwickelt.

Textgrundlage ist die erstmals 1968 bei Rütten & Loening, Berlin,
erschienene Ausgabe, herausgegeben und übersetzt von
Wolfgang Morgenroth. Der Sanskrit-Experte hat als Erster
die jeweils bestverbürgten Fassungen aller Erzählungen identifiziert
und zusammengestellt, um das zerstörte Original bestmöglich
nachzubilden (vgl. das Nachwort, S. 313). Rechtschreibung und
Orthographie folgen den heute gültigen Duden-Regeln.

Das Vorwort verfasste Krisha Kops.

Das Lektorat lag in den Händen von Nele Holdack.

Die Andere
Bibliothek

Dieses Buch wurde gestaltet und ausgestattet von zero-mMedia.net,
München, unter Verwendung eines Bildes von © Heritage Images/
Heritage Art/akg-images.
Den Satz besorgte Dörlemann Satz, Lemförde, mit den Schriften
Adobe Caslon und Lydian BT.

Die Herstellung lag in den Händen von Nadja Caspar.

Das Memminger MedienCentrum druckte auf 100 g/m2 holz-
und säurefreies, ungestrichenes Munken. Dieses wurde von Arctic
Paper ressourcenschonend hergestellt. Den Einband besorgte die
Verlagsbuchbinderei Conzella in Aschheim-Dornach.

Die Originalausgaben der ANDEREN BIBLIOTHEK
sind limitiert und nummeriert:

1–3.333   2023

Dieses Buch trägt die Nummer:

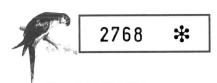

2768 ✳

ISBN 978-3-8477-0467-6

AB – DIE ANDERE BIBLIOTHEK
© Aufbau Verlage GmbH & Co. KG, Berlin 2023
www.aufbau-verlage.de
10969 Berlin, Prinzenstraße 85

Dieses Buch ist auch als E-Book erhältlich.

€ 39.00